(Jardin du Luxembourg.)

seinem Schatten

n der Bestand

, alle aus dem Land,

es untergeht.

Wagen angespannt,

in ihren Mienen;

we geht mit ihnen

n ein weißer Elefant.

ganz wie im Wald

Sattel trägt und drüber

Mädchen aufgeschnallt.

für Li!
19.5.09

ARCHE

Fritz J.
Raddatz

Rainer Maria
Rilke

Überzähliges Dasein

Eine Biographie

ARCHE

Der Verfasser dankt Heide Sommer für ihre Mitarbeit.

Originalausgabe

Umschlag: Christoph Krämer, b3K, Hamburg – Frankfurt a. M.
Umschlagabbildung: © ullsteinbild – Imagno
Satz: Greiner & Reichel, Köln
Druck und Bindung: CPI Clausen & Bosse, Leck
Printed in Germany
ISBN 978-3-7160-2606-9

www.arche-verlag.com

Gewidmet Joachim Kersten:
Anwalt der Literatur, Fürsprech der Literaten

Inhalt

11 Das Genie schlummert noch

27 Liebesfähigkeit heißt Alleinsein: Lou Andreas-Salomé

37 Gott – und meine Seele ist ein Weib vor Dir

53 *Malte* – Splitter vom Lebensbaum

71 Rilke und Rodin – eine homoerotische Ehe

87 »Wie hasse ich dieses Volk« – der politische Rilke

109 Denn das Schöne ist nichts als des Schrecklichen Anfang – die *Duineser Elegien*

139 Ein müde gewordener Falter – die Himmel von Akt und Zeugung werden fahl

159 Epilog

Anhang
163 Zitatnachweis
191 Benutzte Literatur
203 Zeittafel
218 Anmerkungen zu den im Buch genannten Summen und Honorarbeträgen
219 Personenregister

Einsam steigt er dahin, in die Berge des Ur-Leids.
Und nicht einmal sein Schritt klingt aus dem tonlosen Los.

Rainer Maria Rilke,
Duineser Elegien. Die zehnte Elegie

Das Genie schlummert noch

War er eine Rose, die eine Rose im Knopfloch trug, ein »poetischer Kunstglasbläser und Zierathämmerer« (wie ein Kritiker ihn nannte) – oder ein strenger Wortmeißler, der seinem Credo »Dinge machen aus Angst« folgte? War er ein »überschminktes Frauenzimmer«, wie sein Kollege Georg Heym ihn verspottete, und »ein bißchen dumm«, was Gottfried Benn argwöhnte – oder war er ein formsüchtiger Kunstkenner, der ganz früh die Bedeutung von Thomas Mann, das Genie der Picasso und Cézanne erkannte, in Worten geradezu demütiger Ergriffenheit sich dem Schönen als Geschmackskategorie verweigerte, um das Gran Wahnsinn im Kunstwerk zu preisen? War er eine »mit großem Aufwand rotierende Bedeutsamkeitsmaschine«, haltlos, beliebig, aus deren absichtlich Ungefährem »die großen Formeln herausrauschen« – oder ein sich Leben und Liebe Versagender, um jene Gedichte zu schaffen, deren bohrender Schmerz uns noch heute frieren macht? War er ein Feintäschler, wie das französische Wort *Portefeuilleur* eingedeutscht wurde; also ein Preziosenfabrikant, der seine kostbar zurechtgeschliffenen Diamanten in mit edlem Samt ausgeschlagenen Saffianschatullen feilbot – oder ein Sternenfänger, dessen unermeßlicher Hunger nach Licht eine in Finsternis darbende Welt heller machte? Selbst Lobpreisende wie Stefan Zweig sprachen von »erlauchter Goldschmiedekunst«, und er selber erläuterte gelegentlich erlesene Begriffe wie »Rauten« mit dem Hinweis auf prachtvoll angeordnete Brillanten, Perlen und Rubine.

Zeitgenossen priesen und höhnten ihn. Willy Haas, der eine

Generation jüngere Prager, erzählt, weder er noch irgend jemand seiner Umgebung habe auch nur den geringsten Berührungspunkt mit Rilke gehabt, und alles, »was Rilke in seinem Werk und in seinem Leben getan hat, um irgendwelche uradelige Abstammung anzudeuten oder dem Leser zu suggerieren, ist etwas, was mir, und ich glaube uns allen, furchtbar auf die Nerven gegangen ist«.

Der Schriftsteller Hans Egon Holthusen dagegen zählt die *Duineser Elegien* und die *Sonette an Orpheus* neben Valérys *Charmes* und dem *Ulysses* von James Joyce zu den maßgeblichen und horizontbildenden Meisterwerken der modernen Literatur; während eine seiner vertrauten Damen, die Fürstin Marie von Thurn und Taxis, Lyrikgeschenke mit einem »es ist Entzückendes darunter und alles ist reizend« wie Konfektpräsente quittiert – zum Hauptwerk der Elegien heißt es: »Das entzückende kleine Buch kommt zu Ihren anderen Manuscripten in dem kleinen chinesischen Möbel in der Bibliothek; eine Sienesische Madonna süß und verträumt hält darüber Wache.«

Zu den Abenteuern des Biographen gehört auch, daß selbst das Äußere seines Helden von Zeitgenossen und Augenzeugen ganz widersprüchlich dargestellt wird. Während viele, die Rilke begegneten, seine dunkel glühenden Augen unter dem dichten braunen Haarschopf bewunderten, berichtet Hedwig Fischer – die Gattin des großen Verlegers Samuel Fischer – von dem »blonden, blauäugigen« Gast, den sie 1897 in ihrer Berliner Wohnung Burggrafenstraße 3 zu Ehren eines Leseabends von Carl Hauptmann empfing – ein »zarter, stiller, gutaussehender Mensch in hochgeschlossener, schwarzseidener Weste, über der an einer Kette ein Kreuz hing«. Sie hat auch einige Briefe des Dichters aufbewahrt, in denen mal poetisch von der »Dufthungersnot« der Rosen erzählt wird, mal die Hoffnung aufscheint, ob der reiche Verleger ihm – 1908 – wohl »ein ruhiges Arbeitsjahr in Paris zu erleichtern« vermag, und der inzwischen 46jährige auch mal ungewohnt kokett davor warnt, man möge ihm die »reizend gewordene« Tochter Tutti besser nicht vorstellen, da er »ihr am liebsten nachstellen würde«.

Stefan Zweig, einfühlsamer Porträtist, eine Art Seelenschnecke, berichtet trefflich von der leisen, geheimnisvollen Unsichtbarkeit, die Rilkes Lebensform ausmachte; ein bei Gesellschaften oft unbemerkter lautloser Gast mit ein wenig slawischen Gesichtsformen, leicht melancholisch niederhängendem blonden Schnurrbart, die blauen Augen eher abwesend lächelnd: »[...] die Stille wuchs gewissermaßen um ihn, wohin er ging und wo er sich befand. Da er jedem Lärm und sogar seinem Ruhm auswich – dieser ›Summe aller Mißverständnisse, die sich um seinen Namen sammeln‹, wie er einmal so schön sagte –, netzte die eitel anstürmende Woge der Neugier nur seinen Namen und nie seine Person. Rilke war schwer zu erreichen. Er hatte kein Haus, keine Adresse, keine ständige Wohnung, kein Amt. Immer war er am Wege durch die Welt, und niemand, nicht einmal er selbst, wußte im voraus, wohin er sich wenden würde. Für seine unermeßlich sensible und druckempfindliche Seele war jeder starre Entschluß, jedes Planen und jede Ankündigung schon Beschwerung.« Jean Cocteau wird es eines Tages bereuen, das Unauffällige mit dem Unbedeutenden verwechselt zu haben; er begrüßte den vermeintlichen Domestiken im Atelier Rodins schlichtweg nicht.

Bis auf unsere Tage tönt das Echo auf Rilke und sein Werk vielfach gebrochen. Während Gottfried Benn in einem Brief an den *Merkur*-Herausgeber Hans Paeschke 1950 – »Ich hasse im Augenblick den Reim« – attestiert, »mein Urteil ist, dass Rilke als Letzter das Raffinierte und das Sacrale des Reims noch einmal zusammenfassen konnte«, wehrt sich der Lyriker Thomas Kling, Jahrgang 1957, gegen Rilkes »Illustrationssüchtigkeit«, seine »Überinstrumentierung«, seine »sagenhaften Kitschattacken« und findet sich in einer »manierierten Konditorei« bedient.

Dem konträr erzählte Günter Grass dem Autor dieses Buches, daß er Rilke – ausgerechnet – in Kalkutta gelesen habe und die

Textur seiner »Zunge zeigen«-Gedichte sich ganz stark dem *Malte* verdanke; tatsächlich, liest man Grassens Schreckenshymne auf eine Stadt der Erbarmungslosigkeit (immer auf den Ton »Jetztzeit Letztzeit« eingestimmt) unter diesem Aspekt, scheint eine deutliche Anlehnung durch.

Wer nun also war dieser Rilke, der nicht Rainer hieß noch edlen Geblütes war? Der am 4. Dezember 1875 in Prag als einziger Sohn einer wenig glücklichen Ehe Geborene wurde kurz vor Weihnachten auf die Namen René Karl Wilhelm Johann Josef Maria getauft; noch der Feldwebel machte sich später bei der Einberufung des unglücklichen Soldaten lustig: »Was, Maria hoaßen's? I hoaß doch aa net Mizzi!« Obwohl Rilke in späteren Jahren mit rührendster Verbissenheit anhand von Petschaften, Siegeln und allerhand dubiosen Dokumenten seine vornehme Abstammung zu beweisen trachtete: Vater Josef war bescheidener Beamter bei der Turnau-Kralup-Prager Eisenbahngesellschaft, eine anfängliche militärische Laufbahn – 1859 hatte er als Offiziersanwärter am italienischen Feldzug teilgenommen, kurzfristig gar als Kommandant des Kastells von Brescia – endete rasch. Die wenig jüngere Mutter Sophie, die sich gerne in das prätentiöse Phia umtaufte, aufgewachsen in einem ansehnlichen Barockpalais in der Prager Herrengasse, sah ihre 1873 geschlossene Ehe von Beginn an als Mesalliance, die sie bereits nach elf Jahren durch Trennung von dem gescheiterten Offizier beendete, von nun an im eleganten Schwarz verwitweter Erzherzoginnen in Wien lebend. Nach dem Tod einer Tochter erzog sie den Sohn als Mädchen – sie ließ ihm lange Locken wachsen, er trug bis zum 5. Lebensjahr Mädchenkleider, spielte mit Puppen und Puppenstube; noch in die Kadettenanstalt brachte er eine Aussteuer mit Wäsche voller Rüschen mit, am Hals ein kleines Medaillon an dünner Goldkette, die ihm ein hohnlachender Unteroffizier herunterriß – »er spürte den Schnitt noch beim Erzählen«, berichtet die spätere Freundin Hertha Koenig. Die mehr und mehr in religiösem

Obskurantismus versinkende Mutter – sie hat den berühmten Sohn um knapp fünf Jahre überlebt – verzärtelte das Ersatz-Tochter-Kind bis in die Vorpubertät. Sie war mit dem Zwölfjährigen zu Solbädern in Salzburg, als sich der Adjutant eines österreichischen Prinzen bei ihr melden ließ mit der Anfrage seiner Herrschaft, ob der Sohn dem gleichaltrigen Prinzen Nachhilfeunterricht geben und mit ihm spielen möge. »Es ist mir eine große Ehre«, beschied sie den Sendboten, »aber ich bedaure. Mein Kind ist zart und muß sich erholen.«

Wir müssen schon hier zwei so frühe wie tiefe, die Existenz bestimmende Prägungen Rilkes festhalten. Die Frau als Bedrohung, umschwärmt zwar in der Entfernung, gefürchtet als Gefahr in realer Gegenwart; da der Dichter Rilke Weiblichkeit als die wahre Voraussetzung zur Produktivität sah, verriegelte er seine Pforten vor dem Weib Welt. Hoch bedeutsam ein Brief Rilkes aus dem Jahre 1913, als er nach langjähriger Trennung die rechtsgültige Scheidung von seiner Frau Clara erwägt. Das Dokument findet sich in dem 2007 erschienenen Band seines Briefwechsels mit der Vertrauten (und Karl-Kraus-Geliebten) Sidonie Nádherný von Borutin, den der Rilke-Forscher Joachim W. Storck mit kenntnisreicher Akribie herausgegeben hat. Man darf ihn als ein Röntgenbild ansehen, so präzise diagnostiziert Rilke seinen Befund, daß eine Frau nicht »Konkurrent« sein darf und daß es für sie nur »Schmerz und Abschied ohnegleichen bedeutet«, wenn sie entdecken muß, »daß Kunst-Arbeit und Leben irgendwo ein Entweder-Oder ist«. Einigermaßen herrisch weist er die Bildhauerin Clara Westhoff aus seinen Bezirken aus: »Es ist in Clara sehr viel vom Mädchen, darum immer wieder sehr viel Sehnsucht danach, ein Frauen-Leben zu haben, und doch, wo sie sich unterwirft, da ist sie sofort mehr Jünger als Frau, mehr Schüler und Anhänger und das nicht im stärksten Sinn, sondern eher in dem des Aufgebens und der Nachahmung. [...] Daß sie freilich an mich gerieth, ist besonders schwer; da ich weder der Künstlerin in ihr noch dem, was sich nach einem Frauendasein drängt, recht günstig zu sein vermochte.« Schon in einem Tagebucheintrag aus Bremen, 31. Dezember 1907, hält Harry Graf Kessler fest: »Abends kamen Rilkes zu Tisch. Sie hat Etwas Grosses und Einfaches, Willensstarkes, fast Männliches; er erscheint wie der femininere von Beiden. Wenn er beim Sprechen zusammengekauert mit übergeschlagenen Beinen und Armen auf seinem Stuhle sitzt, hat man von seinem dünnen Körper und seiner leisen, immer fast bittend klingenden Stimme einen Eindruck wie von einem unschönen jungen Mädchen.«

Darauf wird genau einzugehen sein. Letztlich aber bleibt beides – Weib wie Welt – der Feind. Bis hin zum Wunsch, ungeboren zu sein. Die *Duineser Elegien* sind durchzogen von Akkorden der Sehnsucht zurück in dieses Einst; zum Knaben träumt er sich zurück, da »eine Mutter erst nichts und dann alles gebar«, heißt es in der sechsten Elegie; in der siebenten »O einst tot sein [...] Nirgends, Geliebte, wird Welt sein, als innen« und überdeutlich dann in der achten Elegie:

> O Seligkeit der kleinen Kreatur,
> *die immer* bleibt *im Schoße, der sie austrug;*
> *o Glück der Mücke, die noch* innen *hüpft,*
> *selbst wenn sie Hochzeit hat: denn Schoß ist Alles.*

Geburt als Schändung, Dasein als Schandmal, Welt als Schmach: es ist jenes rasende Feuer der Selbstverbrennung, der pränatalen Wunschphantasie, die die Hochliteratur des frühen 20. Jahrhunderts bis hinab zum Chanson in ein bengalisches Licht der Irratio tauchte. »O daß wir unsere Ururahnen wären. Ein Klümp'chen Schleim in einem warmen Moor«, betet Gottfried Benn, und der Antipode Brecht ruft seinen verruchten Abenteurern in der gleichnamigen Ballade zu »Warum seid ihr nicht im Schoß eurer Mütter geblieben / Wo es stille war und man schlief und war da?« Das kennt man sogar im rauchigen Raunen der Marlene Dietrich, »Man hat uns nicht gefragt als wir noch kein Gesicht, ob wir leben wollten oder lieber nicht«.

Die eigene Existenz verfluchen heißt Fluch dieser Welt und dem Schoß, der beides gebar. Den schauerlich-schönen Schock von Gustave Courbets Bild »Der Ursprung der Welt« – eine weit geöffnete Vagina –, 1866 gemalt und nach abenteuerlichen Odysseen durch diverse Sammlungen 1988 erstmals öffentlich präsentiert (heute im Musée d'Orsay), konnte Rilke noch nicht erfahren haben. Das Grauen vor der Mutter aber – so wörtlich zu Lou Andreas-Salomé –, »vor ihrer zerstreuten Frömmigkeit [...] vor all diesem Verzerrten und Entstellten, daran sie sich gehängt hat, selber leer wie ein Kleid, gespenstisch und schrecklich«: das verfolgte ihn ein Leben lang. Die Frömmelei als Ersatz für die gescheiterte Offizierskarriere des Mannes, recte: der Ehe; als Ersatz für die früh gestorbene Tochter; als Ersatz dafür, daß »Maria« nur ein Sohn geworden. Es gibt eine recht gnadenlose Charakteristik dieser religiösen Scheinwelt aus der Feder von Rilkes Schwiegersohn Carl Sieber: »Aufsichnahme eines eingebildeten Leidens und daraus sich ergebend das Hilfesuchen bei Gott oder besser bei der Kirche, die die katholische war. (Auch das pflegen enttäuschte Damen von Welt zu tun.) [...] Es ist falsch, die Religiosität Phia Rilkes als Quelle für ihre Lebenskraft zu bezeichnen. Devotion kann keine Kraft geben, und es gibt Tagebücher von ihr, die auch nicht die Spur eines warmen Gottvertrauens, geschweige denn eines Hilfeholens aus göttlichen Quellen erkennen lassen. Seite für Seite wiederholen sich die Schilderungen von immer neuen Kirchen, die sie aufsuchte wie Museen, und deren Gnadenmittel sie genoß wie Bilder.«

Die frömmelnde Bigotterie der Mutter, die sich einbildete, Jesus und Maria kämen sie täglich im Hotel besuchen, und als Abschiedsformel (etwa an der Bahn) ernsthaft sagen konnte »Jesus und Maria mit mir« – nicht: mit dir! –, festigte einerseits seine Idee einer »vorgeburtlichen Bestimmung«, härtete andererseits seine Abscheu vor jeglicher konfessionell-institutionell zementierten Religionsarchitektur und gab damit zugleich die Stützpfeiler ab für den Bau des eigenen Werks. Nicht zufällig spricht er in einem Brief an eine andere Gefährtin, Nanny Wunderly-Volkart, der er ein weiteres Mal das Hoffnungslose der Mutterbeziehung paraphrasiert, von »meinen beiden neuen Büchern als Versuch, irgendwie Leben und Tod in einer übergroßen Freude, die ohne Namen bleibt, zusammenzufassen«. Der Brief ist übrigens unterschrieben mit »Amen«. Schon im Gedichtband *Mir zur Feier* des Jahres 1899 findet sich ein traurighaßvoller Abgesang:

Aber meine Mutter kam
ihnen Blumen geben.
Meine Mutter die Blumen nahm
alle aus meinem Leben.

Lou Albert-Lasard bewahrte ein anderes Mutter-Gedicht auf, das Rilke ihr schenkte, als sie aufbrach, den eigenen ungeliebten Vater zu besuchen; die Wahl der Worte – »Ach, wehe, meine Mutter reißt mich ein. / Da hab ich Stein um Stein zu mir gelegt / und stand schon wie ein kleines Haus ...« – untermauert die These vom Kunstbau als Wehr und Festung.

Die andere frühe Prägung – wohl gar als Kränkung empfunden – ist Rilkes gesellschaftliche Ortlosigkeit. Sie ist wohl Ursache seines Adelsticks; noch die Liebhaberausgabe von 300 bibliophilen Exemplaren der 1899 (nach seiner ersten Rußlandreise) entstandenen *Weise von Liebe und Tod des Cornets Christoph Rilke* trug »sein« Familienwappen, eher eine Chimäre; doch es sollte jene adlige Herkunft beglaubigen, die es nicht gab, nach der er jedoch mit puerilem Eifer forschte, sogar in Verse implantierte: »Des alten lange adligen Geschlechtes / Feststehendes im Augenbogenbau –« heißt es im *Selbstbildnis* von 1906 (in der Nachbarschaft des berühmten Gedichts *Der Panther*). Auch die Demütigung, daß es der reich gewordene Bruder des Vaters, der Advokat und Landtagsabgeordnete Jaroslaw Rilke – 1873 mit Wappen, Wahlspruch und dem Titel Rilke Ritter von Rüliken in den erblichen Adelsstand erhoben –, daß es also dieser Onkel war, der ihm das Studium finanzierte, hat der früh poetisierende Kadett nie verwunden. Schon die Schulzeit war Verhängnis und Heimsuchung gewesen. Was 1906 mit Robert Musils *Die Verwirrungen des Zöglings Törless* literaturfähig wurde, begann für den elfjährigen René im September 1886: nach kurzen Grundschuljahren kam er auf die Militärunterrealschule St. Pölten, 1890 auf die Militäroberrealschule in Mährisch-Weißkirchen – er sollte werden, was der Vater nicht geschafft hatte: Offizier. Rilke hatte den Vater und dessen Wunsch, der Sohn möge eine bürgerlich-solide Laufbahn einschlagen, nicht nur respektiert; er hing zärtlich an ihm. »Ich beklage den Verlust meines geliebten Vaters«, schrieb er am 15. März 1906 an Rodin aus Prag, wohin er sofort nach der Todesnachricht aus Berlin an das Totenbett geeilt war und wo er eine rührende Todesanzeige aufgab:

> *Rainer Maria Rilke gibt in seinem eigenen wie im Namen seiner Frau Clara geborenen Westhoff und seiner Mutter Sophia Rilke geborenen Entz und im Namen sämtlicher Verwandten die schwere und traurige Nachricht von dem Ableben seines herzensguten, lieben Vaters, Herrn*
>
> *Josef Rilke,*
>
> *Oberinspektor der k. k. priv. Böhmischen Nordbahn, welcher nach kurzem schweren Leiden, versehen mit den heiligen Sterbesakramenten, am 14. März I. J., 5 Uhr früh, entschlafen ist.*

Er hat dem Vater das Streben nach gesellschaftlicher Normalität nie verargt. Es gab Kämpfe, gewiß, um gegen starre Vorbehalte die dichterischen Ambitionen durchzufechten; das Stück »Vatermord« jedoch wurde nicht gespielt. Aber einem Lehrer, dem Generalmajor Cäsar von Sedlakowitz, der sich im Dezember 1920 bei dem inzwischen Berühmten erinnernd gemeldet hatte, färbte er dessen geschöntes Gedächtnis schwarz, antwortete voller Abscheu mit der Mahnung, er sei als zehn-, zwölf-, vierzehnjähriger Knabe körperlich und geistig mißbraucht worden, schrieb gleichsam eine Fibel des Entsetzens, in der die Worte Vergewaltigung, Not, Heimsuchung nicht fehlten – nicht besonnte, sondern abgelehnte Vergangenheit. Noch ein Autor unserer Tage, der Schmäh-Akrobat Thomas Bernhard, wußte seinen Wutschrei über die Zwangsjacke des österreichischen Erziehungssystems zu formulieren: »Die Lehrer sind die Handlanger des Staates und wo es sich wie bei diesem österreichischen Staat heute um einen geistig und moralisch total verkrüppelten handelt, um einen, der nichts als die Verrohung und Verrottung und das gemeingefährliche Chaos lehrt, sind naturgemäß auch die Lehrer geistig und moralisch verkrüppelt und verroht und verrottet und chaotisch. [...] Ich selbst habe diese grauenhaften, engstirnigen, verluderten Lehrer gehabt, die eine ganz und gar niedrige Auffassung von den Menschen und der Menschenwelt haben, die niedrigste, vom Staat verordnete Auffassung, nämlich daß die Natur in den neuen jungen Menschen auf jeden Fall immer zu unterdrücken und schließlich abzutöten sei für die Zwecke des Staates.«

Gut möglich, daß die vielfache Erniedrigung – seelisch, geistig, körperlich, gesellschaftlich – jenes Ziergesträuch in Rilke hochranken ließ, das man getrost seine Adelssehnsucht nennen darf. Wie zierlich arrangiertes Spalierobst züchtete er an den Mauern seiner Verliese wahre Stilleben von Fürstinnen, Herzoginnen, Prinzessinnen, Gräfinnen und Baronessen, ein ganzes Edel-Treibhaus, in das er Hunderte und Aberhunderte seiner so peinlich-erwählten wie parfümierten Billette sandte; mal – Absender natürlich ein »Gut Böckel« bei Bieren/Westfalen – im verquetschten Ton des Kleine-Leute-Stolzes berichtend: »Auf den Nachbargütern sitzen meistens Geschwister einer zahlreichen Generation Ledebur, deren ich einige Schwestern von früher kenne, und von denen der eine Bruder mit einer Prinzeß Solms, einer Schwester der Großherzogin von Hessen, verheiratet ist.« – und mal sich grüßend gleichstellend auf kunstvoll gedrechseltem Schemel: »Von Ihren anderen Gästen bitte ich den Damen, der Prinzessin Caroline und der Prinzeß Carola, entsprechend empfohlen zu sein; ganz besonders herzliche Grüße aber nach Mzell, an die Prinzessin Gabrielle, diese schöne gesegnete Mutter, die nun wieder in der Fülle der Erwartung an Glanz und Klarheit mit ihren schönen Kindern wetteifern wird.«

Die im Laufe seines Lebens auf Abertausende von Seiten anschwellende Korrespondenz besteht zu großen Teilen nicht nur aus der Klage, seine Korrespondenz fresse ihn auf; sie hat auch höchst eigenartige Charakteristika. Zum einen sind es nur allzu oft Selbstgespräche, die in ihren teilweise wörtlichen Wiederholungen etwas Litaneihaftes bekommen. Die Briefe haben unterschiedliche Adressaten, aber nur einen Empfänger, und der heißt Rainer Maria Rilke. Eine Besonderheit dieses großen Monologs erschließt sich erst, liest man die – wunderbar ziselierte – Handschrift: Rilke hat zeitlebens in deutschen und lateinischen Buchstaben durcheinander geschrieben, oft in einem Absatz von e zu *n*, von s zu ſ wechselnd. Noch 1926 aus dem Sanatorium Valmont (beispielsweise in den Briefen an Lally Horstmann).

Es ist nicht Spiegelschrift, aber der Schreibende scheint vor einem Spiegel zu sitzen, nicht mit Streusand die zumeist lila Tinte löschend, sondern mit Puder. Diese so selbstverordnete wie selbstbezügliche Elegantheit macht nicht einmal halt, geht es um Kunst. So schreibt Rilke 1916 an Oskar Kokoschka:

Mein lieber Freund,
So viel Gutes von Ihnen, der Brief, die Übersendung der schönen Ölberg-Zeichnung, die mir etwas von dem großen Eindruck, den mir das begonnene Ölberg-Bild gemacht hat, in einem lieben Sinne eigenthümlich macht.

In diesen Zusammenhang gehört, daß Rilke sogar Liebesbriefe gelegentlich ohne Anrede abfaßt; allenfalls ein »Ma chère et belle Amie« sich gestattet. So etwa viele an Adelmina Romanelli, zwischen 1907 und 1908 mal aus Capri abgeschickt, mal aus »Oberneuland bei Bremen«, mal aus Venedig – noch in ungewohnt »entflammter«, hastig hingeworfener Handschrift (erst später, als die Beziehung ›neutral‹ wird, erkennt man die gewohnten Schriftzüge). Ein Brief aus dem November 1907 – datiert »Dimanche Matin« – liest sich so ziel- wie zügellos, auch namenlos:

Moi non plus: je n'ai pas d'adieu. J'emporte votre Âme et je la montrerai à Dieu et aux Anges. Elle sera dans l'Univers. Les fleurs s'y regarderont émerveillées et les oiseaux y viendront boir. Elle sera heureuse. Mon cœur continue de vous contempler tout à genoux. Je vous aime. J'entends les cloches

à vous
infiniment

R. M.

Ohne Frage: Rilke hatte sich von Beginn an ein ehernes Gesetz gegeben, dessen Paragraphen verklammerten seine Kunst. Doch ebenso fraglos ist, daß er es zu hüten suchte durch edle Gebärde. Nicht selten die eines Oberkellners. So lautet auf die Eingangsfrage unserer Fährtensuche »Wer war dieser Mann?« die Antwort: Geck, Gaukler und Genie.

Das Genie schlummert noch. In den ersten lyrischen Versuchen klingt noch nicht der hohe Ton ganz eigener Wort-Saiten, unnachahmlich, betörend ihre Sphärenmusik. Vorerst rauscht die gefältelte Seide eines Silbenkonfektionärs. Das ist nicht das frivole Urteil eines beckmesserischen Biographen; der ist in guter Gesellschaft: von Rilke. Der selber nämlich hat später hart über seine Anfänge geurteilt, sogar den *Cornet* noch »versinfizierte Prosa« genannt und viele Gedichte für Zusammenstellungen – die sein Verleger Kippenberg anregte – nicht zugelassen. In einem Brief an den Literaturhistoriker Hermann Pongs spricht er von »überstürzten Jahren«, »Nichtigkeiten«, die er lediglich aus Drang nach Anerkennung nicht in den Tischschubladen gelassen habe. In einer (die vielen Schreibfehler lassen vermuten: selbstgetippten) Antwort an einen Fragesteller ist er noch rigoroser:

> *Ihre Fragen, geehrter Herr, muss ich – so sehr ich das bedauere, mit völligem Versagen beantworten.*
> *Die Sache ist die: Der Vorrath des kleinen Buches »Leben und Lieder« ist, soviel ich weiss, schon vor mehreren Jahren ausgekauft worden, ich besitze selbst kein Exemplar davon.*
> *Von den drei Dramen-Versuchen, welche Sie nennen, wovon zwei allerdings als Manuscript gedrückt, sind aber verschollen und auch von der Wienerschrift des dritten (Frühfrost genannten) Drama's ist mir die Spur verloren gegangen.*
> *Erlauben Sie mir aber dieser Nachricht die Anmerkung zuzufügen, dass ich alle jene Arbeiten für wertlos und unbezeichnend halte, dass ich sie, bestünden sie noch, auf alle Fälle dem Buchhandel, ganz besonders aber jenen entziehen würde, so an mir aufmerksamen und freundlichen Antheil haben.*
> *In Ergebenheit begrüsst Sie:*
> *Rainer Maria Rilke.*

Hans Egon Holthusen, selber ein ausgewiesener Autor, hat sich in einer respektvollen kleinen Monographie gleichwohl jeden Ansatz zu Hagiographie untersagt und nicht nur Rilkes leichtfertiges Publizieren in allerlei banalen Blättern und Anthologien gerügt, auch dessen Devotheit gegenüber erhofften Vermittlern – irgendeine artikelschreibende Dame erhebt er schmeichlerisch kurzerhand zur Baronesse –, sondern unverhohlen verblüfft die Banalität des Jugendwerks konstatiert: »Nur mit Mühe würde man aus der Sprache und dem Gehaben des jungen René überzeugende Andeutungen einer künftigen Meisterschaft herauslesen können. In Hunderten von mittelmäßigen Gedichten scheint sich zunächst nichts weiter als eine zügellose Facilität des Versemachens zu dokumentieren, eine lyrische Redseligkeit, die irgendwelche Jedermannsgefühle in leere Sprachschablonen gießt und sich über das Niveau der poetischen Dutzendware jener Tage kaum irgendwo erhebt [...] Verse wie diese:

Kaum will der Tag die Hügel krönen,
regt sichs zu Wulfsmoor schon im Tal:
heut soll Graf Erich sich versöhnen
mit Jutta, seinem Ehgemahl.«

Doch Kunst ist ein Wunder. Ließe sich das erklären – auch nur, wie und warum zu einem bestimmten Zeitpunkt Kunst entsteht –, dann gäbe es ein Rezept; man könnte das Wunder zwingen, Kunst herstellen. Was glücklicherweise nicht geht. Das Rilke-Wunder ist der *Cornet*. In einem Brief aus dem Herbst 1902, mit dem sich Rilke bei Rodin vorstellt – »Ich habe (ganz jung noch) zu schreiben begonnen« –, nennt er die Titel einiger seiner Bücher; spricht sogar von seinen dramatischen Versuchen – in seinem zweiten Stück, *Im Frühfrost*, hatte sich ein junger Schauspieler hervorgetan: Max Reinhardt –: in diesem ausführlichen Brief aus Worpswede nach Paris kommt der *Cornet* nicht vor. Das ist erstaunlich, denn das Manuskript war abgeschlossen im Herbst 1899 und in seinem Karatgehalt von Rilke durchaus erkannt; wenn er auch darauf bestand, den Text in einer einzigen Nacht niedergeschrieben zu haben: »Der *Cornet* war das unvermutete Geschenk einer einzigen Nacht, einer Herbstnacht, in einem Zuge hingeschrieben bei zwei im Nachtwind wehenden Kerzen.« Es ist auch wiederum nicht erstaunlich, weil das Buch im Druck noch nicht erschienen war, jene Liebhaberausgabe von 300 Exemplaren mit dem ominösen Familienwappen nur die Erstfassung präsentierte (Rilke erarbeitete bis 1906 mehrere Fassungen). Erst des Verlegers Anton Kippenbergs Idee im Jahre 1912 für eine neue Reihe, die »Insel-Bücherei«, brachte (anfangs zu Rilkes Entsetzen) den Durchbruch: der *Cornet* als Band 1 für 50 Pfennige mit einer Erstauflage von 10 000 Exemplaren (400 Mark Autorenhonorar). Rilkes *Werther* war geboren. Ein Sensationserfolg begann. In drei Wochen waren 8000 Bücher verkauft, im selben Jahr weitere 20 000, im März 1914 betrug die Auflage bereits 40 000 – ein Lyrikbestseller bis in unsere Tage, 1995 betrug die Auflage 1 134 000 gebundene Bücher (Anthologienachdrucke, Werkausgaben u. ä. nicht eingerechnet).

Liebesfähigkeit heißt Alleinsein: Lou Andreas-Salomé

Geheimnis Kunst. Auf schwingt sich eine Sprache, hart und transparent zugleich, lyrische Prosa, von der zeitlos erhabenen Bescheidenheit romanischer Dome, die fratzenbleckenden Kapitelle zeigen nach unten in unser Elend und spiegeln in den schwarzen Pfützen des Menschenkriegs eben doch den darüber sich wölbenden Himmel. Der zu eigenem Literatur-Ruhm gekommene Eingangs-Galopp verleiht dem Geschehen den Atem – und nimmt ihn uns: »Reiten, reiten, reiten, durch den Tag, durch die Nacht, durch den Tag. Reiten, reiten, reiten. Und der Mut ist so müde geworden und die Sehnsucht so groß. Es gibt keine Berge mehr, kaum einen Baum. Nichts wagt aufzustehen. Fremde Hütten hocken durstig an versumpften Brunnen. Nirgends ein Turm. Und immer das gleiche Bild.«

Und hätte Rainer Maria Rilke – er heißt nun Rainer, er ist zurück von seiner ersten Rußlandreise mit Lou Andreas-Salomé, die ihn umgetauft hat –: und hätte Rilke nur diese nicht einmal zwanzig Seiten geschrieben: er wäre ein Gigant. Die »Story« des Fähnrichs, der aufbricht ins Getümmel und im Nirgendwo verschwindet, ist keine »Cause célèbre«. Geschehen und Gestalt werden verschlungen von Sprache, da ist kein Wort zuviel, die Ereignisse entstehen durch Sprache, da ist keine Farbe zu bunt, und selbst das Rosenblatt, beschützend soll es sein, ist nur mehr bleiche Hostie:

»Einmal, am Morgen, ist ein Reiter da, und dann ein zweiter, vier, zehn. Ganz in Eisen, groß. Dann tausend dahinter: Das Heer.

Man muß sich trennen.

›Kehrt glücklich heim, Herr Marquis. –‹

›Die Maria schützt Euch, Herr Junker.‹

Und sie können nicht voneinander. Sie sind Freunde auf einmal, Brüder. Haben einander mehr zu vertrauen; denn sie wissen schon so viel Einer vom Andern. Sie zögern. Und ist Hast und Hufschlag um sie. Da streift der Marquis den großen rechten Handschuh ab. Er holt die kleine Rose hervor, nimmt ihr ein Blatt. Als ob man eine Hostie bricht.

›Das wird Euch beschirmen. Lebt wohl.‹

Der von Langenau staunt. Lange schaut er dem Franzosen nach. Dann schiebt er das fremde Blatt unter den Waffenrock. Und es treibt auf und ab auf den Wellen seines Herzens. Hornruf. Er reitet zum Heer, der Junker. Er lächelt traurig: ihn schützt eine fremde Frau.«

Souverän und perfekt webt Rilke Sprachhaltungen – erlebte Rede, personalisiertes Erzählen – ineinander mit Stimmungen – »etwas Schlankes, Dunkles«; Brand, Helligkeit, Lärm – und das alles wiederum mit typisierten Bildern: der sterbende Held, die Mutter verehrender Sohn (!) und – im Gegensatz zum liebeserfahrenen Franzosen – noch in der Liebesnacht sein Abendgebet sprechend; gegen dieses Liebeserlebnis wird dann so flüchtig wie gräßlich eindringlich das Bild der gefesselten, vergewaltigten Frau gespiegelt – Lust und Bedrohung der Sexualität.

Es muß nicht gesagt werden, daß die Rose nicht schützt, die Frau nicht, daß kein Schutz ist nirgendwo auf dieser Welt, Heimstatt wie Richtstatt. Eigentlich wird gar nichts gesagt. Eine Fuge ›sagt‹ ja nichts. Sie atmet. Und dann ist es der letzte Hauch. Und auch der ist Teil des Geschicks der Menschen. Das singt dieser unauflösliche Text, abgründig wie das *Erlkönig*-Gedicht, hinüberklingend zum

Grab am Grunewald, denn der *Cornet*-Gräfin Schicksal ist das der *Marquise von O.* des Selbstmörders Heinrich von Kleist. Falls es so etwas gäbe, müßte man richten: dies ist der Psalm vom Tod. Jedenfalls ist es ein Buch von Gültigkeit immerdar. Wie der Krieg, die Not, der Tod sich je gerade buchstabiert. Ein Wortleben: »Er läuft um die Wette mit brennenden Gängen, durch Türen, die ihn glühend umdrängen, über Treppen, die ihn versengen, bricht er aus aus dem rasenden Bau. Auf seinen Armen trägt er die Fahne wie eine weiße, bewußtlose Frau.«

Der Text führt auch auf mysteriöse Weise den Umschlag von Emphase in Kargheit vor; denn emphatisch – bis an die Grenze religiöser Verzückung – war Rilkes Stimmung zu der Zeit: Er war Ende September 1896 von Prag nach München übersiedelt, wo er zwei Zimmer in der Brienner Straße 48 bewohnte, eingetragen als »Studierender der Philosophie«, in der Tasche einen väterlichen Monatswechsel und – »lästige Pflicht« – weiter unterstützt von den Töchtern des im Dezember 1892 verstorbenen Onkels Jaroslaw. (Übrigens erhielt er auch von der Mutter aus deren Pensionsbezügen sein ganzes Leben hindurch einen Monatsbetrag von achtzig Kronen.) Der Entschluß zur Existenz des freien Schriftstellers steht fest, Gedichte sind vereinzelt erschienen, der Band *Larenopfer* 1896 beim Verlag H. Dominicus; ab Oktober gibt Rilke gemeinsam mit Bodo Wildberg in einer Auflage von 1000 Exemplaren *Wegwarten* heraus, das dritte Heft deutsch-Prager Literatur; im zweiten Heft hatte er mit der Anerkennung Theodor Fontanes für *Larenopfer* aufwarten können – ein schnurriger Brief hat sich erhalten, mit dem Rilke sich einerseits für den Beifall bedankt, andererseits korrigiert: »Sie haben durch meinen zweiten Vornamen verleitet, in mir eine Dame gesehen; dies ist nun nicht der Fall – ich bin männlichen Geschlechts und hoff mich auch im Leben stets männlich im besten Sinne des Wortes zu betätigen«. Nicht ganz so männlich klang die eher unterwürfige Bitte an Richard Dehmel um literarische Verbindungen. Doch der Tag der »Männlichkeit« nahte. Im Frühjahr 1897 stellte Jakob Wassermann dem 21jährigen in einer Theaterpremierenpause eine Dame vor, der Rilke bereits zuvor anonym Gedichte zugeschickt hatte: Lou Andreas-Salomé.

Sie raubt nicht seinen Schädel, aber seinen Kopf, sein Herz und seinen Namen: Rainer Maria Rilke heißt er nun, sein nächstes Werk – *Das Stunden-Buch* – wird diesen Namen tragen, gefolgt von der Widmung »Gelegt in die Hände von Lou«. Rilke liebt. Nach flüchtigen Amouren führt ihn zum ersten Mal eine Frau in eine gänzlich andere Daseinsform.

Die fünfzehn Jahre Ältere hat Lebenserfahrung. 1861 in St. Petersburg als Tochter eines – von Hugenotten abstammenden – geadelten Generals und einer deutschen Mutter geboren, beginnt sie mit neunzehn Jahren in Zürich ein Studium der Kunstgeschichte und Theologie; höchst ungewöhnlich für die damalige Zeit. Durch gemeinsame Bekannte, vor allem Nietzsches engsten Freund Paul Rée, lernt sie den Philosophen des *Zarathustra* kennen, der sie zum »Geschwistergehirn« erkürt, sich in sie verliebt und sich mit ihr verlobt wähnt. Sie erwählt jedoch Rée, mit dem sie nach Berlin und Gries-Meran reist, unter männlichem Pseudonym ihren ersten Roman schreibt, 1894 das öffentlich viel diskutierte Buch *Friedrich Nietzsche in seinen Werken*, in dem sie den Verschmähten als gescheitertes religiöses Genie darstellt. 1887 heiratet die 26jährige den fünfzehn Jahre älteren Orientalisten Friedrich Carl Andreas, mit dem sie in Berlin-Schmargendorf lebt – weit draußen vor der Stadt; man mag sich erinnern, daß für Fontanes Rittmeister Schach von Wuthenow ein Ausflug nach Berlin-Tempelhof eine Landpartie ins Entlegene gewesen war. Günther Schiwy, der eine ansonsten höchst lesenswerte Studie über *Rilke und die Religion* vorgelegt hat, insinuiert »die Ehe wurde jedoch nicht vollzogen«, eine leicht klebrige Detektivspielerei ohne (möglichen) Nachweis. Wenn man sich auch wundern darf, wie sich spätere Reisen zu dritt und Rilkes Besuche in Schmargendorf wohl gestaltet haben mögen.

Als der Coup de Foudre einschlägt, ist Lou Andreas-Salomé – soeben aus Berlin in München eingetroffen – eine bekannte Persönlichkeit; Rilke hat das Nietzsche-Buch gelesen, verehrt ihre Erzählung *Ruth* und steht schon vor der persönlichen Bekanntschaft im Bann zahlreicher religionsphilosophischer Publikationen jener Frau, der er zudichtet:

Lösch mir die Augen aus: ich kann dich sehn,
wirf mir die Ohren zu: ich kann dich hören.

Das ist geschrieben im Sommer des Jahres 1897, jene Premiere hatte im Mai stattgefunden, am 14. Juni bereits ziehen Rilke und Lou –

Durch Dich will ich die Welt sehen;
denn dann sehe ich nicht die Welt,
sondern immer nur Dich, Dich, Dich! –

nach Wolfratshausen bei München, wo sie gemeinsam den Sommer verbringen; genau hier und jetzt findet die Verwandlung von René zu Rainer statt, und genau hier und jetzt entstehen viele Gedichte (wie *Lösch mir die Augen aus …*), die vorerst auf Lous Wunsch nicht publiziert, manche dann ins *Stunden-Buch* übernommen werden; andere waren für einen Band Liebeslyrik *Dir zur Feier* gedacht, den Rilke aber zu Lebzeiten nicht drucken ließ. Inzwischen leben beide seit Spätherbst 1897 in Berlin, Rilke anfangs im nahen Wilmersdorf, dann – ab Sommer 1898 – in unmittelbarer Nachbarschaft in der »Villa Waldfrieden«. Rilke hört Vorlesungen bei Georg Simmel, studiert die Kunstgeschichte der Renaissance, lernt Stefan George kennen (in dessen Kreis um die *Blätter für die Kunst* er Einlaß begehrt; sie bleiben einander jedoch immer fremd).

Zwar war der 22jährige Rilke, als er am Sonntag, dem 14. November 1897, im mondänen Berliner Salon von Sabine Lepsius an einer Lesung Georges teilnahm, tief beeindruckt, so tief, daß er ihm zwei Wochen später ein eigenes Gedicht, *An Stefan George*, widmete:

Wenn ich, wie Du, mich nie den Märkten menge
Und leiser Einsamkeiten Segen suche, –
Ich werde nie mich neigen vor der Strenge
Der bleichen Bilder in dem tiefen Buche.

Doch der spätestens seit jener Lesung berühmte Stefan George urteilte über Rilkes lyrische Produktion jener Zeit, das seien Gedichte, »wie sie jeder machen könne«.

Wenn die beiden Dichter sich auch nur noch ein zweites Mal – im April 1898 in den Boboli-Gärten von Florenz – begegneten: es ist deutlich, daß Georges Diamantfeile recht oft die Rilke-Skalpelle geschliffen hat. In *Mir zur Feier* findet man deutliche Bezüge auf Georges *Algabal*, im Zyklus *Die weiße Fürstin* auf Georges *Der Teppich des Lebens*. Zu der Lesung im Haus Lepsius hatte Lou Andreas-Salomé Rilke begleitet. Zwei Menschen stürzen sich in das Unmögliche. Sie wollen eins sein, indem sie einander ergründen. Doch angekommen auf dem Grund – findet ein jeder nur sich selbst, verliert den anderen. Alltägliches – Wandern, mit bloßen Füßen durch taunasses Gras zu laufen, die Reformideen jener Zeit durch Schlichtheit bis zu Nahrung und Kleidung zu verwirklichen –, das funktioniert; zeitweise. Zwischendurch ist Rilke auch in Italien, um die Kunst der Renaissance nicht nur in Büchern, Hörsälen und Museen zu erleben. Rilkes innere Struktur jedoch ist hermetisch. Seine Wirklichkeit heißt Kunst. Und seine Liebesfähigkeit heißt Alleinsein. Er wird von nun an eine wahre Philosophie der Entfernung entwickeln, die Nähe zum Unstatthaften dekretiert. Bald – bis hin zu schmerzzerrissenen Abschiedsbriefen – gerät auch Lou in das Räderwerk dieser Abwehrmaschine, die sich Rilke patentiert unter dem Namen »Geliebte« oder »Liebende«. Die Geliebten sind Eindringlinge, Störenfriede, werden wie ein Medikament nur in kleinsten Dosen zugelassen. Liebende als Idee einer alles überwölbenden, aber nichts berührenden Bindung, ein Phantom-Traum, der beim Erwachen in den Tag erlischt: das ist sein Konstrukt. Unlebbares Leben. Rilke vertraut der Kraft des Irrealen. Das ist schlecht für die Realität. Es ist gut für die Kunst. Durchaus erinnert es an einen Tagebucheintrag von Harry Graf Kessler, eine Art Kennung dieser Verhaltensweise: »Burne Jones nur sexuelle Sinnlichkeit. ›Desire‹ ist wie er selbst sagt die Grundnote seiner Kunst. Aber ohne eigene Phantasie. Er ist wie ein Mann, der Nachts von Bildern träumt und von Frauen, die er auf Bildern gesehen hat, nicht von einer Frau von Fleisch und Blut.«

So entstand – der erste Teil noch 1899 in Schmargendorf, die beiden anderen in Westerwede und Viareggio 1901 und 1903 – sein nächstes Meisterwerk. In vielen Äußerungen zum *Stunden-Buch* benutzt er den Begriff »Gebet« (»Gebete sind entstanden, ein Buch Gebete«). Ich finde das ein zu scharf umrissenes Wort für das so kunstvolle Gespinst aus Schrei. Der hallt, Empörung, Trauer, Hoffnungslosigkeit hin- und herrollend, einem Echo gleich durch diese Verse. Es stimmt schlichtweg nicht, wenn immer wieder zu lesen ist, wir hätten es zu tun mit einer zierlichen Frömmigkeitsfibel, mit dem demütig gebeugten Psalmodieren vor einem bis zur Bekömmlichkeit kenntlich gemachten ›Lieben Gott‹. Gott-Suche, wohl wahr; doch der Fluch ist nicht fern. Der Klang der Klage, des Trotzes auch, ist unüberhörbar: weil Gott sich entzieht in eine unbegreifliche Unendlichkeit, also im Stich läßt sein Werk und sein Geschöpf. Es kann eigentlich niemand, der des verstehenden Lesens fähig ist, schon diese zwei Verse ziemlich zu Beginn des *Stunden-Buchs* um-interpretieren in Weihrauchgemümmel und Klingelingeling:

Was wirst du tun, Gott, wenn ich sterbe?
Ich bin dein Krug (wenn ich zerscherbe?)
Ich bin dein Trank (wenn ich verderbe?)
Bin dein Gewand und dein Gewerbe,
mit mir verlierst du deinen Sinn.

Nach mir hast du kein Haus, darin
dich Worte, nah und warm, begrüßen.
Es fällt von deinen müden Füßen
die Samtsandale, die ich bin.

Ich lasse die opportune Debatte einmal aus, ob jenes *Lösch mir die Augen aus*-Gedicht mehr noch als die durchaus irdische Lou Andreas-Salomé einen ins Unirdische sich entziehenden Gott meint; darüber ist viel spekuliert worden. Der Grundtenor dieser Gedichte ist ein anderer, geradezu rebellischer *Ich bin derselbe noch [...] der dich erfand:* Gott also als (unser) Geschöpf. Deswegen vielleicht abwesend in den Dingen, Phantasmagorie eher als irgendwo auffindbar im Leben der Menschen:

Wer lebt es denn? Sind das die Dinge, die
wie eine ungespielte Melodie
im Abend wie in einer Harfe stehn?
Sind das die Winde, die von Wassern wehn,
sind das die Zweige, die sich Zeichen geben,
sind das die Blumen, die die Düfte weben,
sind das die langen alternden Alleen?
Sind das die warmen Tiere, welche gehen,
sind das die Vögel, die sich fremd erheben?

Wer lebt es denn? Lebst du es, Gott, – das Leben?

So sind auch die berüchtigten Rilke-Engel keineswegs rosa gefärbter marzipanener Weihnachtsschmuck, neckisch-lecker. Es sind entlassene Boten, weil keine Botschaft von oben kündend, keine von den Lippen der Kreatur ablösend; Rilke verdammt sie, weil sie Hoffnung nur gaukeln, rauschende Täuschvögel:

> *(Denn auch die Engel fliegen nicht mehr.*
> *Schweren Vögeln gleichen die Seraphim,*
> *welche um ihn sitzen und sinnen;*
> *Trümmern von Vögeln, Pinguinen*
> *gleichen sie, wie sie verkümmern ...)*

Es formt sich schon bei diesem jungen Dichter harter, großer Religionsverdacht – Religion als institutionalisiertes Wegsehen, als Nicht-Tun, sondern Tönen (»Du wirst nur mit der Tat erfaßt ...«), als hohler Prunk einer protzsüchtigen Macht, Erlösung nirgendwo: Kirchen und Klöster sind ihm Harfen und Vertröster; wenn er diesen Gott anfleht, dann im Hader (»Und ich – ich soll dich Vater nennen?«), die Ohnmacht der gottverlassenen Finsternis dieser Welt ausrufend. Aber fällt denn nicht hier das böse berüchtigte Wort von der Armut als »ein großer Glanz aus Innen«? Ja. Aber es steht in einem wesentlichen Kontext, der gerne entweder unterschlagen oder nicht begriffen wird. Das dritte Buch des *Stunden-Buchs* heißt nicht unabsichtlich »Von der Armut und vom Tode«. Es ist der bittere Gesang von jenen, die aus Gottes Hand fielen, ist Mahnung: »Mach, daß die Armen nicht mehr fortgeschmissen«. Jener verdächtige »Glanz aus Innen« predigt durchaus nicht eine süßliche Bescheidenheit, beschreibt vielmehr eine Erwartung: daß da einer sei, der ihnen hülfe. Der Menschenmüll der großen Städte – wir werden später im Werk schwarzen Bildern der Großstadt begegnen – ist für Rilke nicht Wildwuchs, sondern Produkt der Gnadenlosigkeit eines Gottes, der schweigt:

Und deine Armen leiden unter diesen
und sind von allem, was sie schauen, schwer
und glühen frierend wie in Fieberkrisen
und gehen, aus jeder Wohnung ausgewiesen,
wie fremde Tote in der Nacht umher;
und sind beladen mit dem ganzen Schmutze,
und wie in Sonne Faulendes bespien, –
von jedem Zufall, von der Dirnen Putze,
von Wagen und Laternen angeschrien.

Und giebt es einen Mund zu ihrem Schutze,
so mach ihn mündig und bewege ihn.

Gott – und meine Seele ist ein Weib vor Dir

Rilke hat sich einen sehr eigenen Gott erschaffen, er ist eine Sehnsuchtsmetapher, eine mögliche Ordnung *für* diese Welt – die er aber *in* dieser Welt nicht findet. Nicht nur das *Stunden-Buch* ist ein weit hallendes Miserere, das die hoch in ein Irgendwo gellende Frage aussingt »Wo ist Gott?«; da der in den Dingen, in den Menschen sich nicht zeigt. Nie schreibt Rilke die Drehorgelmusik zu bunten Krippenspielfigürchen. Er spielt – schon jetzt – das Lied vom Tode – selbst in dieser letzten Menschenstunde zeigt er sich nicht, der Allmächtige:

Wer jetzt nicht seine Augen schließen kann
[…]
der ist vergangen wie ein alter Mann.
Dem kommt nichts mehr, dem stößt kein Tag mehr zu,
und alles lügt ihn an, was ihm geschieht;
auch du, mein Gott. Und wie ein Stein bist du,
welcher ihn täglich in die Tiefe zieht.

Dies ist kein lyrisches Intermezzo, es ist Entwurf zum Vorwurf. In einem seiner groß konzipierten Briefe, dieser – vom 2. Juni 1921 an die Vertraute Nanny Wunderly-Volkart – ein 16seitiger Essay, führt Rilke den Gedanken eines Deus absconditus noch genauer aus: »Es heißt entweder: Der Tod ist ein so unbeschreiblicher, unermeßlicher Werth, daß Gott zuläßt, daß er uns immer, und selbst in der unsinnigsten Weise, darf zugefügt werden, nur weil er uns ein Größeres nicht zuzuwenden vermag. Oder diese Nachricht ist *so* zu lesen: unser persönliches Dasein hat keinerlei Bedeutung für Gott, weil entfernt, ihm seine Dauer zuzumessen, weiß er gar nichts von seinem Vorhandensein und von dem ungeheueren Werthe, den wir seiner Fristung zuschreiben.« Selbst Orte, zum Preisen der Herrlichkeit errichtet, sind ihm schal und verdächtig. Ostern 1904 schreibt er an Lou: »Gestern sang man in Sankt Peter Palestrina. Aber es war nichts. Es zergeht alles in diesem hoffärtig-großen leeren Haus, das wie eine hohle Puppe ist, aus der ein dunkler Riesen-Schmetterling ausgekrochen ist.« Rilke ahnt nicht nur das Ungesetzliche einer Gesellschaft der falschen Güterverteilung, er ahndet auch das Fehlen eines Gesetzgebers höherer Moral – den er nicht findet. Keineswegs abwegig ist es, daran zu erinnern, daß ausgerechnet Rilke es war, der während der Tage der Münchner Räterepublik im November 1918 ergriffen war vom Aufbruch aus politischen Verkrustungen. Nicht nur Oskar Maria Graf hat die Zusammenkünfte in des Dichters Münchner Wohnung geschildert, Rilke hat sich selber geschildert: »Unter Tausenden auch war ich Montag Abend in den Sälen des Hotel Wagner, Professor Max Weber aus Heidelberg, Nationalökonom, der für einen der besten Köpfe und für einen guten Redner gilt, sprach, nach ihm in der Diskussion der anarchistisch überangestrengte Mühsam und weiter Studenten, Leute die vier Jahre an der Front gewesen waren, – alle so einfach und offen und volkstümlich. Und obwohl man um die Biertische und zwischen den Tischen so saß, daß die Kellnerinnen nur wie Holzwürmer durch die dicke Menschenstruktur sich durchfraßen, – wars garnicht beklemmend, nicht einmal für den Atem; der Dunst aus Bier und Rauch und Volk ging einem nicht unbequem ein, man gewahrte ihn kaum, so wichtig wars und so über alles gegenwärtig klar, daß die Dinge gesagt werden konnten, die endlich an der Reihe sind, und daß die einfachsten und gültigsten von diesen Dingen, soweit sie einigermaßen aufnehmlich gegeben waren, von der ungeheueren Menge mit einem schweren massiven Beifall begriffen wurden.«

Es gibt diese Ausflüge in die Welt; wir werden ihnen, Schlingerlinien, im Laufe seines Lebens immer wieder begegnen. Doch stets weicht er vor der Ruchlosigkeit des Wirklichen zurück. Ihm setzt er entgegen, was er – der Schnecke gleichend und ihrem formvollendeten Haus – sich selber errichtet: Kunst. Da ist er der Schöpfer, und die Schöpfung ist ein Femininum. Das Pastorenwort aus einer Predigt ist überliefert, die Hertha Koenig vier Jahre nach Rilkes Tod gehört haben will: »Der Herr Pfarrer hat heute gesagt ›Eines der schönsten Worte, die uns Rainer Maria Rilke hinterlassen hat, ist: Gott … und meine Seele ist ein Weib vor Dir.‹« Die Zeile gibt es, sie steht exakt im Anschluß an den Vers *Lösch mir die Augen aus …* – Lou Andreas-Salomé gewidmet! – im zweiten Buch des *Stunden-Buchs.* Ein Kreis schließt sich, und er hat einen Mittelpunkt wie die Frucht einen Kern. Der Künstler – säkularisierter Gott, da er tröstendes Licht in die Welt zu tragen sucht, die das Trost-lose gebiert; also ist die Frau Konkurrent. Frau Welt. Sie soll vorhanden, aber nicht da sein. Das Ende der Liebesbeziehung mit Lou Andreas-Salomé – sie blieben vertraute Freunde – ist der Zirkelschlag dieses Teufelskreises. Im nicht-publizierten Gedichtzyklus *Dir zur Feier* schwingt der Ton bereits ins Religiöse, wenn »Und du bist das Erlösen« gesungen wird und vom »in die Knie gehen«.

Ein anderes Gedicht, vom Herausgeber des Briefwechsels mit Lou datiert »vermutlich unmittelbar nach dem Abschiedsgespräch«, benutzt verräterisches Vokabular:

Warst mir die mütterlichste der Frauen,
ein Freund warst Du wie Männer sind,
ein Weib so warst du anzuschauen,
und öfter noch warst Du ein Kind

Eben noch göttlich, nun Mutter-Frau, Männer-Freund, Kind: die perfekte Entsexualisierung. Wir kennen von vielen Künstlern die Ur-Angst vor dem Außen; man will erobern, besitzen – aber vor der Pforte der Welt verharrt der Schritt. Tucholsky nannte seine große Liebe Mary stets »Er«, schrieb ihr »Immer große Liebe wenn weit weg« und redete sie als Mutter an.

Kafkas knapper Satz »Sisyphus war Junggeselle« liest sich wie eine Definition des Kleistschen Lebensgesetzes und wie eine für das eigene Leben errichtete Gesetzestafel. Eros und Sexualität sind für Kafka – »Mein Leben ist das Zögern vor der Geburt« hat er sich einmal selber definiert – unmittelbar direkte Gefährdung und existentielle Not. Einen Tag nachdem die geliebte Felice Bauer endlich in Marienbad eingetroffen ist – »Tür an Tür, von beiden Seiten Schlüssel« –, notiert er: »Elend bin ich. Zwei Brettchen gegen die Schläfen geschraubt habe ich.« Und am folgenden Tag, dem 5. Juli 1916, bricht es geradezu aus ihm heraus: »Mühsal des Zusammenlebens. Erzwungen von Fremdheit, Wollust, Feigheit, Eitelkeit und nur im tiefen Grunde vielleicht ein dünnes Bächlein, würdig, Liebe genannt zu werden, unzugänglich dem Suchen, aufblitzend einmal im Augenblick des Augenblicks. Arme F.

6. Juli. Unglückliche Nacht. Unmöglichkeit, mit F. zu leben. Unerträglichkeit des Zusammenlebens mit irgend jemandem. Nicht Bedauern dessen; Bedauern der Unmöglichkeit, nicht allein zu sein. Weiter aber: Unsinnigkeit des Bedauerns, Sichfügen und endlich Verstehn. Von der Erde aufstehn. Halte dich an das Buch.»

Rilke hat Lou (nach ihrer zweiten Rußlandreise) einen offenbar schwergewichtigen Brief geschrieben, den sie in Rongas/Finnland erhielt, der nicht erhalten ist und nur aus ihrer Antwort und anderen Eintragungen rekonstruiert werden kann; sie berichtet von Selbstbezichtigungen »eines Verworfenen« und einer Deklaration seines Dranges nach »Freiheit und Weite« – er wollte eine Fessel abwerfen. Der Kastellan zieht die Zugbrücke zu seiner Burg hoch, verharrt auf seinem Kalvarienberg. Aus Schmargendorf schickt sie dann am 26. Februar 1901 einen »letzten Zuruf«, in dem sie ein Krankheitsbild Rilkes entwirft, das sich schauerlich liest: »Das was Du und ich den ›Andern‹ in Dir nannten, – diesen bald deprimirten, bald excitirten, einst Allzufurchtsamen, dann allzuhingerissenen, – das war ein ihm wohlbekannter und unheimlicher Gesell, der das Seelisch krankhafte fortführen kann zu Rückmarkserkrankung oder in's Geisteskranke. [...] Begreifst Du meine Angst und meine Heftigkeit, wenn Du wieder abglittest, und ich das alte Krankheitsbild wiedersah? wieder den zugleich lahmen Willen neben jähen, nervösen Willenseruptionen, die Deinen organischen Zusammenhang durchrissen, haltlos Suggestionen gehorchten, und nicht untertauchten in die Fülle der Vergangenheit um gesund zu assimilieren, zu verarbeiten, sich selbst vom Grund an aufzubauen! wieder die schwankende Ungewißheit zugleich mit den lauten Accenten und starken Worten und Betheuerungen, voll Wahn-Zwang, ohne Wahrheits-Zwang!« Sie fügte auf der Rückseite einer alten Milchrechnung Rilkes als separaten Zettel den Satz hinzu: »Wenn einmal viel später Dir schlecht ist zu Muthe, dann ist bei uns ein Heim für die schlechteste Stunde.«

Rilke war aber nicht krank, nicht am Geiste, nicht am Körper; er hat nie Drogen genommen, sehr mäßig – und monatelang überhaupt nicht – Alkohol getrunken, über weite Perioden seines Lebens vegetarisch gegessen, nicht geraucht. Die Diagnose hat zwei Silben. Seine Krankheit hieß Rilke. Es existieren ungewöhnlich muntere Berichte von Lesungen in Berlin – »vielleicht komme ich auch nach Wien« –, von Vorträgen in Dresden, Prag, Leipzig, wo er mit Richard Beer-Hofmann eine Theaterpremiere besucht. Rainer Maria Rilke war kerngesund. Er war so normal-verrückt wie Flaubert oder Baudelaire, von so frauenferner Eigenweiblichkeit wie Gottfried Benn, Heinrich von Kleist oder Thomas Mann.

Was bedeuten so befremdliche Worte wie frauenfern und Eigenweiblichkeit? Jedenfalls besagen sie weder zölibatäres Leben noch Feminines. Verblüffend die Ähnlichkeit von Rilkes Frauenbild mit dem des Gottfried Benn – den er nicht wahrnahm, nicht las, nie sah oder sprach –: die Frau wird geliebt, wenn sie nicht als gegenwärtiger Mensch das *inner sanctum* betritt. Benn ist nicht müde geworden, in endlosen Wiederholungen zu betonen, daß er nicht »berührt« werden möchte, nicht »Lebsaum« der Else Lasker-Schüler zu sein wünscht, daß sein Glück nur in monastischer Einsamkeit behütet werden kann. Die ganze Benn-Gregorianik ist eine einzige Beschwörung des Nolimetangere; Sexualität (die der Homme-à-Femmes Benn durchaus zu genießen wußte) ist letztlich Entäußerung, flüchtig und partnerlos:

Auch was sich noch der Frau gewährt,
ist dunkle süße Onanie.

In Benns Nietzsche-gesättigtem Konzept von dem Mann als Macher, Schöpfer, Kämpfer und Träger einer Elite ist folgerichtig auch die männliche Sexualität die »richtige«; sein szenisches Gedicht *Mann* ist Preislied auf das eigene Geschlecht:

Wenn ich im Spiel an deine Glieder fasste
Oder beim Rudern, warst du noch viel ferner
Und viel entrückter. Ja, du warst es gar nicht,
An dessen Fleisch ich fasste. Es ist anders.

Da darf man sich erinnern, daß es von Rilke sieben Phallus-Gedichte aus dem Jahr 1915 gibt, so verherrlichend, daß sie vierzig Jahre lang nicht gedruckt wurden. Sie feiern den Penis allerdings eher unverblümt in des Wortes doppelter Bedeutung, ein Jugend-Stil umkränzt von »Herme«, »Hain«, »Alsem« und »Absynth« und schließlich der Erleichterung »schoßblendender Raketen« aus der »Säule aus Entzücken«. Hier spricht kein Phallokrat, sondern ein priapeisches Ballett wird getänzelt. Wobei es nicht darum gehen kann – wie eine fragwürdige Quelle es zu tratschen weiß –, ob Rilke »exzessiver Onanist« war; das sind Sabber-Biographica, in diesem Fall auch lächerlich; gemeinhin ist das ja ein eher einsamer Vorgang, der Kolporteur war schwerlich dabei, kann's folglich nicht belegen (anders als im Falle Thomas Mann, der seine nächtlichen Exerzitien im Tagebuch behaglich schildert). Es geht also um wahrlich kompliziertere Zusammenhänge, um das Hinabsteigen in das kaum noch benennbare Magma des Mythos. Eine Begegnung zwischen Ernst Jünger und Gottfried Benn ist überliefert, da las Benn Passagen eines Jünger-Essays seinem Gastgeber laut vor, in dem es heißt: »Nur dieses Eine war das Thema aller Künste, von hier aus wurde jedes Denken in seinem Rang bestimmt. Hier war der Sieg, der alles krönte und jeder Niederlage den Stachel nahm. Das Staubkorn, der Wurm, der Mörder nahmen daran teil.« Benn legte das Buch aus der Hand, aufs Sofa zwischen Jünger und sich, und sagte: »Was ist das? Was ist das – das ist der Penis! Das kann nur der Penis sein!«

Rilkes Werk ist wie der Marmor von Adern durchzogen von Metaphern der eigenen Weiblichkeit als Quell des Schöpferischen, von der Sehnsucht nach dem Androgynen – Engel sind ja geschlechtslos – und von der Angst, seine ihm heilige Einsamkeit könnte penetriert werden. Das *Testament* von 1921, entstanden in Schloß Berg am Irchel, wo er als Gast des Obersts Richard Ziegler lebte, ist sein De profundis auf dem Höhepunkt der Krise im Zusammenleben mit der damaligen Geliebten Baladine Klossowska. Der Text – von den in ihrer Sorgfalt bewundernswerten Herausgebern der Kommentierten Ausgabe bis ins Detail aufgeschlüsselt – wurde zu Lebzeiten Rilkes nicht veröffentlicht. Es ist eine in der Berichtform »Er« gehaltene Paraphrase – »er floh vor ihr, indem er sie rief« – des selbstauferlegten Zwangs zur Bindungslosigkeit – »diese Angst vor dem Geliebtwerden« –, die Voraussetzung für seine Arbeit ist; er bestreitet sich selber das Recht, »in der Geliebten aufzugehen«, weil »ja die Arbeit selber so unendlich viel mehr Liebe ist, als der Einzelne in einem bewegen kann. Sie ist *alle* Liebe.« Rilke hatte sich ja, mit einer Ausnahme, eine möglichst haltbare Sperre konstruiert: alle seine Geliebten, von Lou bis Claire Goll, waren verheiratet. Unmittelbare Gefahr eines Einzugs per Möbelwagen und Kofferbergen drohte also nicht. Die Ausnahme: seine 1901 in hastiger Kopflosigkeit geschlossene Ehe mit der Künstlerin Clara Westhoff, die kaum länger hielt als bis zur Geburt der Tochter Ruth im Dezember desselben Jahres. Adeln konnte er sie nicht, die er recht bald nur »Frau Westhoff« oder »Frau Rilke« nannte und mit der er nie mehr zusammenlebte; aber ein bißchen mogeln mochte er doch – sie wurde da und dort als »Rodin-Schülerin« vorgestellt, was der Wahrheit nicht entsprach; Rodin hat Clara Westhoff vor Rilkes erster Reise nach Paris 1902 nur einmal gesehen. Jedenfalls war sie keine existentielle Bedrohung.

Einen so schneidenden Satz wie den im fragmentarischen Brief-Postscriptum zum *Testament* hat die Ehe Rilke nicht abgefordert: »Mein Alleinsein, dieses Eigentümliche meines Daseins: nun erscheint es wie eine Flucht aus unserer Liebe. [...] So erscheint das Liebeserlebnis als eine gleichsam verkümmerte, unfähige Nebenform der schöpferischen Erfahrung, als ihre Herabsetzung, – und bleibt ungekonnt, unbeherrscht und, an der höheren Ordnung jenes Gelingens gemessen, unerlaubt.«

So, wie Rilke sich mit energischem Trotz gegen eine ihm angeratene Psychoanalyse gewehrt hat, weil er nicht ›entrümpelt‹ werden wollte, weil er Zwiste, Verwerfungen, Gesteinsbrocken und Diamanten in seinen Stollen als Qual-Elemente für seine Arbeit brauchte – so wehrt er sich ebenso emphatisch, sein Inneres, das nur ihm gehört und verbotene Zone ist, ›besiedeln‹ zu lassen:

»Es ist gegen das Geheimnis meines Lebens.

Indem die Geliebte alles Ereignis gegen sich zu abzieht, werd ich unwahr in mir; denn nun scheint ihr, in der fortwährenden Strömung, auch *das* zuzutreiben, worüber ich nicht verfügen darf. Teils hat ihr Wille schuld, teils geschieht diese Bemächtigung durch ihr bloßes Dasein. Sie hat die Landschaft im Gemüte des Liebenden umgewandelt und bewohnt eine tiefste Stelle darin –: das Tal, zu dem alles abfließt.«

Rilke will ungetröstet bleiben auf seiner Suche nach Trost; wenn Liebe »eine gleichsam verkümmerte, unfähige Nebenform der schöpferischen Erfahrung« ist, dann läuft er hinter den Gittern eines kunstvoll versperrten Käfigs – läuft im Rhythmus der Benn-Zeilen

Leben – niederer Wahn!
Traum für Knaben und Knechte.

Rilke fürchtet, sein Leben würde zerspellen, gäbe er einem anderen Menschen Platz darin: »damit wäre ja mein letztes zerstört –: dieses Gericht, an dem ich mich erkenne [...] Denn was, am Ende, wäre mir unbrauchbarer, als ein getröstetes Leben?« Ohne Frage hören wir hier auch die Gebote jenes Friedrich Nietzsche, dem beide – Benn wie Rilke – tief verpflichtet waren: den Künder eines Ideals jener Schönheit, nicht der Nützlichkeit, die einzig das Leben rechtfertigt.

Pirouette im Spiegelkabinett. Rilkes Spiegel können gerne auch die spiegelverglasten Porträts bewunderter Künstler sein. Proust, der sich bekanntlich gegen seine Umwelt und deren Geräusche durch korkgepolsterte Wände abschirmte, nennt er Bewohner seines »Grand Cirque, admirable. Ad-mi-rable!« An Paul Valéry verehrt er vor allem dessen Kraft, einundzwanzig Jahre lang literarisch zu schweigen. Noch 1924 hat er in einem sechsseitigen Brief an Hermann Pongs in fast demütiger Ergriffenheit an die ihn prägende Lektüre von Jens Peter Jacobsen – nicht nur dessen *Niels Lyhne*, auch der Novellen – erinnert: »Was aber J. P. Jacobsen angeht, so hab' ich auch später noch, durch viele Jahre, so Unbeschreibliches an ihm erlebt, daß ich mich außerstande sehe, ohne Betrug und Erfindung festzustellen, was er mir in jenen frühesten Jahren mochte bedeutet haben. Noch weit in die pariser Zeit hinein, war er mir ein Begleiter im Geiste und eine Gegenwart im Gemüth [...] übrigens war es Jakob Wassermann, dem ich den ersten, fast strengen Hinweis auf diese Bücher (sowie auf Turgenieff) zuschreibe.«

Nun mag man verstehen, daß ein junger Mann – Rilke war vierundzwanzig, als 1899 die erste deutsche Ausgabe des *Niels Lyhne* erschien, die er gewiß gelesen hat – an dem Gekünstelten der Sprache nicht Anstoß nahm. Für den Leser des 21. Jahrhunderts sind die »unentrinnbaren Augen«, das »gelbliche Licht der Astrallampe« und »der würzige Balsamduft junger Pappeln« doch arg jugendstilig; man sieht eher die kostbaren Elfenbein- und Perlmuttintarsien einer Majorelle-Etagère oder das florale Dekor einer Gallé-Vase, wenn man von bronzefarbenen Ulmen, dem Wolkenbrand knospender Buchen und den grünen Roggenfeldern vor buntblumigen Wiesen liest. Doch das Magnetsystem des von den Zeitgenossen in feierlicher Gebärde gepriesenen Romans, der Rilke so stark in seinen Bann schlug, ist eher in dem Hochamt zu erkennen, das in verführerischen Beschwörungen das Lied von der Unerreichbarkeit intoniert: »Gibt es wohl unter allen Gefühlsbindungen des Lebens ein zarteres, edleres und innigeres als die leidenschaftliche und doch so schüchterne Liebe eines Knaben zu einem andern? Solch eine Liebe, die niemals spricht, sich niemals in einer Liebkosung, einem Blick, einem Wort Luft zu machen wagt, solch eine sehende Liebe, die tief trauert über einen Mangel oder einen Fehler bei dem, den sie liebt, die Sehnsucht und Bewunderung und Selbstvergessen, Stolz, Demut und ruhig atmendes Glück ist!«

Das wird durchaus variiert. »Wie seltsam es ist, wenn man Sehnsucht nach sich selbst hat«, sagt jene Frau Boye, die Niels Lyhne liebt, ohne erhört zu werden; der Kuß in den Spiegel, der damit kein Kuß ist. Auch Tränen werden in den Spiegel hineingeweint – »Frau Boye weinte; sie hatte sich vor den Spiegel gestellt [...] und weinte, daß ihre Tränen in das rosenrote Innere einer großen Muschel hineintropften. Sie sah auf ihr verstörtes Gesicht, wie es über der angehauchten Stelle erschien, die ihr Atem auf dem Glas bildete, und sie verfolgte die Tränen, wie sie sich aus den Augen hervordrängten und hinabrollten.«

Ästhetisierend kontrollierte Gefühle also. So ist zu verstehen, daß Jens Peter Jacobsens *Niels Lyhne* eine Bibel der Décadence wurde, der von Hermann Hesse bis Thomas Mann (sogar das Motiv der Cholera im italienischen Luxushotel ist vorgezeichnet) viele Autoren wehmütige Psalmen entnahmen. Der Roman – innerhalb weniger Jahre waren in Deutschland 30 Auflagen erschienen – wurde in seiner verzärtelten Nervenzittrigkeit das, was heute ein »Kultbuch« wäre. Der Schriftsteller Hermann Bahr brachte es auf den Nenner: »Und wenn die Moderne Mensch sagt, so meint sie Nerven.« Das Schicksal des mit 38 Jahren 1885 an Tuberkulose gestorbenen Autors (»Für die Ehe war er nicht geschaffen«, sagte Georg Brandes) wie seines so liebenswürdigen wie bindungsunfähigen Helden wurde fast als Wiedergeburt des *Werther* genommen – ein sich durch das Leben und »die gelb leuchtenden Abendnebel« seufzender Dichter. Stefan Zweig erinnerte sich: »*Niels Lyhne*, wie glühend, wie leidenschaftlich haben wir in den ersten wachen Jahren der Jugend dieses Buch geliebt: es ist der *Werther* unserer Generation gewesen.« Kind einer erkalteten Ehe, als Jüngling schwankend zwischen Begehren, Verzicht und Abweisung, verheiratet schließlich und ephemerer Vater eines Kindes: es nimmt nicht wunder, daß der Roman und sein Held, fast wie ein Schnittmuster der »romantischen Unerreichbarkeit«, zur Schablone auch für Rilkes Seelengefüge wurde – »Er liebte nur das, was nicht zu erringen war.«

Aber Rilke hat auch Baudelaire ein hymnisches Gedicht gewidmet. Nun verdanken wir Jean-Paul Sartre einen hellsichtigen Baudelaire-Essay (den er Genet zugedacht hat), in dem er eloquent den egomanischen Ritualen von Rilkes großem Kollegen nachsinnt, der sich die *Blumen des Bösen* zu Eisblumen arrangierte.

In Baudelaire sieht Sartre den vollkommen entzingelten Menschen, den Menschen ohne Mittelbarkeit, den perfekten Voyeur, der nicht nur wie Buffon beim Schreiben Manschetten, der vielmehr auch beim Lieben Handschuhe trug; nahe war er nur sich, fern den Dingen. Die Feier eines narzißtischen Selbst ist das Feuer, aus dem Baudelaire die Funken des Schöpferischen schlägt – sie würden erlöschen, träfen sie auf einen anderen: »Ficken, das heißt danach streben, in einen anderen einzudringen; der Künstler geht niemals aus sich heraus.« Sartre sieht in diesem bewußt brutalen Geständnis die Lust des obszönen Schauders eines, der Nacktheit berührungslos betrachtet, der sich nicht hingibt, sondern einsame Freuden als prunkvolle und aristokratische Sünden genießt. »Ein Einsamer sogar im Koitus, ein Onanist.« Wir werden dieser inneren Verfaßtheit – bis hin zu einer nie eingestandenen, wohl nie ausgeübten Homosexualität – bei Flaubert wiederbegegnen, und werden sie in Sartres Analysen immer wieder finden als Nährboden für: Kunst. Das Organische ist das Verwerfliche für Baudelaire – Eichen, Wiesen oder Insekten sind »Vegetabilien«, Pflanzen sind »geheiligtes Gemüse«. Zu einem Freund, der sich in der Küche am Wasserhahn ein Glas füllen wollte, soll Baudelaire gesagt haben »Möchtest du nicht lieber *richtiges* Wasser?« – und holte ihm aus dem Speisezimmer eine Karaffe. Es ist die Entfernung von jeglicher Normalität – der *Ekel*, den Sartre seinem noch heute wichtigsten Buch zum Titel gab –, aus der Kunst entsteht. Natur als Überschwemmung, als glibbriger Schlamm und Besudelung, Landschaft als Chaos und feucht-fruchtbare Pracht; dagegen setzt Baudelaire (wie Georges Blin es formulierte) ein metallisches, das heißt kalt glänzendes und steriles Universum.

Im Erotischen ist das die Vorliebe für die Nervosität der Erregung des Begehrens vor der Befriedigung; die Frau als Latrine – oder als Kultgegenstand: »Es wäre mir unmöglich, Sie zu besudeln«, schreibt Baudelaire 1852 an Marie Daubrun. Den »onanistischen Geiz« nennt Sartre das: »Es wäre ihm grauenhaft, Lust zu bereiten:

Wenn aber die Statue marmorn bleibt, ist der Geschlechtsakt sozusagen neutralisiert. Baudelaire hat nur mit sich selbst verkehrt, er ist ebenso einsam geblieben wie ein Kind, das masturbiert. Die Wollust, die er verspürt hat, hat kein äußeres Ereignis ausgelöst, er hat nichts gegeben, er hat einen Eisblock gevögelt.«

In dieses gedankliche Umfeld gehört Rilkes (fiktiver und erst posthum veröffentlichter) *Brief des jungen Arbeiters*, den er 1922 während der Arbeit an den *Duineser Elegien* in Muzot verfaßte; mit Bleistift auf demselben Schreibblock, der die Entwürfe zur zehnten und zur fünften Elegie enthält. Eine Art Rollenprosa; ein junger Arbeiter schreibt an einen Herrn V. nach Anhören einer Lesung von dessen Gedichten; unschwer ist Herr V. entzifferbar als der 1916 tödlich verunglückte flämische Dichter Emile Verhaeren, den Rilke besonders schätzte. Frappierender noch als in seinen – viele Bände und Tausende von Seiten umfassenden – »realen« Briefen zeigt sich hier ein *Talent épistolaire*; der mit konsternierender Kühnheit seine phallische Religion verkündende Schriftsteller, der einer dem Diesseits abgewandten Theologie und ihren Bußpredigern sein »Wer ist denn dieser Christus, der sich in alles hineinmischt« entgegenschleudert: »Warum hat man uns das Geschlecht heimatlos gemacht? [...] Mein Geschlecht ist nicht nur den Nachkommen zugekehrt, es ist das Geheimnis meines eigenen Lebens.« Die wenigen Seiten dieser Kampfschrift gehören zu der am schärfsten gedengelten Prosa Rilkes, gemahnen fast an Karl Marx' Aufruf zur Entfesselung »Religion ist Opium für das Volk«. Gewiß nicht unabsichtlich läßt Rilke »das Volk«, einen jungen Arbeiter, sprechen; erinnern wir uns seiner Armuts-Anklage aus dem *Stunden-Buch*, dräuend einem Gott, der seine Geschöpfe vergaß. Seine Stimme erschallt im Zorn eines Erstikkenden »unter dem Lebensgewicht gewisser Päpste, deren Thron beschwert war mit Bastardkindern, Kurtisanen und Ermordeten«. Es ist das Aufbegehr eines Rebellen, der das Christliche verdorben sieht durch seine Verkünder und der in metallisch geschliffener

Sprache einfordert das Recht auf Diesseitigkeit, auf »das Hiesige«: »Die Christlichkeit hat behauptet, dort in Christus zu wohnen, obwohl doch in ihm kein Raum war, nicht einmal für seine Mutter, und nicht für Maria Magdalena, wie in jedem Weisenden, der eine Gebärde ist und kein Aufenthalt. [...] Sie haben aus dem Christlichen ein métier gemacht, eine bürgerliche Beschäftigung, sur place, einen abwechselnd abgelassenen und wieder gefüllten Teich. [...] Diese zunehmende Ausbeutung des Lebens, ist sie nicht eine Folge, der durch die Jahrhunderte fortgesetzten Entwertung des Hiesigen? Welcher Wahnsinn, uns nach einem Jenseits abzulenken, wo wir hier von Aufgaben und Erwartungen und Zukünften umstellt sind. Welcher Betrug, Bilder hiesigen Entzückens zu entwenden, um sie hinter unserm Rücken an den Himmel zu verkaufen!«

Rilkes Bergpredigt über das befreite Geschlecht. Er stellt die Wegmarken auf für seinen ganz eigenen Gang: der Menschen Los ist es, ihre eigenen Geschicke zu bestimmen. Dazu braucht es die Abriegelung – gegen Bindung, falsche Priester, ausgetuschtes Paradies. Der Gegenentwurf heißt Kunst. Wer sie schafft, ist Dreieinigkeit: Gott, Vater und Frau. Nur sie kann gebären. Das macht den Künstler zu einem Weiblichen. Dafür gibt es ein Wort: Autarkie.

Für Rilke stand das nie außer Frage. Vielfältig variiert findet sich sein Credo »das tiefste Erleben des Schaffenden ist weiblich –: denn es ist empfangendes und gebärendes Erleben«. »L'âme a-t-elle un sexe?« soll Rousseau gefragt haben. In einer hochinteressanten Studie ist jüngst der Göttinger Literaturwissenschaftler Heinrich Detering solchen eingeschliffenen Spuren im Werk Thomas Manns nachgegangen, der in einem posthum publizierten Aperçu über sich sinnierte –

»Ja, der Ekel vor dem, was man ist, diese Untreue und seltsame Unsicherheit des Ichs scheint in der That die gemeinsame Eigenschaft der Juden, Frauen und Litteraten zu sein.«

Detering analysiert das Werk Thomas Manns mit verblüffendem Resultat – bis hin zu Unterstreichungen und Anmerkungen in Büchern seiner Lektüre; so etwa zur Vorbereitung eines Aufsatzes über Ricarda Huch und ihre Studie »Blütezeit der Romantik«, in der Mann die Formulierung »der mannweibliche Typus trägt das Genie« unterstreicht, an anderer Stelle die ergänzende Passage vom »Mannweib als die schönste und vollkommenste Form, in der der Mensch sich darstellen kann«. In seinem Geburtstagsartikel für Ricarda Huch greift Thomas Mann deren Bezug auf Goethe auf, »dessen Helden etwas Weibliches« eigne und von dem die Verse stammen –

Denn das Naturell der Frauen
Ist so nah mit Kunst verwandt.

Deterings sehr klar durchdachtes Buch erinnert nicht nur an Thomas Manns Ideal vom »Ganzmenschen« – also dem Androgynen –, sondern folgert schlüssig: »Nicht von Frauen in einem aufs Biologische und Anatomische begrenzten Sinne ist hier die Rede, sondern von einer weiblichen Kunst und Kultur. Diese aber ist Angehörigen beider biologischen Geschlechter zugänglich (oder eben verschlossen). Nicht um das ewige Weib geht es, sondern um das Ewige selbst als das Weibliche.«

›Malte‹ – Splitter vom Lebensbaum

Keineswegs sind das unzuverlässige Umleitungen vom Wege ab. Wir dürfen uns erinnern, daß der sehr junge Rilke als einer der ersten, kurz nach Erscheinen des Romans, im April 1902 eine enthusiastische Rezension der *Buddenbrooks* im *Bremer Tageblatt* veröffentlichte; sie begann mit dem heute ein wenig komisch klingenden Satz »Man wird sich diesen Namen unbedingt notieren müssen«. Das mag nach Literatur-Quiz klingen, auch, daß der Nobelpreisträger noch 1941 im Exil sich erinnerte, es sei Rilke gewesen, der eine der ersten und besten Besprechungen seines Erstlingsromans geschrieben habe; übrigens haben die Herren einander nie kennengelernt. Rilkes Artikel erschien – eine Art Doppelrezension – zusammen mit seinem Aufsatz über Herman Bangs Roman *Das weisse Haus*, die seiner Verehrung für diesen dänischen Schriftsteller Ausdruck gab; die Redaktion des Bremer Tageblatts hatte den beiden Rezensionen die gemeinsame Überschrift »Zwei neue Bücher« gegeben.

Wichtig jedoch ist, daß die Thomas-Mann-Rezension – und hier begegnen sich Lebensentwurf und Ästhetik-Konzept – einen Kunstbegriff entfaltet und betont, der ganz wesentlich dann Rilkes eigener sein soll. Der »Ganzmensch« will eine Ganzkunst; sie muß das scheinbar Unwichtige und Geringe, tausend Einzelheiten und Details gewissenhaft ausführen: »Thomas Mann fühlte ganz richtig, daß er, um die Geschichte der Buddenbrooks zu erzählen, Chronist werden müsse, das heißt ruhiger und unerregter Berichterstatter der Begebenheiten, und daß es sich trotzdem darum handeln würde,

Dichter zu sein, und viele Gestalten mit überzeugendem Leben, mit Wärme und Wesenheit zu erfüllen. Er hat beides in überaus glücklicher Weise vereint, indem er die Rolle des Chronisten modern aufgefaßt hat […].«

Das ist, einer Rezeptur gleichend, die Proklamation einer literarischen Methode. Es dauert keine zwei Jahre, bis Rilke sie praktiziert. Am 8. Februar 1904 beginnt er in Rom mit der Arbeit an den *Aufzeichnungen des Malte Laurids Brigge.* Erst Ende 1909 teilt er seinem Verleger Kippenberg mit, er stünde kurz vor dem Abschluß, im Januar 1910 hat er das Diktat – er diktierte selten – abgeschlossen. Das Buch erschien im selben Jahr im Insel Verlag, Ladenpreis 6 Mark, Honorar für drei Auflagen von je 1100 Exemplaren 2700 Mark; fünf Auflagen erschienen. Ein erster Vorabdruck in Siegfried Jacobsohns *Schaubühne* mit einem Vorspruch von Julius Bab, der die Leser auf Rilkes Inbrunst, seine Glut, das fast erschreckende Licht, in das jede Gestalt getaucht ist, hinweist. Dabei gilt es, sich klarzumachen: mit ungewöhnlicher Emphase hat Rilke wieder und wieder den Gedanken von sich gewiesen, es könne sich bei dem *Malte* um ein Selbstporträt handeln; es handele sich um einen durchaus erfundenen Menschen, ganz von ihm abgelöst; es sei unerlaubt, ihn mit seinem Helden zu verwechseln, man dürfe diese Aufzeichnungen – eines Chronisten, wie er Thomas Mann nannte – nicht als ein Bergwerk biographischen Materials abbauen. Diese Ausweisung des *Malte* aus der Eigenexistenz vollzieht sich dabei in Schneckenwindungen. Ein Briefwechsel mit der schwedischen Schriftstellerin Ellen Key führt das exemplarisch vor. Mit ihr war Rilke anfänglich eng verbunden, ihre reformpädagogischen Schriften hatten ihn beeindruckt, so ihr Hauptwerk *Das Jahrhundert des Kindes* (1900). Als sie jedoch an einer Rilke-Studie arbeitete, lehnte er bereits den Impuls, dann das Resultat kategorisch ab, es folgte Schweigen. Erst 1911 kommt ein Brief aus »Strand Alvastra«, Ellen Keys Landsitz in Strand am Vättersee; da geht sie auf den *Malte* ein, spricht die Hoffnung aus, dies möge sein *Werther* sein, das Buch möge ihn befreien, »sonst sehe ich nichts als der Selbstmord als nächste Möglichkeit«. Außer sich, weist Rilke die Insinuation von sich, wirft der Briefschreiberin in einer langen Darlegung Verständnislosigkeit vor und betont emphatisch, daß er nicht identisch sei mit dem *Malte.* Das klingt eindeutig. Gäbe es nicht einen anderen Brief, genau elf Tage später an Lou Andreas-Salomé gerichtet, der gleichsam unter der Gischt der Empörung die Wasser zurückrinnen läßt. Da nennt er den *Malte* nun »aus meinen Gefahren gemacht« und überlegt, ob der wohl »darin untergeht, gewissermaßen, um mir den Untergang zu ersparen, oder ob ich erst recht mit diesen Aufzeichnungen in die Strömung gerathen bin, die mich wegreißt und hinübertreibt«.

Die Doppelfigur des *Malte* werden wir zu berücksichtigen haben bei genauer Lektüre des Buches – gerade weil und obwohl zu zahlreiche nachweisbare Spuren von Rilkes Leben zu entdecken sind, bis hin zu Brücken, Straßen, erlebten kleinen Kaffeehaus-Szenen oder Todes-Hospizen. Alles Splitter von seinem Lebensbaum. Die kluge Lou Andreas-Salomé hat es so formuliert: »Malte ist nicht ein Porträt, sondern die Verwendung eines Selbstbildnisses gerade zum Zweck einer Selbstunterscheidung davon.« Das gilt auch für das Basso-continuo-Thema des kleinen Romans, das noch einmal kalligraphierte Bild von den Geliebten als Objekten füreinander, die durch eben diese »transitive« – also auf den Partner als Gegenstand gerichtete – Liebe, Unabhängigkeit und Freiheit verlieren; eine Beziehung ohne Bestand. Wohingegen die »intransitive« Liebe dauert, weil sie ohne Anspruch, unverschlingend, ist. Die Geliebten, versengend manchmal und kurzfristig, erlöschen, »die warten mit einem kleinen Talent zur Geliebten wie mit einer kalten Lampe«.

Nicht oft hat Rilke eines seiner Werke so energisch und so präzise selber interpretiert. Minuten nach der Geburt geht ein Brief an die Fürstin Marie von Thurn und Taxis, in dem bereits mit Auszeichnungsstolz die »eigene Wirklichkeit« dieser Dichtung betont wird: »Meine gütigste Fürstin, es ist keine halbe Stunde her, seit ich das letzte Wort aus meinem Manuscript diktiert habe; wenn mich nicht alles täuscht, ist ein neues Buch da, fertig, abgelöst von mir, eingerichtet in seiner eigenen Wirklichkeit.«

Da hatte Rilke seinen ersten kurzen Paris-Aufenthalt (28. August 1902 – Ende Juni 1903) hinter sich. Tatsächlich bezieht sich die für ihn ganz ungewöhnlich präzise Ortsangabe der ersten *Malte*-Passage – »rue Toullier« – auf seine Wohnung in der Nr. 11 dieser Straße; von dort geht kurz nach Ankunft am 31. August 1902 ein Brief an seine Frau Clara, in dem es heißt: »Mich ängstigen die vielen Hospitäler, die hier überall sind. Ich verstehe, warum sie bei Verlaine, bei Baudelaire und Mallarmé immerfort vorkommen … Man fühlt auf einmal, daß es in dieser weiten Stadt Heere von Kranken gibt, Armeen von Sterbenden, Völker von Toten.«

Das liest sich wie ein Einläuten des *Malte*-Tons, der ja für jeden, der sich ihm je ausgesetzt hat, die Schreckpräzision des Traumes hat: lauter Fetzen und Splitter der Wirklichkeit gewirkt zu einem Klangteppich unwirklicher Bedrohung:

»Aber ich habe auch offene Droschken ankommen sehen, Zeitdroschken mit aufgeklapptem Verdeck, die nach der üblichen Taxe fuhren: Zwei Francs für die Sterbestunde.

Dieses ausgezeichnete Hôtel ist sehr alt, schon zu König Chlodwigs Zeiten starb man darin in einigen Betten. Jetzt wird in 559 Betten gestorben. Natürlich fabrikmäßig. Bei so enormer Produktion ist der einzelne Tod nicht so gut ausgeführt, aber darauf kommt es auch nicht an. Die Masse macht es. Wer giebt heute noch etwas für einen gut ausgearbeiteten Tod? Niemand. […] Da stehen dann die Armen vor so einem Haus und sehen sich satt. Ihr Tod ist natürlich banal, ohne alle Umstände. Sie sind froh, wenn sie einen Sarg finden, der ungefähr paßt. Zu weit darf er sein: man wächst immer noch ein bißchen. Nur wenn er nicht zugeht über der Brust oder würgt, dann hat es seine Not.«

Vorab gilt es, sich zu erinnern: die zeitgenössische Kritik stand fassungslos, ohne jedes Begreifen vor diesem poetischen Gespinst. Ein Carl Busse räsonierte in *Velhagen und Klasings Monatsheften*, er habe aus dem »ungeheuren Wortbrei« nur behalten, daß ein blinder Mann Blumenkohl rufe und daß Brigge Spiegeleier essen wolle und es doch nicht tue, um zu resümieren: »Es gibt Bücher, die Untiefen haben, und Dichter, die einem Schaden tun. Rainer Maria Rilke war bisher zwar ziemlich harmlos: ein poetischer Kunstglasbläser und Zierathämmerer. Sein Malte Laurids Brigge aber hätte das Zeug dazu, die Entwicklung einer sanften Verblödung in einem gar zu aufmerksamen Leser anzubahnen. Und darauf darf man es nicht ankommen lassen. Man muß sich für seine Kinder erhalten.«

Es erscholl ein Chor von Hohn und Spott, in dem mal leise »lyrischer Duft« und mal laut »kein schönes Buch, nicht gut gemacht, nicht gelungen« gesungen wurde. Auch die plumpe Insinuation, es sei ein rein autobiographisches Tagebuch, fehlt nicht. Rilke selber, der den *Malte* für sein Opus magnum hielt, hat, wie wir wissen, stets betont, daß Malte Laurids Brigge eine »durchaus erfundene Gestalt« sei: »Malte Laurids [...] hat sich zu einer Gestalt entwickelt, die, ganz von mir abgelöst, Existenz und Eigenart gewann.«

Wir wollen der Frage nachgehen, worin das Unverständnis, nein: das Miß-kennen dieser so ungeheuer bohrenden, avantgardistischen Prosa wurzelt. Um es kurz zu sagen: Rilke war ein Surrealist *avant la lettre*. Was soll mit dieser Formel gesagt sein?

Die Leser seiner Zeit waren an überschaubare Handlungsabläufe in Romanen gewöhnt, an psychologisch plausibel gemachte Gestalten (mit denen man sich gar identifizieren konnte), an Schicksalsstränge – ob tragisch oder komisch –, die dem Alltag vergleichbar waren. Texte, die nichts ›wollten‹ oder spiegelten, verletzten Lesegewohnheiten. Noch 1920 war es schockierend, wenn Kurt Tucholsky seine bewundernde Rezension von Kafkas *In der Strafkolonie* schloß mit der Volte »Ihr müßt nicht fragen, was das soll. Das soll gar nichts. Das bedeutet gar nichts«.

Doch Anfang des Jahrhunderts schätzte man noch jenen Roman, dessen Anfangssatz »Die Marquise ging um fünf Uhr aus« zu schreiben Paul Valéry sich weigerte. Wenn aber die Surrealisten sich verwahrten, die »unausrottbare Manie, das Unbekannte aufs Bekannte, aufs Klassifizierbare zurückzuführen, schläfert das Gehirn ein«, müssen wir uns verdeutlichen, daß derlei erst 1924 formuliert wurde. Rilke war also seiner Zeit um genau zwei Jahrzehnte voraus. Im *Malte* montierte er Lektürefrüchte – ob literarische, Reiseführer, Chroniken, Memoiren, Briefe – mit Selbsterlebtem, mit Museumseindrücken oder beobachteten Straßenszenen. Ein Satz wie »Einzelne Blumen in den langen Beeten standen auf und sagten Rot, mit einer erschrockenen Stimme« ist purer Aragon der surrealistischen Frühphase: »Das Spiel wurde unterbrochen, und während sich die Spieler um eine Feuerzangenbowle vereinten, fragte ich den Baum, ob er noch immer ein rotes Band trage.« Es ist so verblüffend wie beglückend, Rilkes literarische Technik des gefrorenen Details einerseits zurückzuverfolgen in seine Erlebniswelt, aus der sie sich zugleich herausgelöst hat wie Eisschollen aus dem Fluß, zu eigenem Rhythmus. »Elektrische Bahnen rasen läutend durch meine Stube. Automobile gehen über mich hin« – das ist ein Bild von Paul Delvaux, dessen Nackte motivlos auf Bahnhöfen stehen. Es ist aber auch bloßes Einfangen von Geräuschen, die zu einem Schlaflosen bei offenem Fenster dringen. Man kann das ganz direkt ›erden‹. Genau zu dieser *Malte*-Sequenz gibt es einen Brief (vom 18. 7. 1903) an Lou Andreas-Salomé, in dem Rilke seine Baudelaire-Lektüre schildert, vor allem »dessen schönstes Gedicht A *une heure du matin*«, in dem sich die Zeile findet »Man hört nur noch den Lärm einiger verspäteter und müdegewordener Kutschen«. Und es ist eben Baudelaire, auf den sich André Breton in seinem »Ersten surrealistischen Manifest« bezieht: »1. Mit den surrealistischen Bildern geht es wie mit jenen Bildern im Opiumrausch, die der Mensch nicht mehr evoziert, sondern die sich ihm spontan, tyrannisch anbieten. Er ist unfähig, sie abzuweisen; denn der Wille ist kraftlos geworden und beherrscht nicht mehr seine Fähigkeiten (Baudelaire).«

Jenes »Der Dichter arbeitet«, das Saint-Pol-Roux angeblich auf einem Schild an die Schlafzimmertür seines Landhauses von Camaret hängte, klingt wie das ins Anekdotische abgesunkene Dekret des Rainer Maria Rilke, nicht er arbeite, sondern es arbeite (in ihm). Dieses hochkomplizierte System, Vorgefundenes wie eine Glasscherbe aufzuheben, um diese Scherbe einzufügen in ein groß komponiertes Fenster, macht die *Malte*-Prosa zugleich gläsern und artistisch perfekt. Wir lesen von einer Hand, die ihr eigenes Leben entwikkelt – und sehen Magrittes berühmtes Bild mit der Hand, die ein Gesicht hat; wir lesen von »Leuten, die tragen ein Gesicht jahrelang, natürlich nutzt es sich ab, es wird schmutzig, es weitet sich aus wie Handschuhe. Das sind sparsame, einfache Leute, sie wechseln es nicht« – und wir sehen ein Chirico-Bild der abfallenden Gesichtsmasken; wir lesen von Christoph Detlevs Tod, der »lebte nun schon seit vielen, vielen Tagen auf Ulsgaard und redete mit allen und verlangte« – und wir sehen die Max-Ernst-Bilder aus dessen *Histoire naturelle*. Die Surrealisten wollten den Kanon des Überkommenen aufsprengen, indem sie das scheinbar Zufällige, Unzusammenhängende in einen neuen Zusammenhang zwingen; daher das Prinzip der Collage:

In einsamem Bauernhaus
von Tag zu Tag

wird's schlimmer mit
dem Angenehmen

Eine befahrbare Straße
führt Sie an den Rand des Unbekannten

Dahinter lag durchaus auch ein politischer Impuls, so man Mißtrauen gegen gesellschaftliche Verfestigungen politisch nennen darf. Heutzutage hat sich der Politikbegriff ja verfestigt auf Hammelsprungabstimmungen, Brüsseler Preisvorgaben für bestimmte Größen von Hühnereiern oder mögliche bzw. unmögliche Subventionen. Ich verstehe unter Politik etwas Weitergespanntes, Teilnahme oder Kritik an der Res publica, Analyse gesellschaftlicher Verwerfungen. Das haben seine Zeitgenossen Rilke nicht zugebilligt. Wir werden im Laufe unserer Überlegungen noch feststellen: zu Unrecht. Thomas Mann etwa, kühl-undankbar, verabscheute den Ästhetizismus des »österreichischen Snobs, [...] sein Ästhetizismus, sein adeliges Getu', seine frömmelnde Geziertheit waren mir immer peinlich und machten mir seine Prosa ganz unerträglich«.

Émile Michel Cioran fällt noch aggressiver über den Kollegen her, dessen Briefe er in den Orkus der Capricen verweist: »Nicht eine einzige Anspielung auf das Schäbige der Armut ist darin enthalten [...] ihre ›Erhabenheit‹ ekelt mich an. Die Engel werden darin neben die Armen gestellt. Zeugt es nicht von Unverfrorenheit oder von berechnender Naivität, wenn in den Briefen an Herzoginnen darüber geschwatzt wird? Den reinen Geist spielen grenzt an Schamlosigkeit. Ich glaube nicht an Rilkes Engel, noch weniger an seine Armen.«

Rilke selber war kaum je arm; sowenig wie Tolstoi oder Bertolt Brecht, aus gut situiertem Hause stammend und früh sehr erfolgreich. Man müsse nicht ein Ei in der Pfanne sein, so ungefähr meint einmal Flaubert, um ein Ei in der Pfanne darstellen zu können. Sowenig Dostojewski Mörder war, doch unvergeßlich einen Mord beschrieb. Rilkes komfortables Leben – sehr oft auf Kosten anderer – enthebt ihn nicht der Möglichkeit, Armut zu sehen, zu geißeln, zu schildern. Nicht zuletzt darin liegt die Größe Rilkes, daß er trotz so viel dekorativ Vertändeltem, Verzieratetem den kalten Blick des Schriftstellers hatte. Es geht nicht um ein »Ich auch«, sondern um den Appell »Seht hin«. Es ist fast eine Platitüde festzustellen, daß in jedem Autor ein gut Stück Prediger sich birgt, der – sei es im Gedicht, in Prosa, in einem Stück – die Welt sieht, flehend, sie möge so nicht sein. Ändern kann er nicht die Welt, ändern kann er allenfalls uns; den Menschen die Augen öffnen, das Hirn reinigen, das Gewissen wecken. Mit der Technik des Glasschneidens, die er im *Malte* verletzend ingeniös anwendet, wirft er dem Leser mal eine Scherbe, mal einen Splitter, mal gar ein ganzes Vergrößerungsglas hin. Im antiken Athen – daher auch das Wort »Scherbengericht« – waren es die mit Namen beschriebenen Tontäfelchen, mit denen die Bürger per öffentlicher Abstimmung auf jene hinwiesen, die die Demokratie gefährden könnten und aus der Stadt zu verweisen waren. Rilke verweist sie aus dem Reich der Zivilisierten, die Menschen zu Fortgeworfenen machen: »Denn das ist mir klar, daß das die Fortgeworfenen sind, nicht nur Bettler; nein, es sind eigentlich keine Bettler, man muß Unterschiede machen. Es sind Abfälle, Schalen von Menschen, die das Schicksal ausgespieen hat. Feucht vom Speichel des Schicksals kleben sie an einer Mauer, an einer Laterne, an einer Plakatsäule, oder sie rinnen langsam die Gasse herunter mit einer dunklen, schmutzigen Spur hinter sich her. Was in aller Welt wollte diese Alte von mir, die, mit einer Nachttischschublade, in der einige Knöpfe und Nadeln herumrollten, aus irgendeinem Loch herausgekrochen war? Weshalb ging sie immer neben mir und beobachtete mich? Als ob sie versuchte, mich zu erkennen mit ihren Triefaugen, die aussahen, als hätte ihr ein Kranker grünen Schleim in die blutigen Lider gespuckt. Und wie kam damals jene graue, kleine Frau dazu, eine Viertelstunde lang vor einem Schaufenster an meiner Seite zu stehen, während sie mir einen alten, langen Bleistift zeigte, der unendlich langsam aus ihren schlechten, geschlossenen Händen sich herausschob. Ich tat, als betrachtete ich die ausgelegten Sachen und merkte nichts. Sie aber wußte, daß ich sie gesehen hatte, sie wußte, daß ich stand und nachdachte, was sie eigentlich täte. Denn daß es sich nicht um den Bleistift handeln konnte, begriff ich wohl: ich fühlte, daß das ein Zeichen war, ein Zeichen für Eingeweihte, ein Zeichen, das die Fortgeworfenen kennen; ich ahnte, sie bedeutete mir, ich müßte irgendwohin kommen oder etwas tun. Und das Seltsamste war, daß ich immerfort das Gefühl nicht los wurde, es bestünde tatsächlich eine gewisse Verabredung, zu der dieses Zeichen gehörte, und diese Szene wäre im Grunde etwas, was ich hätte erwarten müssen.«

Nun weiß jeder Literaturkundige, daß man einen Text sehr verschieden »abhorchen« kann – auf Zeitbezüge, auf Biographisches, auf Anspielungen zu Zeitgenossen oder auf historische Daten (oder Fehler). Das Werk Balzacs wäre ein gutes Beispiel: entweder ein spannender Fortsetzungsroman (was die Comédie humaine weitgehend war) oder ein Pamphlet gegen das Enrichissez-vous-Gebot des Bürgerkönigs Louis Philippe (Balzac war aber glühender Royalist) oder eben auch als ein »Who's who« der Epoche (wobei die kritische Edition recht oft ein »Hier irrt Balzac« anmerken muß). So auch hier. Die – um es noch einmal zu betonen – schier bewundernswerte Herausgeberleistung der Kommentierten Ausgabe erlaubt uns, in die entlegensten Kammern des Rilke-Reservoirs vorzudringen, Namen, Details, Gebäude aufzuschlüsseln; und tatsächlich ist es ja eine Lesehilfe, wenn man beispielsweise für die 13. Aufzeichnung des Malte Laurids Brigge darauf hingewiesen wird, wie gerne und oft Rilke das Motiv der Straßenkünstler variierte, daß sich sein Prosagedicht *Saltimbanque* auf die entsprechende Szene bezieht – wobei man weiß, daß es *auch* Picassos Bild »La Famille du Saltimbanque« von 1905 meint, das Rilke in der Münchner Wohnung der Mäzenin Hertha Koenig von Juni bis Oktober 1915 hütete; sie hatte es auf seinen Rat hin erworben. Das sind die Korsettstangen für die Figur eines verschlüsselten Textes. Die Gestalt aber gibt ihm allein der Künstler. Gewiß ist es – das betrifft den 14. Eintrag – gut, daran erinnert zu werden, wie den Zeilen »Ach, aber mit Versen ist so wenig getan, wenn man sie früh schreibt« Rilkes eigenes Unbehagen an seinen frühen Gedichten zugrunde liegt; immerhin quält ihn noch 1926 deren »lyrische Oberflächlichkeit« und er beklagt ein »billiges (aus lebhaft bewegtem, aber unentwickeltem Gefühl stammendes) A peu près«.

Derlei ist hilfreich. Kenntnisse schaden ja nicht direkt – also, daß Böhmen nicht am Meer liegt, wie Shakespeare es wollte; daß in dem Dr. Arnheim von Robert Musils *Mann ohne Eigenschaften* Walther Rathenau porträtiert wurde oder daß Napoleons Mutter, von Jacques-Louis David in seinem Riesengemälde der Kaiserkrönung ins Bild gesetzt, eben in Wahrheit *nicht* dabei war. Das sind so hübsche Spielereien unter dem großen Spiel der Kunst. Die hat aber ihre eigene Sprache, die ihr ganz eigene Tonfolge, nur Lautfetzen der Wirklichkeit sind in ihr aufgehoben. Man bewundert Maillols schlanken Bronzeknaben »Le Cycliste« nicht mehr oder weniger, wenn man weiß, er ist Abbild des Geliebten von Harry Graf Kessler, ein Radrennfahrer.

Das ganz große Gelingen der 14. Passage des *Malte* aber liegt anderswo, in ihrem Psalmenton, in dem Rondo von Frage und Antwort, das da aufklingt, gleichgültig, ob der Leser weiß, wer Carpaccio war. Rilke wird dieser weitschlingenden Exegese des Dichtertums nicht zufällig die liturgische Form des Responsoriums gegeben haben – nur, daß er Priester und antwortende Gemeinde zugleich ist. Malte Laurids Brigge ist nicht Rilke; aber er ist sein Alter ego, er ist Dichter. So versucht Rilke im gehobenen Ton dieses Wechselgesangs – »Ist es möglich ...?« – »Ja, es ist möglich.« – bereits hier das Wesen des

Dichters, der Dichtung zu definieren. Jeder Absatz dieser drei Seiten umfassenden Selbstbefragung ist neuer Ansatz einer nur für ihn geltenden Poetik, deren mäandernde sieben Absätze – die Sieben ist ja eine heilige Zahl – die Härte eines Gesetzes haben; dessen Gefangener Rilke ist wie zugleich der Gesetzesgeber: »Ist es möglich, daß die ganze Weltgeschichte mißverstanden worden ist? Ist es möglich, daß die Vergangenheit falsch ist, weil man immer von ihren Massen gesprochen hat, gerade, als ob man von einem Zusammenlauf vieler Menschen erzählte, statt von dem Einen zu sagen, um den sie herumstanden, weil er fremd war und starb? Ja, es ist möglich.«

Unterwerfung und Empörung, Aufgezehr und Aufbegehr heißt die dialektische Klammer; in diesem Spannungsfeld entsteht Kunst. Rilke hat sie immer als Qual der Lust empfunden. Zwischen diesen beiden Polen ist das ganz Unerhörte, die rigide Modernität des *Malte*-Textes zu suchen. Sie verdankt sich der eigenartigen Ding-Ästhetik Rilkes: einerseits präzisierte Beobachtung und Erinnerung, eine »Sachlichkeit«, die es erlaubt, winzigste Details zurückzuübersetzen in die Normalität des Alltags; daß »Crémeric« ein kleines Restaurant und »ein Duval« im Unterschied dazu ein besseres ist (der Architekt Charles Duval hatte einige der berühmten Pariser Restaurants wie zum Beispiel »Le Grand Café« erbaut) – das darf man schon wissen. Doch diese »Neue Sachlichkeit«, wie sich Jahrzehnte später eine Kunstrichtung nennen wird, schmilzt die Dinge um und ein. Rilkes frühe Paris-Erfahrung, da er arm war und in kläglichen Zimmern mit »armselig schwankender übelriechender Petroleumlampe« hauste, verkunstet sich – es entstehen gänzlich eigenständige Bilder:

»Das zähe Leben dieser Zimmer hatte sich nicht zertreten lassen. Es war noch da, es hielt sich an den Nägeln, die geblieben waren, es stand auf dem handbreiten Rest der Fußböden, es war unter den Ansätzen der Ecken, wo es noch ein klein wenig Innenraum gab, zusammengekrochen. Man konnte sehen, daß es in der Farbe war, die es langsam, Jahr um Jahr, verwandelt hatte: Blau in schimmliches Grün, Grün in Grau und Gelb in ein altes, abgestandenes Weiß, das fault. Aber es war auch in den frischeren Stellen, die sich hinter Spiegeln, Bildern und Schränken erhalten hatten; denn es hatte ihre Umrisse gezogen und nachgezogen und war mit Spinnen und Staub auch auf diesen versteckten Plätzen gewesen, die jetzt bloßlagen. Es war in jedem Streifen, der abgeschunden war, es war in den feuchten Blasen am unteren Rande der Tapeten, es schwankte in den abgerissenen Fetzen, und aus den garstigen Flecken, die vor langer Zeit entstanden waren, schwitzte es aus. Und aus diesen blau, grün und gelb gewesenen Wänden, die eingerahmt waren von den Bruchbahnen der zerstörten Zwischenmauern, stand die Luft dieser Leben heraus, die zähe, träge, stockige Luft, die kein Wind noch zerstreut hatte. Da standen die Mittage und die Krankheiten und das Ausgeatmete und der jahrealte Rauch und der Schweiß, der unter den Schultern ausbricht und die Kleider schwer macht, und das Fade aus den Munden und der Fuselgeruch gärender Füße. Da stand das Scharfe vom Urin und das Brennen vom Ruß und grauer Kartoffeldunst und der schwere, glatte Gestank von alterndem Schmalze. Der süße, lange Geruch von vernachlässigten Säuglingen war da und der Angstgeruch der Kinder, die in die Schule gehen, und das Schwüle aus den Betten mannbarer Knaben.« In einem kurzen Satz, ein handschriftliches Fragment, hat Rilke selber diese Kunstform charakterisiert: »Daß man erzählte, wirklich erzählte, das muß vor meiner Zeit gewesen sein.«

Die wundersame Choreographie des *Malte*-Textes bewegt sich in Wellenform; eben noch das absurde Detail – »meine Hand [...] war durchaus nicht meine gewöhnliche Hand; sie bewegte sich wie ein Akteur, ja, ich möchte sagen, sie sah sich selber zu« – und dann wieder epische Beschwörung; eben noch »ich lag überhäuft mit mir [...] ich fing an, hinauszusehen aus mir« – und dann tiefe Versunkenheit in die Welt und ihren fragwürdigen Gott. Auch wenn es sich etwas keck anhört: Es ist dies die Technik des surrealistischen Films, etwa von Buñuels *Un chien andalou*, so gut wie die groteske Traurigkeit der Chaplin-Filme, Brötchen-Ballett und gegessener Schuh und Schnürsenkelspaghetti. Es ist das Unheimliche der Dinge, die Verlorenheit des Menschen.

So ent-bergen die *Aufzeichnungen des Malte Laurids Brigge* auch jene zwei Lebensmotive des Rainer Maria Rilke. Das faszinierte Grausen vor der Großstadt, und die Not, daß Liebe nur ohne Bindung möglich ist. Beides hängt zusammen. Stadt ist ja im Französischen wie im Deutschen weiblich. Die Frau und die Stadt. Es gilt, beiden zu entrinnen. Für den durch Paris irrenden Malte ist das weithin hallende Thema die Liebe – also Rilkes uns schon vertrautes Konzept der Freiheit, jener Unabhängigkeit besitzloser Liebe. Es ist eine fundamentale Unterscheidung, fast eine feierliche. Es ist die radikale Absage an Besitz. Rilke wird dieser Ordre ›Jeder gehört nur sich allein‹ sein Leben lang folgen, nicht klaglos. Ohne Klage blieb auch nie die Fessel, die ihm die andere große Liebende anlegte: Paris.

Wieso Paris? Ende August 1902 reist Rilke das erste Mal nach Paris, er hat einen Verlagsvertrag für eine Monographie über Rodin, bei dem er sich schriftlich und alsbald persönlich vorstellt. Seine Frau Clara löst den Haushalt in Westerwede bei Worpswede auf, die Tochter kommt zu ihren Eltern in Pflege; das kurze Zwischenspiel einer bürgerlichen Ehe ist beendet. Clara Rilkes Bewerbung um zwei Bremer Senats-Stipendien (à 300,– Mark) ist im Juli abgelehnt worden, vier Wochen zuvor hatte Rilke die ihm aus München bekannte Frau Kommerzienrat Julie Weinmann um finanzielle Unterstützung gebeten, er brauche ein einziges Jahr ruhiger, angstloser Arbeit in Paris. Er wird von jetzt an für lange Jahre überall ein bißchen nicht zu Hause sein, »unterstandslos«, wie er es einmal nennt, mal in gemieteten Wohnungen, viel in Hotels, oft als Gast wohlhabender Mäzene oder adliger Damen auf deren meist herrschaftlichen Besitzungen.

Schon bald, im April 1906, wird er Sidonie Nádherný von Borutin durch Rodins Atelier führen, woraus sich eine lebenslange Freundschaft entwickelt; bereits ein Jahr später ist er Gast auf Schloß Janowitz in Böhmen, dem mächtigen Besitz – zu dem mehrere Dörfer gehören – der Familie, nach dem Tod ihrer Brüder von der Briefpartnerin verwaltet, zu der die Beziehung nie spannungsfrei bleibt: die Geliebte von Karl Kraus – sie reiste mit ihm u. a. durch die Schweiz in einem Opel-Cabriolet Marke »Mein Puppchen«, das der wohlhabende *Fackel*-Herausgeber ihr geschenkt hatte – war durch diese Verbindung unerreichbar, also nahe; zugleich blieb Rilke nicht ohne Eifersucht, warnte sie gelegentlich vor dem »Fremden«, der seinerseits höchst humorvoll seiner Angebeteten die Charakteristik eines Hellsehers zusandte, »damit sie etwas über ihn erfahre«: »Wenn der sich für eine Sache einsetzt, dann verfolgt er sie bis zum Tode. [...] Seine Sprache und seine Zunge ist wie ein 42 cm Mörser. [...] Wenn er einem Feinde gegenübersteht, wird er nicht früher ruhen, als bis der am Boden liegt.«

Rilkes nicht ganz eifersuchtsfreie Warnungen vor dem ›Fremden‹ (Karl Kraus) haben einen recht bedenklichen Unterton. Der eifrige Leser der Bibel, von der er sich nie je trennte und dessen Vorliebe dem Alten Testament gehörte, gestattete sich immer wieder antijüdische Ressentiments, selbst Schriftstellern gegenüber, denen er viel verdankte. In dem kleinen Text *Ewald Tragy* des Jahres 1900 kommt eine unschwer als Jakob Wassermann zu entschlüsselnde Figur Thalman vor, von der zu lesen ist, »ein Jude aus irgendeinem kleinen Nest, schreibt Romane, glaub ich. Das kommt heute man weiß nicht woher und geht übermorgen und man weiß nicht wohin und es bleibt nichts zurück als ein wenig Schmutz«.

Auch dem ohnehin stets zwiespältig beobachteten Franz Werfel wird so ein ungutes Urteil zuteil. Am 21. Oktober 1913 geht aus Paris ein französischsprachiger Brief an die Fürstin von Thurn und Taxis, den man ohne Übertreibung unappetitlich nennen darf:

»In Hellerau und in Dresden habe ich Werfel viel gesehen. Es war traurig, ›ein Judenbub‹, sagte Sidie Nadherny [...] und sie hatte nicht ganz unrecht. Ich war durchaus darauf vorbereitet, diesem jungen Mann meine Arme zu öffnen, aber statt dessen hielt ich sie auf meinem Rücken [...] Zehnmal am Tage wiederholte ich mir, daß er es ist, der alle diese Wunder produziert hatte, in seiner Abwesenheit konnte ich für ihn entflammen, aber wenn er da war, fühlte ich mich so geniert, daß ich ihm nicht ins Gesicht sehen konnte [...] Ich habe zum ersten Mal die Falschheit der jüdischen Mentalität gefühlt, [...] diesen Geist, der die Dinge durchdringt, die er nicht besitzt, wie ein Gift, das überall eindringt und sich dafür rächt, daß er kein Teil des Organismus ist.«

Doch Paris heißt das große Cello, dem der mal hingerissene, mal angeekelte Solist virtuose Töne der Lockung, der Versuchung, des Dräuens und des Abscheus entlockt, mal in Dur, mal in Moll, manchmal jubilierend, wie wir die zart-stürmischen Liebeserklärungen an die Hauptstadt der Welt von Heine bis Tucholsky kennen. Ab dem 28. August 1902 lautet Rilkes Adresse 11, rue Toullier – also der Straßenname, den wir bereits als Beginn des *Malte* kennen. Die Stadt – in der er wohl den Atem von Baudelaires *Les Fleurs du Mal* und *Le Spleen de Paris* zu verspüren hoffte – ängstigt ihn. An seine Frau schreibt er drei Tage nach der Ankunft jenen bereits zitierten Brief voller Ängste, Mitleid und Erschütterung über die Heere der Kranken und Armeen von Sterbenden in der so strahlend gewähnten Stadt.

Wie wir wissen, finden viele dieser Eindrücke ihren Niederschlag im *Malte*. Aber seine Briefe sind gleichsam ungefiltert, allenfalls Rohstoff für den hochstilisierten Roman; sie schmecken in ihrer Unmittelbarkeit anders: »Paris [...] ist eine schwere, schwere, bange Stadt. Und die schönen Dinge, die da sind, machen mit ihrer strahlenden Ewigkeit doch nicht ganz gut, was man durch die Grausamkeit und Wirrheit der Gassen und die Unnatur der Gärten, Menschen und Dinge leiden muß. Paris hat sich ganz verloren, es rast wie ein bahnverirrter Stern auf irgendeinen schrecklichen Zusammenstoß zu. So müssen die Städte gewesen sein, von denen die Bibel erzählt, daß der Zorn Gottes hinter ihnen emporstieg, um sie zu überschütten und zu erschüttern.«

Trefflich ließe sich eine eigene kleine »Paris«-Anthologie der widersprüchlichsten Rilke-Notate zusammenstellen, die Jahre hindurch, die er immer wieder mal die Stadt floh und mal sehnsuchtsgetrieben zurückkehrte. Im Juli 1903 geht ein Angst-Wort an Lou Andreas-Salomé:

»O es haben tausend Hände gebaut an meiner Angst und sie ist aus einem entlegenen Dorf eine Stadt geworden eine große Stadt, in der Unsägliches geschieht. Sie wuchs die ganze Zeit und nahm mir das stille Grün aus meinem Gefühl, das nichts mehr trägt. Schon in Westerwede wuchs sie und es entstanden Häuser und Gassen aus den bangen Umständen und Stunden, die dort vergingen. Und als Paris kam, da wurde sie rasch ganz groß. [...] Da ging ich an den langen Hospitälern hin, deren Thore weit offen standen mit einer Gebärde ungeduldiger und gieriger Barmherzigkeit. Als ich zum ersten Mal am *Hotel Dieu* vorüberkam fuhr gerade eine offene Droschke ein, in der ein Mensch hing, schwankend bei jeder Bewegung, wie eine zerbrochene Marionette schief, und mit einem schweren Geschwür auf dem langen, grauen, hängenden Halse. Und was für Menschen bin ich seither begegnet, fast an jedem Tage; Trümmern von Karyatiden, auf denen noch das ganze Leid, das ganze Gebäude eines Leides lag, unter dem sie langsam wie Schildkröten lebten.«

Dann wieder, 1910, ist Paris für ihn die Stadt, wo man es »Gut-haben« kann, wo er »hingehört«, was sich 1920 steigert zu einer kleinen Hymne: »Paris [...] über sein Schimmern und Vibrieren, über das nirgends Leer- und Tonlos-sein dieser unvergleichlichen Stadt, die soweit Natur geworden ist, daß sie Jahreszeiten aus sich hervorbringt, die, zu denen des Himmels und der Erde hinzugeworfen, einen fortwährenden Überschuß ergeben [...]«

Die wechselnden Wohnungen, ärmliche Zimmer oder das komfortable Hotel Foyot, das Rilke lange und oft bevorzugte, auch schon mal – Mai 1908 – das geliehene Atelier von Mathilde Vollmoeller in der Rue Campagne-Première, haben gewiß zu dem Gefühl ortloser Bedrohung beigetragen. Die Großstadt ist ja in der Kunst des beginnenden 20. Jahrhunderts – in der Malerei, in der Musik, in zahlreichen Gedichten, Essays wie Romanen – Metapher für Elendsgefühl wie glitzernde Versuchung, faszinierende Maschinenwelt und absinthgrüner Sumpf. Großartigkeit und Abgrund sind nur einen Schritt weit getrennt: das liest man in Aragons *Le Paysan de Paris* so gut wie in Alfred Döblins *Berlin Alexanderplatz*, das sieht man auf den Bildern des Robert Delaunay wie alsbald im Film *Berlin: Die Sinfonie der Großstadt* oder bei Chaplin. Rilke ist auch hier, nicht nur in der unerhörten Modernität seiner Formensprache, seiner Zeit ein gut Stück voraus, ein Hauchpapier, das sich krümmt im Tralala der Mondänität wie im Makelscham vor Verworfenheit. Das bleibt ihm erhalten, auch wenn seine Verhältnisse sich bessern; etwa, als er 1908 einen eigenen Saal im Hôtel Biron mieten kann (wo er bis Oktober 1911 bleibt: »Es ist viel zu teuer für mich, um fünfhundert mehr, als ich hätte ausgeben dürfen: aber ich will ja arbeiten«) – das ist jenes Haus Ecke Rue de Varenne und Boulevard des Invalides, das wir heute als »Musée Rodin« kennen und dessen diverse Räume abwechselnd Isadora Duncan, Henri Matisse oder Jean Cocteau bewohnten. Schon im selben Jahr zog auch Rodin hier ein: »Er hat alle unteren Räume gemietet, die ganze rechte Ecke zu ebener Erde, mit dem viereckigen Mittelsaal, den ich vielleicht nehmen wollte. Es sind die Säle, wie er sich sie immer wieder umsonst gewünscht hat, so sehr, daß er schließlich anfing, draußen welche zu bauen. Er will viele Sachen dort aufstellen und manchmal kommen und mit ihnen sein und durch die grandiosen Fenster hinaus in den Garten sehen, an diesem Platze, wo ihn niemand findet und für möglich hält.«

Rilke und Rodin – eine homoerotische Ehe

Rilkes Paris hat nämlich einen Eigennamen: Auguste Rodin. Ihm, dem Verehrten – »er ist ein Greis und groß« – zu begegnen, ist er nach Paris gekommen; nicht nur der Monographie wegen, die er Mitte November 1902 zu erarbeiten beginnt und noch im Dezember abschließt; er will einem Menschen nahe sein, dessen Kunst er bewundert, für ihn ein göttlicher Funke im Marmor gebannt. Auch nach innerer Entfernung, Zwist und Zerwürfnis wird Rilke nicht aufhören – in Vorträgen, in Texten, in Briefen –, seinen hohen Respekt vor dem 35 Jahre Älteren auszudrücken, dessen Lebensmotto »Il faut travailler, toujours travailler« er nicht müde wird, immer und immer wieder zu betonen. Es ist fraglos die intimste, damit zerbrechlichste Beziehung Rilkes zu einem Mann. Schon die erste unmittelbare Begegnung mit Rodins Werk beim Antrittsbesuch im Gartenpavillon von Rodins Villa in Meudon, 20 Bahnminuten von Paris gelegen, ist Erschütterung; sie zeigt Rilkes hohes Kunstverständnis, wie es später bei Louvre-Besuchen oder in seiner Ergriffenheit vor Cézannes Bildern Ausdruck finden wird:

»Es ist ein ungeheuer großer und seltsamer Eindruck, diese große helle Halle mit allen ihren weißen, blendenden Figuren, die aus den vielen hohen Glastüren hinaussehen wie die Bevölkerung eines Aquariums. Groß ist dieser Eindruck, übergroß. Man sieht, noch ehe man eingetreten ist, daß alle diese hundert Leben *ein* Leben sind, – Schwingungen *einer* Kraft und *eines* Willens. Was da alles ist – alles, alles. Der Marmor von La prière: Gipsabdrücke von fast allem. – Wie das Werk eines Jahrhunderts … […] Und dieser Reichtum, diese unendliche, fortwährende Erfindung, diese Geistesgegenwart, Reinheit und Vehemenz des Ausdrucks, diese Unerschöpflichkeit, diese Jugend, dieses immer noch Etwas, immer noch das Beste zu sagen haben … das ist ohnegleichen in der Geschichte der Menschen.«

Doch wie noch (und künftig) aus jeder Liebesbeziehung, die ihn zu überwältigen droht, flieht Rilke Paris und Rodin. Wirre Reisen mit ständig wechselnden Aufenthaltsorten folgen. In der Nacht vom 19. zum 20. März 1903 reist er aus Paris ab, bleibt einen Tag in Genua, kommt am 22. März in Viareggio an – wir kennen den Ortsnamen schon aus der Entstehungsgeschichte des *Stunden-Buch* –, wo er im Hotel de Florence absteigt und am Strand eine Strohhütte mietet. Ende des Monats erscheint im Verlag Bard in Berlin *Auguste Rodin von Rainer Maria Rilke. Mit zwei Photogravüren und sechs Vollbildern in Tonätzung*. Das Buch ist gewidmet »Einer jungen Bildhauerin« – Clara Rilke-Westhoff; an der Monographie hat er 150 Mark verdient, Rilke lebt noch immer vom Monatsscheck (und von gelegentlichen Sonderzahlungen) des Vaters, der seinerseits sein Bemühen nicht aufgibt, dem Sohn einen Beamtenposten in Prag vorzuschlagen (»Ich aber fürchte mich vor dieser Rettung wie vor dem Kerker«).

Die Spuren des Unsteten sind kaum nachzuzeichnen, mal erkrankt an Influenza, mal ein Gedicht, mal in Avignon, kurze Rückkehr nach Paris, wo er Rodin um einen Besuch im Atelier seiner Frau bittet: Clara, »Frau Rilke«, war ja in der ersten Paris-Zeit ebenfalls dort gewesen, Rilke verstand anscheinend die französische Höflichkeit des Meisters nicht, mit der er sich des ständigen Antrags entzog, Clara Westhoffs Arbeit zu goutieren, sie als Künstlerin zu fördern, in späteren Jahren gar Rodin zu porträtieren – Rilke verstand nicht oder wollte das nicht als Refus verstehen und hat die Jahre hindurch mit recht dickfelliger Hartnäckigkeit die unbedeutenden Arbeiten seiner Frau »hoffähig« zu machen versucht. Die Reiserei ging weiter – Rom, im Juli 1903 eine Woche bei Claras Eltern in Oberneuland, wo man die knapp zweijährige Tochter Ruth – deren Besuch in Rom ein Jahr später, April 1904, wiederum unerwünscht ist – »besichtigt«. München, Venedig, Florenz, währenddessen ausführliche Korrespondenz – die ersten Briefe nach dem Bruch mit Lou Andreas-Salomé –, einige Gedichte, *Der Panther* erscheint in Heft 12 der *Deutschen Arbeit*, im selben Heft Wilhelm von Scholz' Aufsatz »R.M.R. als Kunstschriftsteller«, literarische Pläne wie die Übersetzung von Francis Jammes, noch einmal Rom und im November (offenbar für zwei Tage) Venedig, vier Tage Neapel: es wird dem Leser schwindlig, der Hast zu folgen, in der eben neun Kisten Gepäck versorgt werden, dann schon in Mailand Leonardo da Vincis »Abendmahl« ehrfürchtig bestaunt wird, um zwei Tage später – 19. Juni 1904 – in Düsseldorf die Kunstausstellung zu besuchen; am 23. Juni kommt bereits Nachricht aus Kopenhagen: »Eine Stadt ohnegleichen, seltsam unaussprechlich, ganz in Nüancen vergehend.«

Es ist selbst in Zeiten von ICE und Airbus schwer nachzuvollziehen, wie dieser Galopp quer durch Europa technisch zu bewältigen und physisch auszuhalten war. Ganz ist es Rilke auch nicht bekommen. Eben aus Borgeby zum zweiten Mal in Kopenhagen gelandet, diagnostiziert der Oberarzt Dr. Ottosen im Sanatorium Skodsborg: »Sie leiden an Blutarmuth, Störung des Blutumlaufs, etwas verzögertem Stoffwechsel mit Überschuß von Urinsäure, Erschöpfung und leichten Schwäche der einen Herzklappe.« Der Arzt empfiehlt »vegetarische Diät, Wasseranwendungen, Herzumschläge und gymnastische Übungen«.

Ganz erklärlich ist auch nicht, wie all das finanziell zu verkraften war – die Reisen oft zu zweit (mit Clara Westhoff), Hotels, gemietete Wohnungen; noch ist Rilke nicht allzu oft »Gast« wie die letzten zwei Monate des Jahres 1904 im dänischen Furuborg beim Ingenieur James Gibson und seiner Frau Lizzie, wo auf 20 Quartblättern die Reinschrift des zweiten – später verworfenen – Anfangs von *Malte Laurids Brigge* entstand. Doch wie war das alles zu schaffen für einen

Menschen ohne geregeltes Einkommen, der nur über kärgliche Gelegenheitshonorare für ein Gedicht, einen Artikel, eine Buchempfehlung verfügte; 50 Mark Monatsbezüge als eine Art Außenlektor des Berliner Axel-Juncker-Verlages? Drei Zeitschriften drucken im Jahr 1904 Arbeiten Rilkes – *Die Zukunft*, Berlin; *Deutsche Arbeit*, Prag; *Die Zeit*, Wien. Wie mochte das gereicht haben für die oft recht noblen Hotels, gar Wohnungen, für Bahn, Restaurants, Droschken. Es ist ja noch gute Weile, bis Rilke – ab 1910 – eine Monatsrate von 500 Mark vom Insel-Verleger Anton Kippenberg erhält, der ihm immer wieder bei Geldsorgen zur Seite sprang, und sei es in vornehmer Zurückhaltung: »Sie schreiben, daß nur Gott oder die Schillerstiftung in dem bewußten Punkte helfen könne und vergessen, daß es eine sehr wichtige Zwischeninstanz gibt, nämlich der Menschen ...«

Rilkes finanzielle Verhältnisse – um ein wenig vorzugreifen – bleiben bis zu seinem Tod verworren: zumeist auf generöse, manchmal zögernd-ermahnende Weise geregelt von dem unermüdlichen Verleger Kippenberg, dem »Freund«, wie der Autor ihn anredet. Ob 1920 der Bitte der 19jährigen Tochter Ruth – »... ich muß ja immerzu so viel haben! [...] Ob ich wohl nicht ein kleines monatliches Taschengeld bekommen könnte?« – umgehend entsprochen wird; ob 1919 durch den »starken Absatz Ihrer Bücher [...] ein erhebliches Guthaben beim Insel Verlag« von 20 000,– Mark avisiert wird; ob schon im Dezember 1918 sich »der Weihnachtsmann mit einem Sonder-Honorarium von 1000,– Mark einstellt«; ob ein Ermunterungswink erfolgt, »... in Deutschland ist der Absatz Ihrer Bücher nach wie vor ungeheuer« (Rilke selber schreibt – natürlich aus dem Hotel »Baur au Lac« in Zürich – nach einer Schweizer Mammut-Lese-Tournee, »denn die Buchhändler, wohin ich auch komme, sind ganz schwindlich vom Absatz meiner Bücher«); oder ob auch mal eine schonende Warnung an Rilke ergeht: »Ihr Konto schließt mit einem Saldovortrag zu Gunsten des Insel Verlages von 6371,– Mark ab« – der Verleger ist stets zur Stelle, mustergültig sogar als Ratgeber in eher privaten Nöten. Etwa, als Clara Rilke über die laufenden Zahlungen hinaus erwartet, daß der entfernt und getrennt lebende Ehemann die Hypothek ihres Hauses abbezahlt und Rilke sich Kippenberg anvertraut: »Dagegen bin ich *ganz abgeneigt* die Hypothek auf das Haus zu übernehmen. Ich habe von vornherein die Schwierigkeiten dieser Unternehmung vorausgefürchtet und sehe sie auch jetzt in keinem zu günstigen Licht. Ob sie gleich, wenn sie gelingt, einen großen Fortschritt im Leben Clara's und Ruths bedeuten könnte (dies ist nicht zu verkennen). Aber da müssen nun schon diejenigen Freunde helfen, die die Bauabsicht und den Bau bis jetzt befürwortet haben. Ich selbst betrachte mich in jeder Hülfe, die über das verabredete Maaß hinausgeht, auch nur als ›Freund‹ Clara Rilke's und keineswegs als ›verpflichtet‹, und meine zu dieser Einstellung nicht unberechtigt zu sein, innerhalb eines Verhältnisses, das seit so vielen Jahren auf genaue und redliche Trennung gestellt war.«

Der Verleger-Freund rät ab – wie er umgekehrt zurät – entgegen Rilkes verärgertem Widerwillen an der ganzen »Unternehmerlust« –, bei der Vertonung des *Cornet* durch Max von Schilling und einer geplanten Konzertsaaldarbietung, mit dem Schauspieler Kleving , auf einem Honoraranteil zu bestehen. Rilke bereitete ja nicht nur – sogar mit eigenen Interpretationen schwieriger Gedichte – seine Vortragstourneen höchst sorgsam und publikumsfreundlich vor; es wurden auch oft Soireen berühmter Darsteller, gelegentlich mit Vertonungen, arrangiert – schon im Frühjahr 1909 ist von einem Josef-Kainz-Abend die Rede. Nun kennt man kaum einen Briefwechsel zwischen Autor und Verleger, in dem es nicht vordringlich um Geld ginge. Kippenberg, anfangs noch »Mein lieber und verehrter Herr Doctor«, war schon zu Zeiten des entstehenden *Malte* – den Rilke aus seinen schwer entzifferbaren Taschenbüchern im Leipziger Hause des Verlegers diktierte – ein geduldiger und treusorgender Partner; er beglich Arztrechnungen, schickte Geldanweisungen in zu teure Hotels oder stockte 1910 die mit 600 Kronen arg mickrig ausgefallene »Ehrengabe« des österreichischen Ministeriums für Kultus und Unterricht auf. Er hatte einen Autor zu betreuen, der nicht nur falsche Papierfarben, ein fehlendes Lesebändchen oder ein heraldisch nicht korrektes Exlibris monierte, sondern der auch so elegant umschrieben wie zugleich dringlich Zahlungen erbat, nicht selten vermeintlich unpünktliche Eingänge anmahnte. Bestürzend ist, wie zunehmend prekär Rilkes finanzielle Lage offenbar in seinen letzten Lebensjahren war; da ängstigt eine Zahnarztrechnung, da reicht das Geld fürs Trinkgeld an das Sanatoriumspersonal nicht, schon gar nicht für die Kosten des Aufenthalts dort. Eine Schnur um den Hals: immer kürzer die Intervalle, immer dringlicher (oft telegrafisch) die Bitten um Geld, mal 250 Mark, mal 1000,– Franken, mal das Vorziehen der vereinbarten monatlichen Zahlung, mal gar der Versuch einer »Anleihe«. Großmannssucht in der Wahl seiner Nobelhotels, im Anherrschen seiner hochmögenden Gastgeber, er verbitte sich, angesprochen zu werden, oder bei den nicht selten lächerlich-peniblen Anweisungen an deren Personal oder dem entsetzten Abweisen einer zuvor dringlich erbetenen Villen-Unterkunft, weil dort Steinfußboden ihn bedrohe; er nenne das »Feinde unter den Umständen südlichen Wohnens« – gewiß, das war Rilke nicht fremd. Aber wenn man liest, zwei Jahre vor seinem Tode, daß er sich gerade schlechten Gewissens zwei Anzüge hat anfertigen lassen – die er zwar spinös seine »behaglichste Wohnung« nennt –, dann darf man sich durchaus ein wenig schämen: denkend an den Talerregen über unsere preisgekrönten Zeitgenossen, ihre Automobile, Zweit- und Dritt-Wohnsitze, Pool inclusive. Da ist einer der Einsam-Großen der Weltliteratur, und zeit seines Lebens bis zum Ende hin muß er betteln um aufgebesserte Vorschüsse, Sonderzahlungen »für die Winteranschaffungen« oder das Übernehmen einer Arztrechnung. Sinistres Vorauseilen in der Chronologie unseres Berichts.

Es war fraglos ein Rettungsanker, als Rodin ihm die Stelle als Sekretär anbot. War Rilke nun der Sekretär, also eher rangniederer Angestellter des Bildhauerfürsten?

Am 12. September 1905 trifft Rilke wieder in Paris ein, nimmt Quartier im (heute noch existierenden) Hôtel du Quai Voltaire am Seine-Ufer, nachdem er noch einmal in seinem ahasverischen Euro-City-Express herumgewirbelt ist: Dresden, Berlin, Kassel, Marburg, Darmstadt. Es beginnt eine hochherzige Mesalliance. Wie das? Hochherzig, weil der 65jährige Marmorzauberer den 30jährigen Deutschen gastlich aufnimmt; Rilke darf ein Gartenhaus im Park der Villa in Meudon beziehen, Schlafzimmer, Arbeitszimmer, Blick über das Sèvre-Tal. Aber er ›darf‹ eben. Er ist nun ein Angestellter. Auch wenn der Dichter es jahrelang nahezu empört von sich wies: er war ohne jede Frage Rodins Sekretär, mit festem Monatsgehalt von 200 Francs und geregelter Arbeitszeit; töricht, wenn Rilke noch 1924 schreibt, »daß ich Rodins Sekretär gewesen sei, ist nicht viel mehr als eine hartnäckige Legende«.

Und Mesalliance? Der junge Verehrer war im Grunde dem handreichenden Angebeteten völlig unbekannt. Rodin verstand nicht ein Wort Deutsch. Wie bei Franzosen bis zur Stunde üblich, konnte er nicht einmal deutsche Namen richtig aussprechen. Man kennt diesen französischen Kultur-Chauvinismus bis dato – es wird vorausgesetzt, daß unsereins Simone de Beauvoir oder Gauloise korrekt ausspricht, weigert sich aber, auch nur die Namen Mozart oder Bach, geschweige denn Gustaf Gründgens erkennbar zu artikulieren. Auch weit zurück läßt sich dieser »Grandeur Française«-Hochmut datieren. Im letzten Jahrzehnt des 19. Jahrhunderts wurde der sehr junge Stefan George in den Kreis um Mallarmé aufgenommen; der Weihepriester hielt dort in Paris – die »Mardi«-Abende in der rue de Rome sind sagenumwoben – jene Réunions ab, bei denen die maßgebliche Autorität der Pariser Literaturszene in Filzpantoffeln und einem karierten Plaid um die Schultern das Geplauder von zwölf bis zwanzig Gästen dirigierte, ohne eigene Texte zu lesen. In Deutschland waren gerade Georges *Hymnen* erschienen – der anwesende Verlaine durchblätterte den Privatdruck, er konnte die Gedichte nicht lesen. Ein anderer entzückter Bohemien erbat »ums Himmels Willen« eine Übersetzung. Als wenig später (1891) Georges zweiter Gedichtband, *Algabal*, veröffentlicht war, bekannte Mallarmé, daß er die Verse »nur schwer in einer mir unbekannten Sprache« lesen könne.

Rodin wußte, daß Rilke ›schrieb‹; aber er wußte nicht, was. Es war bislang nichts von seinem Gast auf französisch erschienen. Die Monographie hatte Rodin sich privat übersetzen lassen und, wie Rilke hochbeglückt notierte, »neben seine Dinge gestellt«. Ob er da nicht wieder einer Courtoisie aufgesessen war? Jedenfalls ist deutlich, daß Rodin in Rilke einen – wenn auch sympathischen – Angestellten sah, von dessen Rang er keine Ahnung hatte und mit dessen Arbeit er bald unzufrieden sein sollte. Umgekehrt sprach und schrieb Rilke zu der Zeit eher schlecht Französisch – keine Unterstellung, vielmehr immer wieder geäußerte Selbstkritik: »Seit fast einem Monat besorge ich (so gut mein Französisch es zuläßt und es ist sehr enge im Gewähren -) Rodin's Correspondenz als eine Art Privat-Sekretär.«

In Rilkes Briefwechsel finden sich Darstellungen seiner Sekretariatsarbeit zuhauf, das ihn zunehmend plagende Abfassen von Briefen, seines schlechten Französisch immer peinvoll bewußt. Es existiert sogar ein Quittungsbeleg über 682,50 Francs, die er – »pour solde de tout compte«, zur Begleichung aller Forderungen – Rodin im Mai 1906 in Rechnung stellt. Das ist kurz vor dem Bruch, genauer gesagt: vor dem tief kränkenden Rauswurf. Rilke nämlich, nie angeberisch oder hochmütig, eher stets an sich zweifelnd, war sich zugleich seines Wertes durchaus bewußt; er sah sich ›inter pares‹. Jeder Schriftsteller ist ja auch Voyeur – und so beobachtet er, trotz und bei aller Bewunderung für das Werk Rodins – doch sehr genau dessen menschenfresserische Behandlung seiner Umwelt, der Frauen zumal. Diese Charakteristik gleicht einer Porträtskizze:

»Und nun seh ich auch sein Verhängnis, das in der Rasse liegen mag. Ich sprech ihm von nordischen Menschen, von Frauen, die nicht den Mann festhalten wollen, von Liebesmöglichkeiten ohne Betrug: er hört und hört und kann nicht glauben, daß es das gibt, und wünscht doch, es zu erfahren. Daß die Frau das Verstellte ist, die Falle, die Fußangel, auf den Wegen, die die einsamsten und seligsten sind, das scheint ihm verhängt. [...] die Frau bleibt abseits für ihn und *unter* alledem. Sie löst sich nicht, wie die Dinge, im Anspruchsvolleren auf: sie will befriedigt sein und ist befriedigt. Und so ist sie wie eine Nahrung für den Mann, wie ein Getränk, das ihn durchströmt von Zeit zu Zeit: Wein. [...] und er hat leider so viele Heilige für seine Meinung, mit denen sich beweisen läßt, daß sie Christus gebrauchten wie einen Beischläfer, als ein süßes Männlichkeitssurrogat, als den zärtlichsten Amant, der zu haben war, endlich doch noch zu haben war.«

Das stammt zwar aus dem Jahre 1908, aber das Beben hatte sich lange angekündigt, auch wenn es gemeinsame Ausflüge, Kirchenbesuche, Abendessen gab, von denen Rilke anfangs beseligt berichtet und von denen er an Rodins 65. Geburtstag glücklich an Lou Andreas-Salomé schreibt, »es ist eine Atmosphäre der Arbeit und des Arbeitenkönnens um seine Dinge, so daß ich hier vielleicht alles lernen werde, was mir fehlt«. Gleichzeitig – bzw. schon sehr früh – stört den penibel auf Umgangsformen bedachten Gast das herrische Gebaren des Meisters, der weder seine Frau noch andere Déjeuner-Gäste vorstellt, sie bei Tische anfährt, sie ohne die geringste Camouflage betrügt, nicht zuletzt mit einer von Rilke verabscheuten leicht ordinären Marquise, die beim Diner dümmliche Reden führt und schließlich das Grammophon billige Musik herausquäken läßt: »Jetzt, wenn man ihn so über die Kraft hingegeben sah, hatte man wirklich etwas wie Angst für ihn, und so unwillig ichs ertrug, ich begriff, daß die Marquise immer dümmere Platten einspannte und daß wir schließlich bei einem Walzerpfeifer ankamen im Tingel-Tangel.«

Das Verhältnis Rodins mit der Marquise de Choiseul währte zwar von 1907 bis 1912 und Rilke zögert nicht, Briefe an Rodin mit einem »Wollen Sie mich, ich bitte Sie, bei Madame la Marquise mit all meinen respektvollen Empfehlungen in Erinnerung bringen« zu beschließen; aber wir haben es ja mit einem Prozeß zu tun, mit einer langsamen Wandlung von preisendem Staunen zu – noch immer – liebendem, aber abnehmend elektrisiertem Dabeisein. Ein Magnetsystem polt sich um, aus Anziehungskraft wird Nebeneinander.

Das hat auch mit Rilkes steigendem Selbstwertgefühl zu tun. Der Kanzelträger steigt allmählich selber auf die Kanzel. Wenige Tage vor der Abreise nach Paris hat Rilke die Korrekturbogen vom *Stunden-Buch* an den Insel Verlag geschickt, der Band ist 1905 erschienen; vier Gesänge aus *Mir zur Feier* werden vertont; Rodin-Vorträge in Dresden und Prag – das Manuskript schenkt Rilke 1925 Baladine Klossowska – sind erfolgreich; Anfang 1906 spricht er in Elberfeld, Hamburg, Bremen; wichtige Zeitschriften wie *Die Neue Rundschau* drucken Gedichte; bedeutende Gedichte entstehen, die in spätere Sammlungen aufgenommen werden – so »Buddha. Als ob er horchte. Stille: eine Ferne …«, das in den *Neuen Gedichten* Platz findet.

Wahrlich ist zu verstehen daß die Ankerkette zu würgen beginnt. Die – sehr oft rein geschäftliche – Korrespondenz ist so fad wie zeitraubend; wenn auch schon mal ein Brief an die Duse dabei ist, bei dem Rodin dem Sekretär gestattet, eine Nachschrift in eigenem Namen anzufügen. Aber es wird eben ›gestattet‹. Für kleinere Reisen muß Rilke um Urlaub angehen.

Dabei war Rodins Reputation – für uns Heutige kaum vorstellbar – nie unumstritten. Den erwähnten Pavillon im Park von Meudon hatte er an der Pont d'Alma auf eigene Kosten für die Ausstellung seiner Skulpturen – die der berühmte »Salon« nicht zeigen mochte – errichten lassen. Man klagte ihn an, die Statue des »Âge d'Airain« mittels des Naturabgusses von einem Matrosen angefertigt zu haben, ja, daß er generell gar nicht den Marmorblock meißele, sondern jedes Mal sein Tonmodell in den Stein übertragen lasse. Als von Januar bis März 1911 in der königlichen Akademie der Schönen Künste zu Berlin eine Rodin-Ausstellung gezeigt wird, legt Kaiser Wilhelm II. sein Veto ein gegen die Verleihung des Ordens Pour le Mérite für Kunst und Wissenschaft. Die 14 im Großherzoglichen Museum für Kunst und Kunstgewerbe zu Weimar von Harry Graf Kessler gezeigten Zeichnungen lösen einen Skandal aus, in dessen Verlauf Kessler als Museumsleiter zurücktritt. Jenes kleine Louis-Quatorze-Palais – man nennt derlei in Frankreich oft »Hôtel«, was nicht Hotel meint –, ursprünglich Sitz der Herzogin du Maine, dann zum Komplex von Sacré-Cœur gehörend und, nach Vertreibung der Nonnen, in Mieträume aufgeteilt: dieses Hôtel Biron, das wir als Rilkes vorübergehende Adresse kennen und in dem Rodin arbeitete, wurde ihm erst einmal als Obhut seiner Kunst verweigert; 1912 erhielt er zwar vom französischen Ministerrat lebenslängliches Wohnrecht, doch Rodins Wunsch nach ›lebenslangem Wohnrecht‹ für seine Skulpturen wurde trotz eines großzügigen Schenkungsangebots im Wert von 3 Millionen Francs abgelehnt; erst nachdem Rodin ein zweites Mal große Werkgruppen überlassen hatte, stimmte die Assemblée Nationale 1917 kurz vor Rodins Tod der Einrichtung eines Musée Rodin zu. Nicht einmal das sicherte ungefährdet den Nachruhm. Harry Graf Kessler notiert in seinem Tagebuch vom 20. Mai 1926 einen Kommentar von Anton Kippenberg: »Rodin sei in Deutschland tot; kein Mensch interessiere sich noch für ihn. Von Rilkes Rodin-Buch, von dem sie 40 000 Exemplare verkauft hätten, wurde kein Exemplar mehr verlangt. […] So was sei in Deutschland Alles Modesache. Rodin sei nicht mehr Mode.«

Damit sind wir allerdings der Zeit vorausgeeilt. Noch halten wir im Jahre 1906. Der Mai bringt Zerwürfnis und Abschied. Rilke liest im März in Berlin noch zum ersten Mal aus eigenen Werken im »Verein für Kunst, Salon Cassirer«, reist im selben Monat zur Beerdigung des Vaters, dem er Veilchen neben das Haupt legt, nach

Prag, um wenige Tage später, am 20. März 1906, noch einen Vortrag im selben »Verein für Kunst« – über Rodin zu halten. So bizarr kann Leben sein. Denn zurück in Meudon – am 21. April nimmt Rilke noch teil an der Einweihung des »Penseur« vor dem Panthéon in Gegenwart von Bernard Shaws Frau, Maillol und Paula Modersohn-Becker – entläßt Rodin ihn wie einen Domestiken, ohne Vorankündigung, schroff. Der äußere Anlaß, wie bei jeder zerscherbenden Ehe, ist banal: Briefe, die der Arbeitgeber als einmischend und eigenmächtig ansieht. Die Ursache liegt tiefer, »der Meister muß es gefühlt haben, daß ich litt«, schreibt Rilke am 10. Mai seiner Frau; unter dem Vertrauensschwund nämlich, der physischen Arbeitslast und dem übermächtigen Drang, sich endlich ganz der eigenen Arbeit widmen zu können. Die Demütigung für Rilke – der nie mehr je eine irgend angestellte Existenz führen wird – sitzt tief, sein fünfseitiger Abschiedsbrief zeigt die Bitterkeit; und zugleich noch eine weitere Ursache des Auseinanderdriftens. Der Dichter meint nach wie vor, Rodin habe ihn »als Freund« zu sich gebeten, indes es doch nicht mehr war als die zwar freundliche, aber auch ein wenig gönnerhafte Geste eines Chefs. Rilke hatte die Distanz falsch vermessen, die Ebene verwechselt, auf der er nun ausglitt:

»Sie haben sich nicht daran erinnern wollen, daß Sie mich eingeladen hatten, als Freund zu Ihnen zu kommen, und daß die Aufgabe, die Sie mich einige Wochen später haben übernehmen lassen, zunächst nichts anderes war als ein Mittel, einem armen Freund eine ungestörte und für seine Arbeit förderliche Zeit zu verschaffen. So haben Sie Ihren Vorschlag an dem Morgen formuliert, an dem wir in der Allee spazierten und diese Möglichkeit erwogen, über die ich glücklich war bis zum Äußersten.

›Sie werden mir ein wenig behilflich sein; das wird Ihnen nicht viel Zeit wegnehmen. Zwei Stunden jeden Morgen.‹

Dies waren Ihre Worte.

Nun, ich habe nicht gezögert, Ihnen, statt zwei Stunden, fast meine ganze Zeit und alle meine Kräfte (leider habe ich davon nicht zu viele) zu geben, sieben Monate lang. Meine Arbeiten sind seit langem im Rückstand geblieben; [...] Sie selbst haben mir Ihr Inneres geöffnet, und ich bin zaghaft darin eingetreten, in dem Maß, wie Sie es gewollt haben; [...]

Trotzdem, ich habe allen Anschein gegen mich in dem Moment, wo es Ihnen richtig erscheint, meine ehrlichen Bemühungen auf eine Grundlage argwöhnischen Mißtrauens hinüberzustellen. –

So bin ich unversehens weggejagt wie ein diebischer Diener aus dem kleinen Haus, in dem Ihre Freundschaft mich zuvor liebevoll untergebracht hat. Es war nicht Ihr Sekretär, dem Sie dieses familiäre Domizil gegeben haben ...

Ich bin aufs tiefste verletzt dadurch.»

Banal also der Anlaß der scheiternden Ehe; denn eine homoerotische Ehe – selbstredend ohne Sexualität – war es ohne jede Frage gewesen. Nach ganz klassischem Muster: der virile Ältere, der sich zahllose Affären leistet und jede seiner Frauen schlecht behandelt – wie schließlich den Sekretär. Und der zarte Junge, der sich in jeder der verachtend-mißhandelten Frauen mitbenutzt fühlt. Er wollte Kelch sein, und blieb doch nur – um in seinem Bilde zu bleiben – der geschlürfte Wein. Nicht zuletzt entsprach das alles auch Rilkes Entwurf der entfernten Nähe; täglich praktiziertes Zusammensein widersprach seinem Nervensystem.

Rilke wohnt nun in einem kleinen Zimmer des Hotels in der Rue Cassette No. 29, nicht sehr luftig, aber auch nicht dumpf, voller abgenutzter Möbel. Einer Eruption gleich entstehen in den folgenden Monaten zahlreiche Gedichte, fast vier Wochen ist die Freundin Ellen Key in Paris, deren Abreise am 17. Juni das Ende dieser Beziehung markiert. Es beginnen auch die kratzfüßigen Adelsverbeugungen – für Prinzessin Madeleine de Broglie wird ein Gedicht geschrieben, der Comtesse de Noailles schenkt er sein *Buch der Bilder* in einem Pergament-Prachtband. Rilke hat ja so ständig wie oft nicht nur Widmungsgedichte verfaßt, sondern – meist extra edel gebunden und auf kostbaren Papieren – auch komplette Textkonvolute herstellen lassen, die er den Damen seines Umgangs spendierte; sein *Préface a Mitsou per Balthasar Klossowski* etwa als *Niederschrift für Katharine Kippenberg* oder Abschriften eigener Gedichte für Hertha Koenig – auch eigene Bücher mit sorgfältig abgeschriebenen Gedichten als kalligraphischen Schmuck: »La Paix« im *Malte* »à Madame la Princesse Marguerite de Bassiano«.

Dabei lebt er selber wie die meiste Zeit seines Lebens bescheiden, mittags vegetarisch, abends in einer Crèmerie zwei Tassen Milch, ein wenig Obst. Den Kinnbart hat er sich abnehmen lassen, was ihn gleich darauf ärgert – Paula Modersohn-Becker sagt die Sitzungen für ein Porträt ab, »[...] ein Eingeständnis von Untreue«. Heikel ist Rilke allemal, die Druckproben zum *Cornet* schickt er an den Axel-Juncker-Verlag zurück: »... ich bin leider fast in allen Punkten anderer Meinung ... die Seite macht den Eindruck einer Leseprobe im Zimmer eines Augenarztes.«

Nachtragend jedoch ist Rilke nicht; kein Rächer. Er wird Rodin, dem Künstler, weiter die Treue halten; wenn auch bei wachsender Skepsis. Er stellt das eigene Buch über ihn hintan, das Große, Wichtige über Rodins Kunst sei noch gar nicht geschrieben. Bereits 1911 notiert er nach einem Wiedersehen enttäuscht, daß Rodin sich von einer »minderwertigen« Frau beherrschen lasse, daß er in seiner Arbeit nach Geld gehe. Aber er wird öffentlich kein abschätziges Wort äußern. Gänzlich trennte sich Rilke nie von Gefährten; fast möchte man sagen: die Bindungen wurden nach einer Trennung enger. Daher die seitenlangen Briefe – oft, handschriftlich, mehr als 15 am Tag – an die vielen Damen. Daher auch der rührende Versuch, »Frau Rilke« in ihrer künstlerischen Ambition hilfreich zu sein. Daher auch die Fürsorge für Tochter Ruth, die er ansonsten wenig wahrnahm. Für die oft Kränkliche bittet er fremde Menschen um Geld, im September 1911 führt er gar einen Prozeß, weil die Tochter wegen des Schulbesuchs nicht länger bei der Großmutter bleiben kann, also für Unterhalt und Wohnung in München Sorge getragen werden muß. Es geht um die Erbschaft einer Kusine, 5000 tschechische Kronen fordert Rilke als Vorgriff, wofür schließlich ein Neffe – Oswald von Kutschera, Sohn der Verstorbenen – einspringt; die ersten Zahlungen gehen noch im September an Clara und Ruth Rilke, München, Ottostraße 1, Pension Ethos.

Rainer Maria Rilke war nicht treu, aber anhänglich. Das gilt durchaus auch für den Schriftsteller. Der hatte Vor-Bilder. Vorbilder hatte er nicht. Daher seine Kunst ganz autonom war. Er mag etwa im *Malte* mancherlei Assoziationen an Baudelaire, Flaubert, Nietzsche eingewoben haben; die Struktur des Textes ist vollkommen eigenständig. Durch den Garten der Literatur seiner Zeitgenossen wandert der Viel-Leser Rilke auf höchst eigenwilligen Pfaden. Georg Heym bewundert er; in einem Nebensatz. Kafka – von dem er mehrere Bücher besitzt – ist »extra-ordinaire«; Gottfried Benn wird nicht zur Kenntnis genommen, Johannes R. Bechers »unsichere Flut« erwähnt, Franz Werfel geht ihm zwar »von den Jüngeren am Genauesten nach«, Rilke ist aber »nicht ohne Vorsicht auch gegen seine Arbeit« – dem Expressionismus als Kunstbewegung widmet er kein längeres Nachdenken. Verstreute Überlegungen zu Maeterlinck oder Jakob Wassermann oder Hermann Hesse, mal Aperçus (»Karl Kraus produziert ein sehr reines Gift« und »Else Lasker-Schüler, die ich in Verehrung grüße«) und sehr gelegentlich – oft in Briefen – ausführliche literarische Analysen. Als die Fürstin Marie von Thurn und Taxis ihm über Jean Giraudoux degoutiert schreibt: »Serafico carissimo, ich haben soeben *Bella* fertig gelesen – und ich finde es gräßlich – langweilig *à mourir* und falsch wie es nicht fälscher sein könnte – *un faux Proust* – Nicht e i n Mensch lebt, am allerwenigsten Bella selbst, am allerwenigsten alle diese verrückten Onkeln – Es ist doch nicht möglich daß Sie das Buch bewundern? Bitte schreiben Sie mir darüber! *Et de si mauvais goût!*« – antwortet Rilke mit einer brillanten Interpretation des Unterschieds zwischen »réalité imaginaire«, die Giraudoux im Gegensatz zu Proust und Gide eben nicht herstellen wolle, und der von ihm intendierten mirakulösen Wellenbewegung, dem spirituellen Kartenspiel. Genau gelesen ist dieser Briefessay eine exakte Selbstbestimmung, eine Vermessung von Rilkes ästhetischer Landschaft. Wir dürfen uns erinnern – letzter Rückgriff – an jene Stelle im *Malte*, die dieser Flut nicht faßbarer Erfahrung Sprache gibt, sie wiederum faßbar macht mit der geheimnisvollen Dialektik der Kunst: »Das Fieber wühlte in mir und holte von ganz unten Erfahrungen, Bilder, Tatsachen heraus, von denen ich nicht gewußt hatte; ich lag da, überhäuft mit mir [...]. Und da schrie ich, halb offen wie ich war, schrie ich und schrie. Und wenn ich anfing hinauszusehen aus mir [...]«

»*Wie hasse ich dieses Volk*« – *der politische Rilke*

Im September 1911 fällt das Wort, das ein Schicksalsbegriff werden soll und Rilkes wichtigstem Werk den Titel gibt: Duino. Er bedankt sich bei der Fürstin von Thurn und Taxis – »welcher Segen, daß Sie mich in Duino verbergen wollen« – für ihr Angebot, dort Logis zu nehmen; sie wollen gemeinsam durch Südfrankreich dorthin reisen, zusammen Dantes *Vita nova* übersetzen. Doch schließlich schickt sie nur ihren Chauffeur Pierro, Rilke reist über Avallon, Lyon, Avignon, San Remo, Bologna und Venedig; vom 22. Oktober 1911 bis 9. Mai 1912 ist Rilke auf dem Schloß zu Gast – wenngleich er über das Leben als Gast klagt: »Die guten, genereusen Asyle, wie Duino eines war und gleich darauf Venedig, haben mir nicht weit geholfen; auch kosten diese so besonders gestalteten Umgebungen jedesmal zu viel Anpassung, sie haben ihr Dasein in so vielfachen fremden Bedingungen, und wenn man schließlich soweit ist, dazuzugehören, so ist eben nur die Lüge fertig, daß man dazu gehört.«

Dieser hochmögenden Frau, die in ihrem luxuriösen Automobil nur mit Chauffeur und Leibdiener durch Europa zu reisen pflegte und ihre elegante venezianische Beletage an einem Seitenkanal des Canal Grande »mein reizendes Mezzanin« nannte, hat Rilke viel zu verdanken. Wir werden ihr 1915 in einer – man darf getrost sagen: kinoreifen – Szene wiederbegegnen, rauschender Taft und knisternde Seide sind förmlich zu hören: da wird Rilke durch ihre und ihres Mannes Intervention vom Muschkotendienst in verschwitzter Uniform befreit. Derlei funktionierte ganz reibungslos im k.u.k.

Österreich-Ungarn; eine leibhaftige Fürstin, wie soll da ein Armeestubenunteroffizier nicht parieren.

Duino, das hoch über dem Golf von Triest »immens ins Meer hingetürmte Schloß«, errichtet auf den Fundamenten einer römischen Befestigungsanlage, als 400 v. Chr. die Römer Aquileia gründeten, war (und ist noch immer) über lange Zeit im Besitz der Familie; der heutige Besitzer trägt den leicht operettenhaft klingenden Titel »Il Principe Charles della Torre e Tasso Duca di Castel Duino« und erinnert sich an die Legenden, die sich um seine erst 1934 verstorbene Ur-Großmutter Marie von Thurn und Taxis ranken, vor der Rilke kniete und dem sie die Stirn küßte. Ob das Lotosblumenbassin, die weinumrankte »Rilke-Terrasse« mit Blick aufs Meer Richtung Grado oder die gegenüberliegende Statue eines römischen Heerführers: ein verzauberter Ort, verbunden mit zahllosen Adelsgeschlechtern Europas bis zur Geldaristokratie; Maries Sohn Alexander restaurierte mit Hilfe seiner zweiten Frau Ella Holbrook-Walker aus der Whisky-Dynastie das 1916 in Schutt und Asche gelegte Schloß, das im Zweiten Weltkrieg unzerstört blieb, in dem Titos Partisanen residierten wie nach ihnen die Alliierten. Das Londoner Abkommen, das Triest zwischen Italien und Jugoslawien teilte, wurde in Duino unterzeichnet. Es gibt einen pompösen Rittersaal, es gibt das Arbeitszimmer des Prinzen Egon Hohenlohe-Waldenburg-Schillingsfürst und es gibt die Erinnerung an einen schwermütigen Dichter und dessen Marotten, die Carlo, den Hausdiener, und Miss Greenham, die Köchin, mit seinen Wünschen nach vegetarischer Kost zur Verzweiflung trieben. Vor allem aber gab es den guten Geist des Hauses, Tochter der Teresa Hohenlohe-Waldenburg-Schillingsfürst, geborene della Torre-Hofe-Valsassina: Marie Hohenlohe, verheiratet mit Alexander Prinz von Thurn und Taxis. Sozusagen standesgemäß hatte sie den Dichter in ihrem Pariser Salon 1909 durch die Vermittlung von Anna-Elisabeth Comtesse de Noailles kennengelernt, anfangs verblüfft: »Ich war angenehm überrascht, zugleich aber auch ein wenig enttäuscht, denn ich hatte ihn mir ganz anders vorgestellt – nicht diesen ganz jungen Menschen, der fast wie ein Kind aussah; er erschien mir im ersten Augenblick sehr häßlich, zugleich aber sehr sympathisch. Äußerst schüchtern, aber von ausgezeichneten Umgangsformen und einer seltenen Vornehmheit.«

Freundschaft, herzlich-intim, da der Partner – nicht zuletzt gesellschaftlich – völlig unerreichbar. Leidenschaftlich konnte Rilke seine Fangarme auswerfen, indem er ihr Leidenschaften beichtete; so, als er 1915 in die Liebesfalle mit der sechzehn Jahre jüngeren Malerin Lulu Albert-Lasard geraten war. Da war prompt die Fürstin zur mütterlichen Freundin avanciert, also personifizierte »Liebende«, eine Rolle, die sie ohne Arglist übernahm; den aus den Wirren seiner »Geliebten«-Unordnung voll frühen Leids Barmenden rief sie barsch zur Ordnung:

»Dottor Serafico!!! Eigentlich möchte ich Sie furchtbar verschimpfen – ich glaube Sie würden es nothwendig brauchen wirklich ausgezankt zu werden wie ein Baby – der Sie ja auch eines sind, obwohl dabei ein großer Dichter ....

Aber Dottor Serafico! Jeder Mensch ist einsam, und muß es bleiben und muß es aushalten und darf nicht nachgeben und muß die Hilfe nicht in anderen Menschen suchen sondern in dem geheimnissvollen Walten das wir in uns fühlen ohne es zu kennen oder zu verstehen –

Und wer fühlt es so wie Sie, Sie Gottbegnadeter, Sie Undankbarer!

Und was brauchen Sie immerfort dumme Gänse retten zu wollen, die sich selbst retten sollen – oder der Teufel soll die Gänse holen, – er wird sie ganz bestimmt wieder zurückbringen (Sie brauchen sich nicht zu ärgern denn ich kenne Niemanden und weiß von Niemandem).»

Das Zauberschloß hatte wohl auch etwas Verhextes. Jedenfalls hielten die Dame und ihr Gast Séancen ab, Rilke nahm das sehr ernst, glaubte inmitten des von Kandelabern, Plüschtroddeln und Intarsienmöbeln überladenen Dekors an das Erscheinen der Gerufenen, so, als träten die Ahnen aus den Goldrahmen an den Wänden heraus. Wonach er aber eigentlich rief, das kam vorerst nicht: das erwartete Wort. Passend zum Ambiente liest sich recht märchenhaft, was die Fürstin dann in ihren Erinnerungen beschrieb; wie Rilke an einem mit trockenen Zahlen vollgestopften Geschäftsbrief herumlaborierte, einen steilen Felsweg unterhalb des Schlosses entlangwandernd: »Lauschend blieb er stehen. ›Was ist das?‹ flüsterte er halblaut ... ›was ist es, was kommt?‹ Er nahm sein Notizbuch, das er stets mit sich führte, und schrieb diese Worte nieder und gleich dazu noch einige Verse, die sich ohne sein Dazutun formten. Wer kam? ... Er wußte es jetzt: der Gott ... Sehr ruhig stieg er wieder in sein Zimmer hinauf, legte sein Notizbuch beiseite und erledigte den Geschäftsbrief. Am Abend aber war die ganze Elegie niedergeschrieben.«

Dazu gibt es einen endlich klärenden Bericht, eine wahre literarhistorische Trouvaille. Sie ist zu verdanken Ulrich von Bülow, dem Leiter der Handschriftenabteilung des Deutschen Literaturarchivs in Marbach. Bülow hat in einem erst kürzlich veröffentlichten präzise recherchierten Aufsatz dargelegt, um welchen »Geschäftsbrief« es sich wohl gehandelt haben muß: nämlich um eine lange und komplizierte Ausführung von Rilkes Prager Anwalt Dr. Josef Stark in Sachen Scheidung von Clara Rilke. Mit ihr hatte er in München auf ihren Wunsch hin diesen juristischen Schritt verabredet, auf dessen Weg aber Stolpersteine lagen, die sich alsbald als unüberwindlich herausstellten. Rilke war österreichischer Staatsbürger, hatte es stets abgelehnt, die deutsche Staatsangehörigkeit zu erwerben. Obwohl er 1901 in Bremen geheiratet hatte und seine Frau (vertreten durch den Bremer Anwalt Dr. Robert Voigt, Schwager von Rudolf Alexander Schröder und Mitgesellschafter des Insel Verlages) Deutsche war, mußte die Scheidung nach österreichischem Recht erfolgen; das aber war strenger als das deutsche, es schloß – war einer der Ehepartner katholisch – eine Scheidung praktisch aus. Zwar war Rilke kurz vor der Eheschließung aus der katholischen Kirche ausgetreten, das war aber in den Bremer Urkunden nicht vermerkt; vielleicht hatte Rilke mit Rücksicht auf seine Familie den Austritt verheimlicht.

Rilke traf am 21. Oktober 1911 in Duino ein. Bülow datiert den Eingang des entscheidenden Briefes, der die verfahrene, wenn nicht aussichtslose Situation detailliert erläutert, dort auf den 20. Januar 1912. Nach allen Berichten ist exakt dies – oder der 21. Januar – der Tag, an dem jene Anfangszeilen der ersten Duineser Elegie, »Wer, wenn ich schriee, hörte mich denn aus der Engel / Ordnungen?«, entstanden. Keineswegs soll damit ein bürokratischer Mäander der Juristerei in das poetische Labyrinth von Rilkes Werk hineingezeichnet werden. Aber, man darf anhand von Bülows Fund – die Ehe wurde wegen eben dieser unlösbaren Probleme also nie geschieden – konstatieren: Rainer Maria Rilke befand sich am Jahreswechsel 1911/1912 in einer tiefen existentiellen Krise.

Die Schilderung der Herrin von Duino mag sich etwas erhabenrauschend lesen, ihrem fürstlichen Kunstverständnis von Gottes Gnadenstrahl entsprechend. Doch ob das nun ein mit dem Weichzeichner retuschiertes Dichter-Bild ist oder nicht: es war die erste Duineser Elegie entstanden, genau am 21. Januar 1912, fast auf den Tag genau drei Monate nach Rilkes Ankunft auf Duino. Und fast auf den Tag genau zehn Jahre sollte es währen, bis die neun anderen folgten mit der handschriftlichen Widmung »Aus dem Besitz der Fürstin Marie von Thurn und Taxis-Hohenlohe«.

Wie das?

Nach frühsommerlicher Zwischenstation im venezianischen »Mezzanin«, dann München und im alten Pariser Atelier 17 rue Campagne-Première, das er schon 1908 von Mathilde Vollmoeller übernommen hatte, trifft er zu seiner Spanienreise am 1. November 1912 in Toledo ein; während der »sehr ernsten und oft kontinuierlichen«

Séancen habe eine »Unbekannte« auf Spanien, vornehmlich Toledo hingewiesen. Zuvor hat er mehrere tausend Kronen aus der Prager Erbschaft bezogen. Toledo überfällt ihn wie ein Rausch. Er steigt im »Hotel de Castilla« ab – »es gilt für das beste hier« – und ist von Beginn an gefangen von Natur und Kunst. Das ist eine wundersame Besonderheit Rilkes: er läßt sich von Natureindrücken derart durchdringen, daß man bei seinen Schilderungen wähnt, er sei der Wind und das Meer und der schrundige Fels: »Manchmal geh ich gegen Abend da drüben in den Felsen und Bergtrümmern herum, nur die tiefe schmale Flußschlucht zwischen mir und der wie ein Auferstehender (wie Lazarus aufersteht auf dem Rembrandt'schen Blatt) angeschienenen Stadt, drüben wo die Landschaft sofort ausbricht und wie ein Löwe ist ... geh dort auf und ab, wo Propheten gehen könnten.« Nur in Abschrift – daher eher vage auf Dezember 1912 datierbar – hat sich ein verschollener Brief Rilkes erhalten, auf den Helene von Nostitz in einer ebenfalls nicht exakt verifizierbaren Zeitschrift sich bezieht. Er ist Zeugnis der schier unfaßlichen Verzauberung, die Rilke durch Landschaft erfahren kann, ein biblisches Wunder:

»Und was auch dann kommt, – darin hab ich mich nicht geirrt, daß dies hier noch kommen mußte, seit Rußland geht mich nichts so an und wird mir so unmittelbar zum Zuwachs wie dieses faßt unbegreifliche Land oder doch eine Stelle darin, auf der es, wie ich's fühle, mehr vielleicht als überall sonst zu sich kommt. Toledo. Ich plante eigentlich, nur dorthin zugehen und den ganzen Winter in Ruhe und Anschauung dort zuwohnen. Kälte und Mißbehagen vertrieben mich nach vier Wochen, aber doch nicht zu früh, um mit dem ganzen Wesen von der Größe dieses so groß erwarteten Daseins überzeugt zu sein. Stellen Sie sich vor, daß da zwischen den Dingen dieser unbeschreiblichen Stadt etwa die Spannung besteht, die zwischen der Erscheinung herrscht und einem, dem etwas erscheint, ein sich gegenseitig Nichtglaubenkönnen, ein atemloses Voreinanderdastehn von Ding zu Ding; ein Erschrecken reißt die Türme in die Höhe – ein

Schrei macht die Tore zu dem, was sie sind –, ein Nachgeben hat die Brücken hinübergebogen, und das alles hat keine Möglichkeit, sich auszuruhen, denn es geht auf einem entsetzten Berg vor sich, um den, tief unten, der Fluß seine Schlinge wie würgend zugezogen hat; und die Brücken, die wie mit geschlossenen Augen jenseits ankommen und aufschauen, finden sich vor der reizendsten Natur, der Weg, den sie fügsam herübergebracht haben, verwildert sich vor ihnen und kehrt sich wider sie mit knirschenden Zähnen. – Ach, ich versuche nun seit Wochen, in dem und jenem Brief eine Spur Nachricht davon zu geben, aber es ist ungeheuer, über mein bißchen Ausdruck hinaus. Man möchte die Bibel aufschlagen und blättern, wo es steht, dort muß es vorkommen.«

Und mit derselben passiven Energie erfährt und begreift Rilke große Kunst, er wird ihr Teil, er ist der Litho-Stein, er ist der Marmor, er ist die Leinwand – so wird er förmlich geprägt und durchdrungen, ob von Leonardo, von Cézanne, von Munch; hier in Spanien ist es jener Domenikos Theotokopoulos, den die Spanier kurz El Greco (der Grieche) nennen – in jedem Wort leuchtet auf, wie ergriffen da einer ist, der von »Berufung« spricht, vom größten Ereignis seiner letzten zwei oder drei Jahre. Zurück in Paris –, wo er zuerst im Hotel Lutetia wohnt – summiert Rilke die letzten Wochen des Jahres 1912 als »schlecht«, eine kurze Aussicht auf Arbeit habe ihn im Stich gelassen: tatsächlich sind nur wenige Gedichte entstanden, noch weniger in Zeitschriften oder im Insel-Almanach erschienen. Die folgenden drei Jahre irrlichtert Rilke durch Europa; in einem Tempo, mit dem verglichen der berühmte Beginn »Reiten, reiten, reiten …« des *Cornet* beschaulich ist. Er ist auf der Flucht vor etwas, das er nicht benennen kann. Ein Abend mit André Gide in Paris, ein anderer mit Romain Rolland und Stefan Zweig im »Bœuf à la Mode«; ein Wiedersehen mit Rodin, der sich dem Ansinnen, Clara Westhoff möchte ihn porträtieren, entzieht; ein Sommermonat im Schwarzwald auf der Suche nach jener Ruhe, vor der er davongaloppiert; Straßburg,

Leipzig, Weimar, Berlin, Rostock, Heiligendamm – dazwischen zwar bewundernde, aber hastige Lektüre von Werfel-Gedichten, Übersetzungen eigener Gedichte ins Italienische von der Fürstin Thurn und Taxis, sogar an Kurt Tucholsky sendet er einen Text für dessen geplante Zeitschrift *Orion* (der Plan zerschlägt sich im Juni 1914). Mal ein Spaziergang mit Hugo von Hofmannsthal im Englischen Garten, mal Wiedersehen und gemeinsame Dresden-Reise mit Lou Andreas-Salomé, mal jene Erörterung der Scheidung auf Wunsch von Clara Rilke; da ist das Jahr 1913 schon fast verstrichen. Ende Februar verläßt Rilke Paris, er will eine neue Briefliebe – Magda von Hattingberg – persönlich kennenlernen. Die Hotel-Adressen, die gemieteten Wohnungen, eine Villa im Grunewald, Reisen mit Frau von Hattingberg nach Paris, Chantilly, Venedig, alleine weiter nach Assisi, Mailand, Paris: ein Taifun. Rilke schreibt zwar von der Mauer seiner Apathie; doch wirkt seine Herumraserei, wie von Furien gejagt, wenig apathisch. Sogar Literatur – manchmal die eigene – nimmt er in Häppchen zu sich: ein Vortrag von Gide über »Verlaine und Mallarmé«, die italienische Übertragung des *Cornet*, Geschenk seines Gedichts »Man muß sterben weil man sie kennt« an Lou, die er in Göttingen trifft, er wohnt in Gebhards Hotel; sogar als Festdichter ist er sich nicht zu schade. Für die im März 1915 (schließlich nicht zustandekommende) geplante Hochzeit von Sidie Nádherný mit dem Grafen Carlo Guicciardini schreibt er »Strophen einer Fest-Musik«. Fahrlässig im Doppelsinne des Wortes darf man diese Jahre nennen. Wobei die stete Verwunderung nicht ausbleibt: Wovon zahlt der Mann das alles? Rilke wohnt fast immer in Luxushotels, das Esplanade in Berlin, das Hassler in Rom, das Lutetia in Paris, später das Foyot am Jardin du Luxembourg – selbst in Göttingen mußte es das »erste Haus am Platze« sein, auch in Brügge zieht er das »Panier d'Or« vor, wie in Braunfels das »Schloßhotel«. Man hat das Gefühl, man liest einen Prospekt »The Leading Hotels of the World«: »Bellevue Palace«, Bern; »Baur au Lac«, Zürich; »Grand Hotel«, Locarno; »Hotel

Europe«, Venedig; wenn er nicht Wohnungen anmietet, manchmal bescheiden, meist großzügig wie die im Hôtel Biron. Er reist, wie sein besorgt-fürsorglicher Verleger moniert, erster Klasse. Kippenberg ermahnt ihn 1915, mit den monatlichen 800,– Mark doch bitte für sich und Clara auszukommen, er überweist auch regelmäßig Honorare, die Zeitschriften zahlen offenbar direkt an Rilke wie auch die Vortragsveranstalter. Aber all das verteilt sich in Tranchen, oft über Jahre – etwa die Gesamtauflage von 60 000 Exemplaren des *Stunden-Buchs* zwischen 1905 und 1926. Nun war Rilke – er hatte schließlich Rodins Geschäftskorrespondenz geführt – keineswegs ein Simpel in Gelddingen. Er fordert schon 1906 in einem Brief an Stefan Zweig für einen Vortrag in Wien 300 Mark – »wenn irgend möglich, zwei Abende« – oder versucht Jahre später, eine gut bezahlte Tournee zu arrangieren, die ihn nach St. Gallen, Bern, Schaffhausen, Basel und Genf führen soll. Das war gar nicht so selten. Im Februar 1906 bürdet er sich eine dreiwöchige Vortragsreise auf – Elberfeld, Bremen, Hamburg, zwei Mal Berlin, Wien. Die Quellenlage ist unübersichtlich, wenn nicht widersprüchlich. Liest man in einem Brief des Jahres 1903 Rilkes Suche nach einem ihm gemäßen Ort für den ganzen Winter bei Rom oder in der Toskana oder bei Neapel, »ich suche etwas Stilles und Einsames, ein Gefäß, darin ich mich sammeln kann« – dann fragt man sich durchaus: wovon? Um diese Zeit kam Rilke wiederum beim österreichischen Ministerium für Kultus und Unterricht um ein Stipendium ein, während er klagt: »Ich habe 11 oder 12 Bücher geschrieben und habe fast nichts dafür bekommen; nur 4 davon sind überhaupt bezahlt worden. Die übrigen Verleger (die Insel und auch Juncker zu. B.) haben meine Bücher genommen *ohne* zu zahlen. Die Monographie Worpswede's war ein Auftrag, der gut honoriert worden ist, – aber das Rodin-Buch, in dem ich monatelang gelebt habe, hat nur 150 Mark gebracht!«

Es gab offenbar eine weitere »Héritage de Vienne«, dieses Mal nicht von einer Kusine, sondern von deren Sohn Oswald von Kutschera; es muß sich um einen großen Betrag gehandelt haben, da Rilke sich ein Zinseinkommen von 30 000 tschechischen Kronen pro Jahr verspricht und von 7 Millionen (aber welcher Währung?) Erbschaftssteuern berichtet. Doch das alles war zu spät – genau zwölf Monate nach der erhofften »Einantwortung meiner Erbschaft« war Rilke tot. Aber all die Jahre davor?

Die beiden langen Rußlandreisen 1899 und 1900, einmal mit Lou Andreas-Salomé allein, einmal zu dritt mit ihrem Mann, mußten ja bezahlt werden. Sie waren ein tiefer Eindruck, vornehmlich die verehrte Gestalt Tolstois, aber auch auf Gorki war er neugierig, wenngleich er skeptisch blieb, ob westlicher Ruhm und »internationaler Sozialismus« ihn nicht verdorben hätten. Die Rußlandreisen waren Gottsuche wie die nach dem einfachen Leben jenseits der Zivilisation; es heißt, Rilke habe damals erwogen, russischsprachiger Schriftsteller zu werden.

Wie immer. Auch Gottsuche will bezahlt sein. Die Einnahmequellen waren eher Rinnsale, selbst wenn man gelegentliche mäzenatische Hilfen mit einbezieht wie die 2000 Mark, die ihm Karl von der Heydt Anfang Mai 1906 aussetzte. Für die 1. Auflage der Insel-Ausgabe des Rodin, 1000 Exemplare, zahlte Kippenberg 1000 Mark (1913), bot für weitere Auflagen in gleicher Höhe je 2000 Mark, im Mai 1919 konnte er seinem Autor mitteilen, daß er über ein erhebliches Guthaben verfüge dank des starken Absatzes seiner Bücher; im selben Jahr konnte Rilke frohlocken, es sei »ein großes Extra-Honorar der Insel eingetroffen«. Unsicher war und blieb die finanzielle Basis, die der Autor auch mit unübersichtlichen Tricks zu untermauern suchte; so ist im Dezember jenes Jahres von einer Gräfin Dobrženský die Rede, die ihm »ein System von Anleihen eingerichtet« habe, »rückzahlbar im Weiten«, er hoffe, er sei damit gerettet – »aber wenn nicht?«

Konkrete und überaus großzügige Hilfe kam 1914 von Unbekannt. Der österreichische Publizist Ludwig von Ficker, Herausgeber des »Brennerjahrbuchs«, teilt Rilke im September mit, ein anonym bleibender Spender habe ihm ein Legat von 20 000 Kronen ausgesetzt. Der glückliche Empfänger hat nie erfahren, um wen es sich gehandelt hat. Erst 1954 wurde enthüllt, daß es sich um Ludwig Wittgenstein gehandelt hat, der zu dem Zeitpunkt in Norwegen an seinem (erst 1922 erschienenen) »Tractatus logico-philosophicus« arbeitete. Der 25jährige hatte von seinem Vater ein beträchtliches Vermögen geerbt (das er später in toto seinen Geschwistern schenkte) und sich an von Ficker mit dem Vorschlag gewandt, er wolle 100 000 Kronen spenden, die der nach seinem Gutdünken »an würdige bedürftige Dichter und Künstler« verteilen möge, zunächst je 20 000 Kronen. Ficker empfahl Rilke und Georg Trakl, Wittgenstein stimmte sofort zu.

Das Geld jedoch zerrann. Gleich nach Eingang beschwört Verleger Kippenberg den in seinen Augen leichtsinnigen Autor, das Vermögen mündelsicher in Leipzig anzulegen, daß er sich darum kümmern werde – »trotz der Kriegszeiten« –, es so zu verwalten, daß »Ihnen nun für eine Reihe von Jahren hinaus alle Freiheit der Arbeit« gesichert sei. Rilke stimmt zu: »… im Grunde ist ja meiner Natur die Erscheinung eines solchen Schatzes nicht weniger befremdlich, als die Existenz des Einhorns – also: ich glaube.«

Rilke bittet lediglich um 3000 Kronen für seine persönlichen Bedürfnisse, 17 000 Kronen sollen fest angelegt werden. Der Kriegsgott will es anders. Offenbar war der Thesaurus weggeschmolzen, auch nicht ganz sicher vor dem Mündel namens Rilke angelegt worden. Jedenfalls geht im November 1915 ein enttäuschter wie vorwurfsvoller Brief an Kippenberg: »Übrigens hatten doch auch Sie (wie ich aus Ihren Briefen wieder lese) im vorigen Jahr, als das unvermutliche große Geschenk mir zufiel und Sie es zum größten Teile in Verwaltung nahmen, die bestimmte Intention, mir möglichst viel davon zu erhalten: so daß die Enttäuschung, es nun völlig in meinen Unterhalt aufgebraucht zu sehen, uns beide ungefähr gleich betrifft …«

Es ist ein Unglücksjahr. Neben dem Geld büßt Rainer Maria Rilke auch seine Freiheit ein. Im November 1915 wird er bei einer Musterung in Wien – der österreichische Staatsbürger ist Untertan der Donau-Monarchie – als tauglich zum Landsturmdienst mit der Waffe befunden und erhält einen Stellungsbefehl zum »uneingereihten Landsturmmann« per 4. Januar 1915 in Turnau; eine Nachmusterung beschränkt sich trotz Vorlage diverser Atteste auf die dreimal wiederholte Frage »Was fehlt Ihnen?« Starr vor Schreck setzt er ein gigantisches Karussell seiner Beziehungen in Gang mit dem nur einen Ziel – vom Militärdienst befreit zu werden. Voran die Fürstin und ihr Mann, aber auch Stefan Zweig, Romain Rolland, Karl Kraus – Interpellationen, Bittbriefe, ärztliche Gutachten, ein Hofrat wird in der gewiß beeindruckenden Begleitung des Fürsten Thurn und Taxis besucht, im Anschluß der Minister des Inneren, der mit dem Landesverteidigungsminister telefoniert. Turnau und das Gewehr über der Schulter bleiben ihm erspart. Der Militärdienst nicht. Am 4. Januar 1916 rückt Rilke in einer Wiener Kaserne zum Landwehr-Schützenregiment 1 ein, doch auch dort Felddienst mit Gewehr und Gepäck, im Gerangel der Kompetenzen geht selbst eine Intervention des persönlichen Adjutanten von Prinz Ludwig Ferdinand von Bayern unter. Karin Michaëlis hat die jammervolle Gestalt geschildert: »Seine Uniform war teilweise zu weit und teilweise zu eng. Sie unterstrich peinlich seine Scheu und Ungeschicklichkeit. Seine schlanken, aber roten und geschwollenen Hände baumelten ganz merkwürdig aus den kurzen Rockärmeln. Sein sonst so zerzaustes Haar war glatt zurückgebürstet. Seinem Körper entströmte der Geruch von Kaserne.«

Zu allem Unglück kommt die Nachricht, seine Pariser Wohnung sei sequestriert, Bücher und Möbel für 538 Francs verramscht worden, André Gide konnte die Koffer mit Manuskripten erst 1923 retten und in den Redaktionsräumen der von ihm herausgegebenen *Nouvelle Revue Française* unterstellen, wo Rilke sie 1925 in Empfang nimmt. So vornehm ist die Adresse nicht, unter deren Obhut sich Rilke begeben kann – er wird im Januar 1916 zum »Heldenfrisieren« abkommandiert, in jenes Kriegsarchiv, in dem bereits Stefan Zweig, Alfred Polgar und Franz Theodor Csokor damit beschäftigt sind, »Kriegsgeschichte à la minute« zu schreiben, österreichisch-gehübschte G'schichtchen aus dem Heldenleben. Nicht einmal das will ihm gelingen. So darf der Dichter des *Malte* und des *Stunden-Buchs* Bleistiftlinien auf Gagenbögen ziehen.

Der Krieg ist noch nicht zu Ende, da notiert kühl und trefflich wie immer – »Berlin. 12. November 1917« – Harry Graf Kessler in seinem Tagebuch: »Rilke las mir seine Elegieen vor, die beiden aus Duino, die über das Thema der Liebe, die aus dem Krieg. Alles etwas sentimental, etwas zu kultiviert und daher blos für Gebildete, aber im Grunde, unter dieser Oberfläche, grandios und grandios orchestriert. Wir sprachen wieder über den Krieg. Er weigert sich, diesen Krieg als ein Stück Natur anzusehen. Das Tier stecke in den Dingen drinnen wie ein Kopf von Rodin in einem Marmorblock; der Mensch habe sich aber aus den Dingen losgelöst, [...]«

Doch Krieg war damals noch ein Geschehen an den Fronten, nicht am Kurfürstendamm, nicht in Pasing und auch nicht in den Straßen Wiens. So begegnen wir verblüfft dem schlanken schmächtigen Herrn in einer gutgeschnittenen Uniform des Landwehr-Infanteristen auf Urlaub im Konzertsaal bei Schönbergs *Gurre-Liedern*, zu Besuch bei Hofmannsthal in Rodaun oder im Café Imperial, den Weihnachtsabend 1915 verbringt er im Palais der Fürstin, im Frühjahr darauf besucht er zu einer Karl-Kraus-Lesung den kleinen Konzerthaussaal, wenig später diniert er in einem Hotel u. a. mit Stefan Zweig, Oskar Kokoschka und Peter Altenberg. Im Juni 1916 scheidet Rilke aus dem Kriegsarchiv aus. Er wohnt im Hotel Imperial.

Das klingt bequem. Doch in Rilkes Innerem ging es kein bißchen pläsierlich zu. Er fühlte seine seelische Balance vernichtet, das Koordinatensystem seiner inneren Existenz zerbrochen. Ein Mann, gesättigt von europäischer Kultur wie kaum einer – und nun war Europas Kern, war die Erde Frankreichs und Deutschlands vollgesogen mit Blut. Es gilt, sich sehr klar zu verdeutlichen: seit 1871 hatte es in Zentraleuropa keinen Krieg mehr gegeben und selbst der – falls Kriege überhaupt gesittet sein können – war noch einigermaßen gesittet verlaufen, verglichen mit dem Inferno der Materialschlachten etwa bei Verdun, wo Hunderttausende gemetzelt wurden. Das war auf fürchterliche Weise neu, Menschenleiber zermalmende Tanks, Gasangriffe, Tage währendes Trommelfeuer, Maschinengewehre, die reihenweise Soldaten niedermähten, gar schon U-Boote und Flugzeuge. Nicht zufällig findet sich bis heute in jedem französischen Dorf – von der Bretagne bis zur Provence – ein Denkmal mit den Namen der so unendlich vielen im Dreck Verreckten (dieser Massenmord war ja im Zweiten Weltkrieg durch die rasche Kapitulation 1941 verhindert worden, weswegen man in Frankreich trotz aller trauernden Wut von »drôle de guerre« spricht).

Noch gab es nicht, wohl wahr, das Grauen des Zweiten Weltkriegs mit Millionenopfern von Zivilisten, ob in Coventry, Rotterdam, Leningrad oder Dresden. Doch die Skelettierung des Humanum war es – und warf die radikale Frage auf: Wenn der Mensch dazu fähig ist, war dann alles leicht abplatzender Lack? Bach oder Flaubert, Riemenschneider, Chartre, Tizian – und Rainer Maria Rilke? Wo war der Ort des Menschen? Zu welchem Menschen hatte man gesprochen in Bild, Stein, Ton, Gedicht? Gewiß, es gab Versuche, die Fratze der Barbarei nachzuzeichnen, es entstanden die Romane von Henri Barbusse, Remarque, Arnold Zweig, Ludwig Renn, die Elendskonterfeis der Kriegskrüppelbilder eines George Grosz, die »Nie wieder Krieg«-Pamphlete großer Publizisten. Rilke schwieg.

Schwieg er? Nimmt man seine viele Bände füllende Korrespondenz als genuinen Teil von Rilkes Werk, dann darf konstatiert werden: Es irrt, wer in dem Dichter nur einen verzärtelt von Engeln, Gott und der Liebe singenden Versmacher sieht. Es gibt durchaus explizite Erwägungen bei ihm, im Ton wütender Intervention, als seien sie für die *Weltbühne* oder die *Rote Fahne* geschrieben. Daß er den Krieg – obwohl auch er ihn zu Beginn mit fünf dubiosen »Gesängen« grüßte – als »Welt-Unheil« sah, als einen »sinnlos offenen Abgrund«, soll uns nicht erstaunen; daß er ihn als Produkt der Profiteure und Geldmacher sah, schon eher; daß er aber schon 1919 sich angeekelt von Deutschland abwandte, ist festzuhalten: »Deutschland möchte ich soviel als möglich vermeiden: das krampfhafte Auf- und Ab- seiner Zustände giebt für nichts Gewähr, es hat sich auch viel zu wenig zu seinen enormen Fehlern bekannt, als daß man sich auf seine neue Ehrlichkeit verlassen dürfte!« Er sieht deutlich die Politik der Kaiserzeit fortgesetzt, die er schon während der Herrschaft Kaiser Wilhelms zutiefst verabscheute: »Berlin macht nicht den Eindruck, als ob da jemand vorbereitet sei oder Lust habe, sich zu ändern. Drei Jahre Entsetzen. *Was* muß diesen Menschen noch zugesetzt werden, damit sie zu einer reineren Besinnung kommen? Ich fürchte, alles geht weiter, man will es so, man weiß es nicht besser.« Zwar verargt er sich, allzu »käuzchenschreiig« zu sein, wenn er fürchtet, »überall wirds schwarz«, aber er sieht die Gegen-Reaktion sich aufreckend gegen eine zum willkommenen Popanz aufgebauschte Gefahr: »Das, was Bolschewism heißt, ist ja nicht so zu fürchten, der Name hat nie etwas genau Vorstellbares bezeichnet und was sich so langsam unter seinem Schutz herausgefördert hat, kann das und dies sein, auch Gutes, auch Günstiges und die Spannung zu einer Zukunft ist darin mehr, als sie in jedem Rückfall zu den abgethanen Formen wäre –«

Sein Haß gegen die abgetanen Formen ist ein ungewöhnlich haßerfüllter Anti-Wilhelminismus, den er durchaus als Militarismus erkennt, noch weit in die zwanziger Jahre hinein, die er als »Nach-Krieg« bezeichnet, in dem »die nächsten, die kommenden, die vielleicht dicht bevorstehenden Kriege eröffnet« werden. Rilke datiert selbst die Ermordung des ihm befreundeten Walther

Rathenau – »Berlin ist mir noch entsetzlicher und odioser geworden« – zurück auf den Ungeist Kaiser Wilhelms, den er ermordet sehen wollte, »dieser aufgeputzte kaiserliche Popanz [...], er und die Millionen, denen seine geile Großthuerei gefiel«. Es ist wichtig, sich klarzumachen, mit welch konsterniertem Abscheu sich Rilke von Deutschland abwendet – »es giebt nichts, wozu ich in leidenschaftlicherem Gegensatz stände, als dieses Reich« –, dem er innere Unwahrhaftigkeit bescheinigt und von dem er bereits 1923 künftige Gefahr ausgehen sieht.

Schon im November 1918 geht ein Ekel-Schreiben an den Münchner Psychiater Dr. Erich Katzenstein: »Von mir kann ich in diesem Augenblick nur soviel versichern: dass unter den Gründen, die mich in meiner Jugend ausser Landes getrieben haben, nicht der geringste der war, dass ich in einem militaristisch gezwungenen Volke, in einem Volke, das sein unfertiges Gesicht hinter die verzerrte Machtmaske hielt, die ihm vorgebunden war, meine Zukunft nicht meinte frei und weltlich beginnen zu können. Aus meinen wunderbaren Lehrjahren in freieren Ländern (zu denen ich in einem göttlichen Sinne auch Rußland zähle), hab ich manchmal mit inniger Sorge nach dem aufbegehrlichen Gebahren Deutschlands herübergesehen.«

Ein Brief an die Freundin Nanny Wunderly-Volkart liest sich in seinem angewiderten Furor wie reiner Tucholsky; einer der Könige deutscher Sprachkunst will nicht, daß deren Sprache die seine ist: »Aber welche Widerwärtigkeit, diese deutsche Regierung, in ihrem Aufhetzen und Anstiften und ihrer wiederum ›ehrlichen‹ und doch so unwahren Wuth. Und dazu die Fahnen auf Halbmast, die nichts anderes sind, als (immer noch) auf Halbmast herabgelockerte, von Wilhelm II abgelegte Paradehosen. [...] Ach, Chère, wie *wie* hasse ich dieses Volk [...] welches *Un*-Wesen! Niemand wird je behaupten können, daß ich *seine* Sprache schreibe! – Kein Volk, kein Volk! Eine zu jedem Auftrieb des Großthuns brauchbare Masse; gleichgültig gegen *jede* Idee, aber stolz darauf, so viele Ideen ›getrieben‹ zu haben. Nichts verwendend, aber alles *aus*nutzend. [...] Kein Volk, kein Staat: ein Bündnis schlimmer Instinkte [...] alles ist da, aber nicht aus dem Boden mehr aufwachsend, wie von oben in das Trübe der Herz- und Gesinnungslosigkeit hineingehängt, wie ein Thee-Ei in einem Aufguß, der schwärzer und schwärzer wird davon.«

In die Lesebücher damit! Es sollte dort nicht nur das schwer Entzifferbare, der Hohe Ton, das Gestelzte und gar nicht so selten Manierierte dem Aufseufzen literarisch Beflissener dargeboten werden; auch diese reine Flamme seiner Empörung über deutsches Unwesen ist Teil der Persönlichkeit eines Rainer Maria Rilke.

Preziös war er gewiß. Ausgerechnet bei der Frau, an die er dieses leuchtend politische Fanal richtete, bedankt er sich wenig später für »wunderbare Kameelhaarsocken«, simple Strümpfe besingend als »den Fuß adoptierend«, zu dessen Form sie sich »entschließen«. Mit seiner Dichtung mochte er den Publikums-Schimmel nicht reiten, doch die Briefe traben gar neckisch aufgezäumt mit allerlei Glöckchen und dem Federbusch der Zierlichkeit ihren Empfängern entgegen; da ist eine Freundlichkeit der Fürstin Thurn und Taxis »bergische Vollkommenheit« und »ich bin die Raupe im Cocon«; da ist Rodin ein mit »tastenden Augen thronender östlicher Gott mit dem Lächeln einer Frau und mit eines Kindes greifender Gebärde«; da hat ein Brief seiner Frau Clara – fast allen seinen Korrespondenzpartnern bestätigt er einen »guten Brief« – »mir unendlich hülfreich und hell geleuchtet mit stillem Licht«; die Wirkung eines Konzerts wird beschrieben mit »den Landschaften vor der hinaufgehobenen Seele« und »eine männliche Milde« gibt »ein Bett der Empfindung«, die Stimme des Sängers ließ »jede Wendung aus der Tiefe ihrer eigenen Bestimmtheit« hervortreten. So geht es über Hunderte und Aberhunderte von Seiten, die Tinte duftet nach Veilchenparfüm und der Schreiber scheint Handschuhe zu tragen. Das gilt sogar für sein betulich koloriertes Äußeres. Wenn er schon 1918 Hans Bodmer wissen läßt, er habe sich seit acht Jahren keinem Photographen mehr überlassen und alles, was an Bildern verbreitet worden sei, »ist gegen meinen Willen unter die Leute gekommen« – heißt das ja im Klartext, daß er Photographen zu dirigieren wußte und penibel darauf achtete, was »unter die Leute« kommen durfte. Tatsächlich gibt es die widersprüchlichsten Zeugnisse darüber, wie Rilke – der gelegentlich Vollbart trug, »ein nicht unsympathischer schottischer Terrier« – überhaupt aussah. Harry Graf Kessler hält in seinem Tagebuch nach einem Besuch im Hôtel Biron fest: »Ein sehr merkwürdiges Profil: die lange schräge Stirn, die lange schräge Nase, fast eine Linie mit der Stirn, beide zusammen vorspringend wie ein Schnabel, und dann fast im Gegensatz zu dieser Schärfe die schweren dicken Lippen, die schweren Augenlider.«

Stefan Zweig zeichnet ihn etwas ungnädig: »Sein Gesicht ist nirgends bedeutsam, die Nase verquollen, kartofflig, die Augen flach und klar, der Mund sinnlich gewölbt, nur die Hände sehr zart.«

Und Rudolf Kassner gibt ein wieder anderes Porträt: »Rilkes Gesicht hörte im Mund auf, mündete im Mund, ward hier Mündung. Nach oder unter einem solchen Mund gibt es kein Kinn mehr, das in Betracht käme. Dieser große Mund, der da war, damit die Worte in einem Großen, Größeren, Allgemeinen mündeten, hatte etwas Krankes, Totes.«

Es war der Nachruf von Franz Blei, der so manche Zeitgenossen erzürnte, als sie ihn am 7. Januar 1927 in der *Literarischen Welt* lasen: »Der knabenhaft schmale, zerbrechlich schwache Leib des Dichters, dem nun der Tod die von Jugend auf allzu schwere Bürde des physischen Lebens abnahm, trug ein Haupt, dem der mongolisch hängende Schnurrbart vergeblich eine Männlichkeit zu geben suchte. [...] Die Problematik Rilkes war ganz Interieur immer geblieben, er schaute mit seinen großen blassen Augen in die Landschaft aus dem einzigen Fenster eines Zimmers, in dem es ganz leise nach Kranksein roch und aus dem er sich in ein bukolisches Idyll sehnte [...] Kein Lächeln in Rilkes Gesicht löscht die geschnittene Falte aus, welche scharf von den Nasenflügeln zu den Mundwinkeln zog. [...] Auch nach dem immer erwarteten frommen Gott nur Heimweh, so sehr er seine zarten, doch geschickten, oft nur geschickten Hände auch abmühte, fromme Bildnisse nach ihm zu formen [...] Aber man darf diese lose Komposition des Brigge nicht zu fest anfassen, sonst zerfällt sie in Stücke, zerrinnt in den Nebel, aus dem sie geschaffen scheint. So auch den Dichter selber, der sich wie ein Klausner ein Leben lang mühte, sich die Kontur zu geben und dem nur die Sehnsucht danach die Hand führte, nicht die Kräfte selber, welche sind: der wahre Glaube oder der Leidenschaft gewordene Gedanke. Und den das Übermaß von Musikalität schwächte, das ihm, wie seiner Zeit, eignete. So war ja auch der musikalisch weiche Rodin sein Plastiker, dem der Marmor in Schaum zerrann, in Stimmung, in Andeutung.«

Vielleicht hatte am ehesten André Gide recht mit seiner Bemerkung, er kenne kein Porträt Rilkes, das ihn nicht verfälschte. Indes der Mensch, der ihm wohl am nächsten stand, Lou Andreas-Salomé, in ihrem *Lebensrückblick* durchaus die Selbstinszenierung des einstigen Geliebten festhielt, wenn sie von »unantastbar zarter Herrenhaftigkeit« und »männlicher Anmut« schwärmt, sich gar erinnert, wie der mit Rilke befreundete Ernst von Wolzogen ihn einmal brieflich anredete mit »Reiner Rainer, fleckenlose Maria«.

Nun ist es wohl eine Banalität festzustellen, daß jeder Mensch ein Wesen voller Widersprüche ist, daß Künstler gemeinhin extrem widersprüchlich sind. Rilke war ein ganzer Kosmos der Widersprüche.

Er ging einmal die Woche zum »Coiffeur«, suchte umständlich nach besonderem Schreibpapier, fahndete mit Hilfe seiner Lasso-Briefe nach bestimmten Anzugknöpfen, Parfums und Gamaschen. Und suchte das einfache Leben. Keineswegs ist es Schauspielerei, wenn er in Rußland mit brennenden Kerzen in den Händen die Gänge eines Klosters durchschritt, Katakomben besuchte, ergriffen das betende Volk sah und bei einer Wolgafahrt mit dem Dampfschiff »Alexander Newsky« sich vom Gleiten ins Licht hinein tragen ließ. Der Moosbeerenzweig, den er sich ins Notizbuch legt, ist keine falsche Demut. Rainer Maria Rilke ist beides. Der Mann des Salons, der Galerien und, ja, auch des Literaturbetriebs, den er voller Verachtung durchaus emsig zu bedienen weiß – und der unstet Ruhebedürftige: ein Haus, einen Garten, Stille, Einsamkeit, Gleichmäßigkeit ersehnt er.

So sehen wir ihn die Jahre nach dem Krieg, er wird nie mehr in Deutschland seßhaft – ein angeschmiedeter Pegasus, ein schwarzer Riesenvogel aus uralten Sagen, von Schloßturm zu Burgzinne schwebend, hinter sich die endlos schleppende Fessel sehnsüchtiger Träume: das Werk.

Seit Mai 1920 hat er einen gültigen tschechoslowakischen Paß, der allerdings nur für die Schweiz ausgestellt ist; viele Verwicklungen, Visa-Probleme, Kämpfe um die Verlängerung der Aufenthaltsgenehmigungen sind bezeugt wie auch die Valuta-Komplikationen der anschwellenden Inflation. In Berlin gab es bis 1923 Brotkarten, sie wurden abgeschafft, weil die Kosten für das Papier und den Druck zu hoch wurden – Ausschreitungen, Plünderungen, sich prügelnde Schlangen hungernder Menschen waren die Folge, 14 tschechische Kronen für einen Theaterplatz kosteten Milliarden Reichsmark; Honorare – die routinemäßig erst nach Wochen eingingen – waren beim Eintreffen nichts mehr wert.

Dabei ist – Stichwort tschechoslowakischer Paß – ein Irrtum aufzuklären, der sich beharrlich durch die Literatur über Rilke zieht. Vorab ist Klarheit zu schaffen darüber, wie tief die Heimat Prag in ihm eingeschrieben war. »... zwei Tage in Prag und die sind immer verschluckt von dem großen stummen Fisch, in dem die Kindheit war ...«, schreibt er an Jenny Oltersdorf. Zehn Jahre später, Juni 1921, bekennt er: »Ich habe die Gründung der neuen Tschechoslowakei mit Freude begrüßt [...] Und Prag – das Wunder! – nein, ich habe es nie genug gerühmt; aber es war immer mein Wunsch, daß einmal der Druck meiner Kindheit von jener heimlichen und erhabenen Stadtgestalt rein abgehört und gleichsam in mir aufgebraucht sein möchte, damit ich fähig sei, ihre Erscheinung so empfangend und anschauend, so gehorsam wahrzunehmen, wie ich Moskau oder Toledo oder Paris – das unvergleichliche – in mir aufnehmen und aushalten durfte.«

Doch das Gerücht, er habe sich willentlich und wissentlich zum PEN-Kongreß 1925 in Paris nicht als deutscher, sondern als tschechischer Schriftsteller eintragen lassen, hält einer Überprüfung nicht stand. Seinen befremdet-irritiert anfragenden Verleger kann Rilke am 26. Mai 1925 aus dem Hotel Foyot in Paris beruhigen, er habe die Einladung zu Bankett wie Kongreßteilnahme sofort »refüsiert«, seinem »Geschmack« getreu, offiziellen Ehrungen und Zusammenkünften fernzubleiben. Die deutsche Zeitungsnotiz »Delegierter wird ferner Rainer Maria Rilke sein, und zwar, was allgemein überraschen muß, für die Tschechei«, entbehrte also jeder Grundlage. Dieser Briefwechsel mit Anton Kippenberg enthält allerdings eine besondere Pointe. Der Verleger hatte nämlich seiner Besorgnis, daß dies eine »schwer zu heilende verlegerisch-geschäftliche Schädigung« mit sich bringen würde, eine ziemlich deutsch-national klingende Verwarnung angefügt: »[...] dass Sie dabei als deutscher Dichter ein Land vertreten sollten, dessen Regierung unsere Volksgenossen auf das brutalste ihrer elementarsten Rechte systematisch beraubt.«

Dem nun erteilt Rilke eine für seine gewohnte Höflichkeit herbe Abweisung, wenn nicht Zurechtweisung: »Im Übrigen, ohne jedes Recht, sie je zu vertreten, habe ich gegen die Tschechoslovakei nichts einzuwenden, und wenn man mich, dem Ursprung nach, dorthin rangiert, so verhalt ich mich still und höflich dieser Thatsache gegenüber, die ja immerhin an dem Kompositen meines Wesens ihren Antheil haben mag.« In Paris jedoch ist Rilke nur besuchsweise; in diesem späten Jahr zum letzten Mal.

Denn das Schöne ist nichts als des Schrecklichen Anfang – die ›Duineser Elegien‹

Rilke lebt nun in der Schweiz, immer auf den Herrschaftssitzen seiner Mäzene oder adligen Bewunderinnen. Eine oft als Hauslehrer-Dasein empfundene Existenz, aus der er sich zu lösen sucht durch kleine Reisen – Locarno oder Genf, Basel oder Zürich, immer in den bevorzugten erstklassigen Hotels. »Taormina, San Domenico Palace Hotel« lautet im April 1921 der Absender. Die große Produktion stoppt, seine tiefe Verstörung durch den Krieg hält an, nur Gelegentliches erscheint. Insofern eben sind die Briefe, oft 15 und mehr Seiten lang, manchmal siebzehn an einem Tag, ähnlich Thomas Manns so exquisit-peniblen Tagebüchern, dringlich zu verstehen als eine andere, aber gleichberechtigte Dimension von Rilkes Literatur; »die Briefliste ist eröffnet, heute waren's siebzehn Briefseiten, es wird immerhin eine Weile dauern, bis das Oberste weggeschrieben ist«, notiert er gleich nach Ankunft auf Schloß Berg am Irchel, das ihm der Besitzer Oberst Richard Ziegler zur Verfügung gestellt hat und wo er von November 1920 bis Mai 1921 lebt.

Seine Briefe sind quälerische Innenschau, so, als lege sich da einer selber unter den Röntgenapparat; zumal auch die körperlichen Malaisen aufs Sorgsamste inspiziert werden:

»... c'est une maladie des muscles plutôt chez moi, et puis, maintenant, à force d'une certaine agitation spirituelle et voulant déménager complètement dans ma tête, je retire tout mon sang aux oranges de la digestion, et les voilà qui se plaignent amèrement! Ich bin so lange nicht gelassen im Geiste gewesen, gleichmäßig wohnend und beharrend in seinem stillen Bereich, daß ich die Übersiedelung dorthin mit einer Art Hast und Übertreibung vollziehe, die natürlich Umstürze über den ganzen Organismus bringt. Kennen Sie diese: Kaffee-Kocher, die man umstürzt auf dem Feuer, wenn das Wasser hinaufgedunstet ist?, – so etwa geh ich jetzt mit mir um –, ich müßt'es klüger und beherrschter thun; doch der Wechsel bewegt mich zu sehr und die Ungeduld, zu etwas wirklicher Arbeit zu kommen, hat ihr eigenes Ungestüm, wider das ich nicht aufkomme.«

Die Briefe sind aber auch Notsignale, ausgeworfene Halteseile eines Losgerissenen, der sich selber nicht mehr zu orten weiß. Der Ich-kranke Rilke kann sich diagnostizieren, therapieren kann er sich nicht; »ich bin wie eine leere Stelle, ich bin nicht, ich bin nicht einmal identisch mit meiner Noth, die ich mir bis zu einem gewissen Grad legitimieren kann«. Es sind Schreie mit Asche im Mund, Mischung aus Gebet und Selbstgespräch in endloser Wiederholung, der Empfänger meist nicht mehr als ein akustischer Spiegel (daher sehr viele Briefe textidentisch und austauschbar sind). Ein Kulturmönch, der seine Klosterpforte aber doch gelegentlich einem Stück Welt öffnet, einer durch den Rosengarten huschenden Nonne.

In diese Zeit fällt seine Beziehung zu »Merline«, wie Rilke seine Geliebte taufte, Madame Klossowska. Die 1886 in Breslau als Tochter eines Kantors der jüdischen Gemeinde Geborene, Schwester des Malers Eugen Spiro, war verheiratet mit dem Kunsthistoriker und Maler Erich Klossowski. Sie lebte mit ihm 1903–1914 in Paris, 1914–1917 in Berlin und nach der Trennung in Genf, wo Rilke sie 1919 kennenlernte. Eine – nach allem, was man weiß – warmherzige wie lebenskluge Frau, die sich mit energischer Sorgfalt der Erziehung ihrer beiden Söhne Pierre und Balthasar widmete. Das ist erwähnenswert, als der 1905 in Paris Erstgeborene sich als Schriftsteller und Zeichner einen gewissen Namen machte – noch im Frühjahr 2007 widmete dem 2001 Gestorbenen das Kölner Museum Ludwig eine Ausstellung. In den sechziger Jahren wurde er bei Rowohlt mit einigen recht wirren, spät-surrealistischen Romanen verlegt, deren De-Sade-Nachfolge Ledig-Rowohlt verführt hatte. Bei unseren Begegnungen in Paris und Reinbek wurde Pierre Klossowski nicht müde, darauf hinzuweisen, daß er ein illegitimer Sohn Rilkes sei – der die Mutter allerdings im Jahre 1905 überhaupt nicht kannte. Den zweiten Sohn, 1908 ebenfalls in Paris geboren, der sich gerne auch Balthazar Klossowski Comte de Rola nannte, kennen wir besser: es ist der weltberühmte Maler Balthus, dessen Bilder Millionen kosten und zum stolzen Bestand jedes Museums der Moderne gehören; hängen sie nicht bei Potentaten, Fürsten und Tycoons.

Hier kommt Rilke ins Spiel. Es ist abermals ein Zeichen seiner schier unbegreiflichen Talentwitterung, daß der mittlerweile Mittvierziger untrüglich und sofort die überragende Begabung des Knaben erkannte und förderte. Für die erste Bilderfolge des Elfjährigen, Tuschzeichnungen einer entlaufenen Katze (Katzenbilder wurden dann ein Markenartikel von Balthus), verfaßte Rilke im November 1920 seinen ersten französischen Prosatext, der 1921 dann als ›Préface‹ zu dem Band *Mitsou. Quarante Images par Balthusz* im Rotapfel-Verlag Erlenbach-Zürich und Leipzig erschien. Rilke verwandte sich auch bei Gide, um Stipendien und Aufenthalte in Paris für beide Klossowski-Söhne zu erwirken.

Mit »Mouky«, ein anderer Kosename für Madame Klossowska, verband ihn eine enge Beziehung – zu eng, wie er bald bedrängt empfand. Selbstverständlich war ohnehin, daß sie bei Besuchen im Alkoven schlafen mußte, Rilkes Zimmer durften offensichtlich nur nach einem strengen Reglement betreten werden. Zu jeglicher Hilfe war er bereit, bot für seine Geliebte »einen schönen Delacroix, Ölbildchen Löwe und Löwin« aus ihrem Besitz zum Verkauf an. Sich bot er nicht an. Die Passagen aus seinem *Testament*, Paraphrasen seines Ur-Themas »loslassen, loslassen«, kennen wir bereits; sie galten Elisabeth Dorothee Klossowska. Das Wort »Mönch« benutzt ihre Vorgängerin Claire Goll, wenn sie im nachhinein Rilke kennzeichnet: »Er, der die äußere Freiheit des Dichters verlangt, duldet nicht, daß eine Frau sein Schicksal wird. Er zieht die Frauen an und lehnt sie zugleich ab. Die beschwörendste Einladung enthält schon Abwehr, denn es war in ihm ebenso viel vom Mönch wie vom Verführer.« Er hatte sie in den Tagen der Münchner Räterepublik kennengelernt, am 25. November 1918, da wohnte Claire Studer im Regina Palast Hotel am Maximiliansplatz, dann bei Alfred Wolfenstein und seiner Frau Henriette Hardenberg, »und dann bei Rilke«. Sie war 1890 in Nürnberg als Clara Aischmann geboren, hatte bei Franz Pfemfert im Aktionsverlag und in dessen Zeitschrift *Die Aktion* publiziert, teilweise vehement pazifistische Veröffentlichungen, derentwegen sie Repressalien befürchtete und 1917 nach Genf übersiedelte, kurz nach der Scheidung von dem Schweizer Verleger Heinrich Studer, den sie 1911 in München geheiratet hatte. In Genf lebte auch ihre Tochter, das Sorgerecht war ihr von der Familie Studer entzogen worden. In der Schweiz fand sie rasch Anschluß an den Kreis pazifistischer Schriftsteller – René Schickele, Stefan Zweig, Carl Sternheim, Franz Werfel, auch Henri Barbusse, Romain Rolland. Und den 1891 geborenen Dichter Isaac Lang, der sich Iwan Goll nannte; später Yvan Goll. Mit ihm lebte sie in Ascona und Zürich zusammen, als sie in München Rilke traf, dem sie im Sommer 1918 ihren ersten Gedichtband *Mitwelt* geschickt hatte. Sie hat sich kurz nach seinem Tod in einem Aufsatz für die Pariser Zeitschrift *Les Nouvelles Littéraires* an diese Begegnung erinnert:

»Rilke bewohnte ein großes Atelier, dessen riesiges Fenster auf den Glockenturm einer Kirche hinausging: auch hier war der Dichter ein Nachbar Gottes … Als ich das Zimmer betrat, stand Rilke schreibend an einem hohen Pult, das viel eher für einen Archivar bestimmt schien, als für einen Dichter … Kein einziges Bild hing an der Wand. Wenige Möbel und Truhen waren da, wie in der Zelle eines Einsiedlers. Aber aus einer Biedermeiervitrine äugten mich Tiere aus böhmischem Glas an, und in ihrem Blick wob die Legende.

Rilke war ganz schmal, fast körperlos. Von fern hätte man ihn für einen Kadetten in Zivil halten mögen, aber je näher er kam, desto größer wurde seine Stirn, und in zwei von unirdischem Glanz erfüllten Augen zuckte der Strahl der Genialität. Mir wurde es bange vor diesem Erzengel im Jackett. Aber das leise Lächeln seiner vollen und sinnlichen Lippen milderte meine große Erschütterung.«

Die Erschütterung währte genau drei Wochen. Er schickte ihr Orchideen, sein bereits 1913 entstandenes Gedicht *Die Geschwister* (!) und Billette, in denen er seine »Liliane«, wie er sie gleich nannte, für »morgen von 1/2 12 an« zum Mittagessen bat. Clara-Claire-Liliane kehrt zurück zu Goll, mit dem sie 1919 nach Paris zieht und den sie 1921 heiratet. Von nun an ist das Band eng, das Rilke und Claire Goll verbindet, Gedichte und – von Pausen unterbrochen – Briefe gehen hin und her; die fünfzehn Jahre Jüngere ist Vertraute und mütterliche Freundin, gelegentlich wohl auch mehr. Will man Claire Goll und ihren Erinnerungen Glauben schenken, entwickelte sich eine Ménage à trois bei vollem Einverständnis beider Männer; es habe gar ein – ungeborenes – Kind gegeben ohne geklärte Vaterschaft. Doch ist Claire Golls auch in vielen anderen Literatur-Intrigen »bewährte« Unzuverlässigkeit geradezu aktenkundig. So darf man auch ihre poetisierende Auskunft, Rilke sei an der Vergiftung durch einen Rosendorn gestorben, nur voller Argwohn annehmen. Die Ärzte wußten es anders.

Rosen allerdings umrankte Rilke zeitlebens mit einer wahren Rosen-Philosophie. Er nannte sie in einem französischen Gedicht »fête à un fruit perdu« zur Verwunderung von Lou Andreas-Salomé, die diese Formulierung in seinem Buch *Vergers* ablehnte; übrigens offenbar überlas, daß *verge* auf deutsch Rute, Schwanz bedeutet. Er besuchte extra eine Pariser Rosenausstellung und erinnerte in einem Brief an die Gräfin Sizzo daran, daß die beigelegten zwei Rosenblätter von einer seltenen wilden Rose stammten, die die Blüte der Antike und Persiens war »in den Farben der entfachten, freudigen, rein gespeisten Flamme«. Er fragte mal »Lieben Sie Rosen?« oder ermahnte ein Dienstmädchen, sich während seiner Abwesenheit besonders der Rosen anzunehmen. Er erließ schon beim Herrn Oberst auf Schloß Berg am Irchel vielerlei Ordres, wie die Ziersträucher versetzt werden dürfen, um Platz für Rosen zu gewinnen, ob an einem Balkon Kletterrosen emporranken dürfen.

In Rilkes Gefühlshaushalt ist die Rose aber nicht lediglich eine Blume. Sie ist Metapher: für das Unheimliche der Schönheit. Für Tod. Das entscheidende Signal der Unwiederbringlichkeit findet sich in jener Rosen-Sequenz des *Cornet:* »Da streift der Marquis den großen rechten Handschuh ab. Er holt die kleine Rose hervor, nimmt ihr ein Blatt. Als ob man eine Hostie bricht. Das wird Euch beschirmen. Lebt wohl.« Einer jungen Dame rügt er den mangelnden »Raum«, den sie einer Rose im Gedicht zubilligt; gemeint ist gewiß, daß sie das Botanische nicht hin zum Metaphorischen überschreitet. Rilkes Lyrik umkreist in immer neuen Wendungen das Rosen-Rätsel, im *Stunden-Buch* wächst sie am Rande des Weges zu Gott, zu dem wir »wollen wie zu jener Rose, die alle tausend Jahre einmal blüht«, und in den *Sonetten an Orpheus* gemahnt sie statt eines Gedenksteins:

Errichtet keinen Denkstein. Laßt die Rose
nur jedes Jahr zu seinen Gunsten blühn.
Denn Orpheus ists. Seine Metamorphose
in dem und dem. Wir sollen uns nicht mühn

Man kann so manch Nachfahren in der deutschen Literatur finden, der den von Rilke durchschrittenen Spannungsbogen Rose – Tod noch einmal für das eigene Gedicht nutzte. Gottfried Benn – er sandte 1925 seinen Band *Spaltung. Neue Gedichte* dem großen Kollegen »Herrn Rainer Maria Rilke, dem unerreichbaren deutschen Meister in Ehrfurcht« – Gottfried Benn also weiß:

Schließlich im Grenzenlosen
eint sich Wahrheit und Wahn,
wie in der Asche der Rosen
schlummert der Kiesel, Titan …

Und von Paul Celan kennt man aus einem Notizbuch des Jahres 1943, das er mit vielen anderen Unterlagen in Bukarest bei seiner Flucht nach Wien zurückließ, die sich deutlich auf Rilke beziehenden Verse, auf wilde Rosen gemünzt: »Hörst du: Ich rede zu dir, wenn schwül sie das Sterben vermehren. / Schweigsam entwerf ich mir Tod.«

Rilke züchtete Rosen, er verschenkte Rosen, er schnitt sich Rosen für den Schreibtisch oder die abendliche Tafel. Seine Sekretärin hat uns ein liebenswertes Bild vom »Gärtner« Rilke aufbewahrt: »Wir arbeiteten bei schönem Wetter im Garten, Rilkes geliebtem Garten, in dem Teil, in dem nur Rosen wuchsen, und dazu kam in der Mitte ein Rebenbogengang. Diesen Garten mit seinen Rosen liebte der Dichter innig. Jede einzelne Blüte verfolgte er vom Aufblühen bis zum Abfallen. Dieser Rosengarten gab ihm die Eingebung für seine Rosengedichte. […] Die Rosen liebte Rilke so sehr, dass er selten eine Blüte abschnitt. Einmal erzählte er, es sei im Dorf eine Hochzeit ohne Blumen gewesen. Da habe er alle Rosen in seinem Garten abgeschnitten und in einem Korb an das Brautpaar geschickt. […] Wenn ich am Morgen zur Arbeit erschien, war die Gartentüre noch verschlossen, und meist kam Rilke mit einer weissen Haube auf dem Kopf, andächtig ein schlankes Väschen mit Blumen tragend, vom Garten her zum Haus. Hatte er seine Haube entfernt, dann kam er zurück, um lächelnd das Tor zu öffnen.«

Rosengarten? Rebenbogengang? Gartentür zum Haus? Wo also sind wir?

Seit Juli 1921 bewohnt Rilke das »Château Muzot« (Muzotte ausgesprochen) im Schweizer Kanton Wallis. Der über viele Wipfel schweifende Adler hat sein endgültiges Nest gefunden: ein altes

Manoir, ein Turm, dessen Gemäuer bis ins 13. Jahrhundert zurückreichen, Balkendecken und ein paar Truhen, Tische, Stühle aus dem 17. Jahrhundert, keine Elektrizität, keine Zentralheizung (sondern Steinöfen), auch kein fließend Wasser, sogar ein altes Swastika-Signet über einer gotischen Tür. Einerseits fühlt er sich gleich nach der ersten Besichtigung wie von einer Rüstung eingeengt, andererseits gesteht er den kärglichen Räumen etwas »ehrlich-Bäurisches« zu. Im Erdgeschoß ein Eßzimmer, ein kleines Boudoir, ein Gästezimmer und im Anbau die Küche; in der ersten Etage richtet Rilke sich ein – Schlafzimmer und Arbeitszimmer zur »besonnten Westfront«.

Wer heute – wie ich im Spätsommer des Jahres 2007 – dieses Château, noch immer in Privatbesitz, besucht, kann sich eines Erschreckens, eines auch bewundernden Schauderns nicht erwehren; ein ›Château‹ existiert nicht (auch wenn Rilke seine Adresse stets so angab). Dieser enge Turm mit gewunden-steilen Treppen, einigen winzigen Fenstern, Schießscharten gleich, die Kühle atmenden Zimmerchen: ein steinerner Mantel gegen die Welt. Außer dem Turm gibt es kein anderes Gebäude und er ist nicht, wie man glauben mag, der Turm eines Schlosses: der Turm *ist* das Schloß. Jenes Eßzimmer besteht eigentlich nur aus einem schlichten Holztisch, der gut in eines der niederländischen Bauernstilleben paßte mit Krug und Napf und Brotlaib; ursprünglich diente das alte Möbel nicht einmal für ärmliche Mahlzeiten, sondern – das verraten eingeritzte Rätselzahlen und Hieroglyphen – zum Auszahlen von Tagelöhnern. Im mittelgroßen – mittelkleinen – Arbeitsraum mit engem Holzbalkon steht neben niedrigen Regalen mit Rilkes Handbibliothek der Schreibtisch mit der »Originallampe«, der vielbeschriebene und beklagte Steinofen in einer Ecke – in dieser Kargheit wurden also die Elegien vollendet, entstanden die Sonette. Ich muß es Ehrfurcht nennen, was man empfindet in dieser mönchischen Zelle, vis-à-vis der strengen Askese des schmalen Schlafraumes eines Eremiten. Selbst der Garten nicht mehr als ein schöner Sitzplatz, wenn auch der noch von Rilke eigenhändig gepflanzte Ginkgo-Baum jetzt eine mächtige Krone trägt. An die Prunkbesitzungen eines Maeterlinck oder Rostand in Frankreich oder Thomas Manns sagenumwobene Villa in Münchens Poschinger Straße darf man indes nicht denken. Der Blick, damals von Neubauten noch nicht verstellt, hat Rilke entschädigt; für ihn war die Landschaft des Wallis überwältigend und sanft zugleich, ein erträumtes Wunsch-Frankreich. So hat er zumeist von »le Valais« gesprochen, von »le Rhône« und sogar von »Rarogne«, obwohl der Ort, in dem er begraben liegt, eindeutig »Raron« heißt. Das ist weniger skurril, als es anmutet, denn tatsächlich verläuft die natürliche Sprachgrenze zwischen Oberwallis und Unterwallis entlang dem kleinen Bach *Raspille* zwischen Sierre und Salgesch, und tatsächlich kann man in Sierre, zu dem Muzot gehört, nicht mal einen Kaffee auf deutsch bestellen. Dort hielt schon zu Rilkes Zeiten der »Simplon-Orient-Express«, der über Venedig bis nach Istanbul fuhr, dort kam Rilke von seinen Reisen an, um vom Bahnhof den steilen Weg – immerhin etwa 30 Minuten – zu seiner Trutzburg hinaufzulaufen, und dort – inzwischen ist es das »Hôtel de Ville«, die Bürgermeisterei – war auch das einzig zumutbare Hotel, in dem er seine Gäste unterbrachte; denn »Château Muzot« bot kaum Platz für Logierbesuch. Der »Alkoven«, in dem etwa Madame Klossowska nächtigte, ist noch in Augenschein zu nehmen. Wenn ich schrieb, Rilke richtete sich dort ein, so ist das nicht ganz korrekt: denn es ist Madame Klossowska, die Räume und Installationen in ein »Für-mich-brauchbares« herrichtet, für einigen Komfort sorgt. Schon rasch ist Rilke entzückt von der »spanisch-provençalischen« Landschaft, von Pappeln und Rosengarten, von den – wie man ihm erklärt – milden Wintern, träumt sich hinein in einen »Elegien-Winter«: »Die Gegenwart meiner Freundin ermöglicht die Führung eines kleinen Haushalts, ehe noch ein dienstbarer Geist gefunden ist, – sollte alles stimmen, so könnte ich dann eine Weile mit einer Wirtschafterin auf Muzot hausen. Es liegt etwa zwanzig Minuten, ziemlich steil überhalb Sierre, in einer weniger ariden glücklichen, von vielen Quellen durchstürzten Ländlichkeit, – mit Ausblicken ins Thal, auf die Berghänge und in die wunderbarsten Tiefen des Himmels.« Daß es mehr als *ein* Winter werden wird, vielmehr ruhender Pol, Heimstatt und tatsächlich Krippe der Elegien, das kann Rilke noch nicht wissen. Gefunden hat er das Brutnest durch Zufall. Ende Juni wohnte er mit »Baladine« – dies der Künstlername Madame Klossowskas, einer Malerin – im Hotel Bellevue in Sierre; man beschäftigte einen Immobilienmakler bei der vorerst vergeblichen Suche nach geeigneter Unterkunft. Im Schaufenster des »Coiffeur-Bazar« sahen sie die Photographie des Turmes mit dem Angebot »A vendre ou à louer«. Etwas unerfreuliche Verhandlungen über Mietpreis und Mietdauer mit der dickköpfigen Besitzerin ziehen sich hin, Rilke tröstet sich mit einem kleinen Aberglauben – der Botenjunge heißt »Essayé« (= essayez, versuchen Sie es). Doch nur Zufall war dieses Ende seines »Warteverhältnisses« nicht; so hat er seine hastigen, oft überstürzten Reisen quer durch die Schweiz seit seiner Einreise im Juni 1919 genannt, geplagt auch von den eng befristeten Aufenthaltsgenehmigungen. Wie immer und überall in Europa hatte er auch in der Schweiz bald ein engmaschiges Netz freundschaftlicher Beziehungen geknüpft, in dem sich als zuverlässige Weberin Nanny Wunderly-Volkart bewährte. Sie war die 1878 geborene und mit dem Gerbereibesitzer Hans Wunderly verheiratete Tochter von Georg Gottfried Volkart, Teilhaber der Firma Volkart. Durch Einheirat – der älteste Sohn Georg wurde schließlich Seniorchef der Firma Volkart – entstand eine enge Verbindung der Familie Reinhart, Winterthur, mit dem Volkart-Clan. Die vier Reinhart-Söhne Hans, Georg, Oskar und Werner begründeten jene von Beginn an kunstsinnige und mäzenatische Schweizer Kaufmanns-Dynastie, deren Name bis auf den heutigen Tag Klang hat. Werner Reinhart wird Rilkes guter Geist. Dem sehr vermögenden Handelsherrn hatte er schon 1920 eine Rodin-Bronze aus dem Besitz

Hugo von Hofmannsthals vermittelt, sie ging für 7000 Franken in den Besitz des Kunstsammlers ein. Im Juli 1921 faßt er »den schönen Entschluß«, Muzot zu mieten – für Rilke. Er selber hat das Schloß gar nicht gesehen, wird es auch erst spät besuchen. Mit diskreter Selbstverständlichkeit trägt er alle Kosten, zahlt Reparaturen, Renovierungen, Gärtner, stellt einen Fonds zur Verfügung, den Rilke verwaltet – und aus dem er reichlich schöpft, durchaus auch für eigenen Bedarf. Im Mai 1922 kauft Werner Reinhart das Schloß und stellt es Rilke mietfrei zur Verfügung. Es ergießen sich Ströme von Briefen mit dem Absender Muzot, sie sind nicht recht erquicklich zu lesen, mal 15, mal 17 Seiten lang bis zu 20 am Tag, schwankend im Ton zwischen hoffärtig und erbötig; quengelnd und fordernd fast immer. Der herrliche Dichter ist auch ein herrischer Schnorrer, gar zierlich zwischen Erdbeerkörbchen, Teetassen und Briefpapiersorgen tänzelnd. Er bestellt bestimmte Seifensorten (»Roger et Gallet, Bois de Santal«), bezogene Knöpfe (»Ich bin in äußerster Knopfnoth«) oder Gamaschen mit peinlich-sorgsamer Angabe des Farbtons – als seien die Familien Volkart-Wunderly-Reinhart Zulieferer, fast Domestiken. Selbst das Engagement eines Dienstmädchens wird mit pingeliger Herrschaftlichkeit betrieben – er wünscht, da mit literarischen Arbeiten beschäftigt, »nicht durch Fragen gestört zu sein«, also eine schweigsame »Gehülfin« stiller Anpassung, wobei er sich fragt, ob die junge Dame gewachsen ist der »Pflege der von mir angelegten Rosenpflanzungen«: »Ebenso frage ich mich, ob Sie den Ansprüchen *feinerer* Küche sich gewachsen erweisen; ich esse die längste Zeit über meistens ›vegetarisch‹, d.h. ohne Fleischkost, was im Winter nicht immer leicht ist; es gehört schon eine gewisse Erfahrung in régime-Küche dazu, um Abwechslung in's menu zu bringen. [...] Ich liebe es, *sehr einfach* zu essen, alle komplizierten Speisen sind ausgeschlossen, – aber das Einfache, sei es nun Reis oder Mehlspeisen, oder was immer, muß in der *feinsten Weise* zubereitet sein, da ich grobe Küche nicht vertrage. Ebenso bin ich empfindlich für sorgsames

Anrichten und Servieren, sorgfältiges und geschmackvolles Decken des Tisches etc. ...«

Derlei Ordres kann er natürlich nicht seinen Wohltätern geben. Aber die Ansinnen, die er einem vielbeschäftigten Kaufherrn zumutet, bei dem er immerhin Hausgast – ohne Entgelt – ist, gehen über das Zumutbare weit hinaus; sei es eine Steppdecke, die er anmahnt, oder Geld für den »Fonds«, für den Gärtner, für Pflanzen, für Kaminarbeiten. Vor allem Nanny Wunderly-Volkart, der er immerhin die Verbindung zu den Reinharts, damit das »Château Muzot« überhaupt verdankt, wird mit einem Regen der lächerlichsten Begehrlichkeiten förmlich zugeschüttet: grünes Löschpapier, »ungebrochen«; Taschentücher, »mit meinem R.M.R. eingestickt«; »echte weiche Nachthemden Système Dr. Lahmann«, weiß oder beige; »quelques bon cigares«; Schuheinlegesohlen Größe 38 »von irgendeiner warmhaltenden Art«; grauer Brieflack; Lactobacillin-Tabletten und dazu »ein kleines Säckchen« gebrannte gesalzene Mandeln; Bastbändchen »ein- oder zweifarbige, grün-gelb, ohne Goldrand« oder grüne, rechteckige Stücke Michaud-Seife – ein unverschämter Reigen von Nichtigkeiten, deren prompte Lieferung der so Weltferne erwartet. Die Briefe sind von damenhafter Manieriertheit; Rilke muß diesen Stil für vornehm gehalten haben, sie sind jedoch nur geziert: »Die wunderbaren Kameelhaarsocken! Auch ich fürchtete, im ersten Ansehen, daß sie zu weit sein würden; aber nein. Diese stärkere Wolle trägt auf, ist aber dafür so schmiegsam, daß sie sich dem Fuß ganz anlegt und sich dann gleichsam, ihn adoptierend, zu seiner Form entschließt. Was sind doch *gute* Dinge in allen Gattungen für ein Entzücken. Welche Befriedigung theilen sie mit, welche Erziehung zum Echtsein und, schon wieder weiter, welcher Lohn dafür, daß man sie begreift, geht von ihnen aus!«

Das schwankt zwischen hybride und selbstbewußt. Rilke ist sich ganz sicher, was ihm gebührt. Zugleich ist ihm jegliche Art der »Ranmacherei« fremd; nie hat der Erwachsene sich in Literatenkreise gedrängt, nie Kritiker umworben, sich bei Verlegern wichtig gemacht, aus Taktik diesen oder jenen eingeladen, der ihm nützlich sein könnte. Er ist kein Wichtigtuer. Er ist sich selber wichtig. Das heißt natürlich auch, ein hypochondrischer Narziß, der jede kleinste Erkältung, Verdauungsstörung, ein Kopfweh und einen Pickel ängstlich beobachtet und sofort alarmiert sämtlichen Korrespondenzpartnern vermeldet. Er ist nicht nur heimatlos; er ist hautlos.

Weswegen er auch die je bergende Hülle immer wieder wechselt. Nun hat er mit dem schützenden Turm von Muzot, wonach er gejagt ist durch halb Europa, von St. Petersburg bis Paris, von Berlin bis Neapel: Ruhe. Ein Chateau mit Personal, einen wunderschönen Garten, einen weit ausgreifenden Blick in die Landschaft. Er hat sogar Einnahmen. Im Dezember 1921 schrieb Verleger Kippenberg »Ihr Guthaben bei uns beträgt zur Zeit nahe an M 100 000,–«; wovon 50 000 an die Tochter Ruth gehen, die bald heiraten wird – jedenfalls war am 31. Oktober 1921 eine recht förmliche Benachrichtigung in die Post gegangen: »Die Verlobung ihrer Tochter Ruth mit Herrn Referendar Carl Sieber beehren sich anzuzeigen. R. M. R.: Château de Muzot sur Sierre. Valais. Schweiz / Clara Rilke geb. Westhoff. Bredenau. Fischerhude. Bez. Bremen«

Aber Ruhe findet er eben nicht, die Unruhe tickt und pocht in ihm, treibt ihn nach Raron, nach Zürich, zum Kaiserstuhl; er macht Ausflüge nach Lens, nach Saillon, plant, André Gide in Böhmen zu treffen, eine Reise nach Mailand. Und er flieht per Post, Hunderte und noch einmal Hunderte von Briefen, wie er selber seufzend registriert. Nicht immer sind das jene elegant formulierten Bettelbriefe – oft sind es tief berührende Versuche der Selbstbestimmung, das Abhorchen von etwas Entstehendem. Das Jahr hat reiche Ernte gebracht. Eine bibliophile Ausgabe früher Gedichte; zahlreiche Beiträge in Anthologien; einige Festschriften; Übersetzungen in England, Rußland, Polen; Vertonungen u. a. des *Cornet*. Wobei anzufügen ist: Rilke hatte ein sehr gebrochenes Verhältnis zur Musik. Wenn man allen Quellen trauen darf, sah er in ihr eine völlig unabhängige Kunstform, möglichst fern von vorgegebenen Texten. Ein Brief an Magda von Hattingberg jedenfalls feiert diesen eigenen Raum: »... und in Ägypten ließ ich mir erzählen, und verstand es, daß im Alten Reich die Musik (so vermutet man) verboten war; sie durfte nur vor dem Gotte hervorgebracht werden, nur um seinetwillen, als ob er allein das Übermaaß und die Verführung ihrer Süße ertrüge, als ob sie jedem anderen tödlich sei [...] Oder ist Musik die Auferstehung der Toten? Stirbt man an ihrem Rand und geht strahlend in ihr hervor, nicht mehr zu zerstören?« Legt man dieses Musikverständnis zugrunde, so ist verständlich, daß Rilke sich immer wieder wehrt gegen musikalische Untermalungen. »Und Sie wissen«, schreibt er 1926 an Kippenberg, »wie wenig Rührung ich empfinde über dieser Zuthunlichkeit der Musik zu meinen, sich selbst genügenden Anlässen.«

Diese »Landplagen«, wie er Anfragen von Komponisten nannte, bezogen sich auf diverse *Cornet*-Vertonungen, von denen zu Lebzeiten vier nachweisbar sind, während eine Komposition von Kurt Weill, angeblich aus dem Jahre 1918, fraglich ist. Doch es bedurfte der Programm-Musik nicht, der Beginn der zwanziger Jahre brachte ohnehin hohe Neuauflagen: *Das Buch der Bilder* im 16.–19. Tausend, das Rodin-Buch im 31.–35. Tausend, der *Cornet* im 201.–230. Tausend. Und viele Anfragen, nicht zuletzt von Gide, der sich Rilke als Übersetzer von *Les nourritures terrestres* wünscht (was der ablehnt). Dazu Kippenbergs Vorschlag einer ersten Gesamtausgabe. Dem Verleger, der einen Besuch erwägt, verrät er: »Unser Wiedersehen ist schließlich immer im Recht, und zeigte es sich dann, daß ich grade ganz tief ins Bergwerk eingefahren sei, so empfinge ich Ihren vertrauten, auch dorthin gehörigen Besuch eben im Stollen Soundso, bei der Gruben-Lampe!«

Was er an anderer Stelle einen »Monolog voller Finsternisse« nennt, drängt ans Licht. Sehr langsam, »durchaus von der Gnade abhängig«, kündigt sich Geburt an. Bei Rilke ist die Inkubationszeit, die ihn aufzehrt und in jene witternde Unruhe versetzt, sehr lang. Die Niederkunft ereignet sich jäh. Es gibt wie schon betont keine Rezeptur zur Herstellung von Kunst. Proust brauchte ein Leben für seine *Recherche*, das Empire State Building, 102stöckiges Architekturwunder an Präzision und Eleganz bis zum kleinsten Art-déco-Mosaik, wurde in weniger als einem Jahr errichtet, Richard Wagners *Ring des Nibelungen* entstand zwischen 1851 und 1874, und Bertolt Brecht, der an keines seiner Stücke mehr als vier Wochen verwandte, schrieb eines seiner wehmütig-berühmtesten Gedichte, *Erinnerungen an die Marie A.*, im D-Zug München-Berlin auf der Reise von einer Frau zur anderen.

»Man wird sich an den Namen gewöhnen. Denk ich« – damit schließt Rilkes stöhnend-aufatmender Brief, mit dem er am 9. Februar 1922 seinem Verleger die *Duineser Elegien* ankündigt: »[...] spät, und ob ich gleich kaum mehr die Feder halten kann, nach einigen Tagen ungeheuren Gehorsams im Geiste –, es muß ..., Ihnen muß es noch heute, jetzt noch, eh ich zu schlafen versuche, gesagt sein: ich bin überm Berg! Endlich! Die ›Elegien‹ sind da. [...] Denn dieses war überlebensgroß –, ich habe gestöhnt in diesen Tagen und Nächten, wie damals in Duino, – aber, selbst nach jenem Ringen dort –, ich habe nicht gewußt, daß ein *solcher* Sturm aus Geist und Herz über einen kommen kann! Daß mans übersteht! daß mans übersteht! [...] Ich bin hinaus gegangen, in den kalten Mondschein und habe das kleine Muzot gestreichelt wie ein großes Tier –, die alten Mauern, die mirs gewährt haben. Und das zerstörte Duino.«

Dort, im Felsenschloß der Thurn und Taxis, entstanden im Winter 1912 die erste und zweite Elegie, noch einige weitere Entwürfe. Deshalb »gehörten« sie der Fürstin, auch, als ein volles Jahrzehnt später der Zyklus beendet war, worüber er wie im Glückstaumel berichtet, von dem »gesegneten Tag« des Abschlusses spricht – Jubelruf und Gebet geht nach Wien zur Herrin des adriatischen Schlosses, dessen Name nun unvergänglich ist: »Alles in ein paar Tagen, es war ein namenloser Sturm, ein Orkan im Geist (wie *Damals* auf *Duino*), alles, was Faser in mir ist und Geweb, hat gekracht, – an Essen war nie zu denken, Gott weiß, wer mich genährt hat.

Aber nun i s t s . Ist. Ist.
Amen.«

Alles in ein paar Tagen. Und alles in zehn Jahren. Ganz tief, als habe eine Muschel auf unbewest-dunklem Meeresgrund das Wachsen der Perle in sich behütet, sie vor tosendem Sturm und peitschenden Wellen zu bewahren, in einer untersten Schicht seiner Existenz hatte Rainer Maria Rilke sein Opus magnum verschlossen. Kriegsdonner hatten seinen Kompaß gestört, an vielen Feuern hatte sich seine Kunstlust entzündet, die Verse Michelangelos und Paul Valérys, die er übersetzte, die Bilder Cézannes, das schwarze Glas von Kafkas Prosa; auch eigene Gedichte waren entstanden und gelungen und das Zickzack namens Leben hatte ihn verletzt so manches Mal. Man weiß ja, daß es in einer Muschel rauscht, sie hat das Meer eingefangen, das gar nicht in ihr ist. So war in Rilke etwas geborgen zehn lange Jahre, das noch gar keinen Atem hatte. Es war da, und es war nicht da. Wie die Musik, für die ihr Komponist noch keine Noten hat. Wie Farbe und Figur des Bildes, das der Maler noch nicht gemalt hat. Dieses Geheimnis der Kunst wird dann das Rätsel sein, das uns die zehn Elegien aufgeben.

Die komplizierte Entstehungsgeschichte der Elegien beweist, wie deutlich wir sie zu lesen haben als Jahresringe eines Baumholzes; neueste Wissenschaft ist ja sogar in der Lage, anhand einer Analyse des benutzten Holzes die Bilder zum Beispiel von Rembrandt, sind sie auf Holz gemalt, exakt zu datieren. So darf man hier sagen: weil es so viele und frühe Daten gibt, zu denen sich Rilke mit dem Elegien-Thema beschäftigte, sie immer wieder aufgriff, variierte, abbrach, neu formulierte, einige Gedichte aus dem Zyklus herauslöste, ringt er mit seinem Lebensthema. Lou Andreas-Salomé hat Entwürfe aus dem Jahr 1919 aufbewahrt, berichtet im Tagebuch von Veränderungen – etwa der ursprünglich ersten zur zehnten Elegie –, von ersten Versuchen schon 1915, von Fragmenten aus dem Umkreis der späteren Suite und von Gesprächen mit Rilke, nachdem er vorgelesen hat: »Montag 24. 3. 1919 früh fort, Mittwoch in der Nacht München. Ellen und Regina auf meinem Zimmer, mit Blumen, Eiern, Milch und Keks, Blumen und Brief von Rainer. 16. 5. 1919 Rainer die zwei Elegien vorgelesen, Gespräch über die phallischen Hymnen.«

Des Dichters Qual – »Es war doch wie eine Verstümmelung meines Herzens, daß die *Elegien* nicht da-waren« – wechselt zu Erlösungsrufen, sogar per Telegramm, »Sieben Elegien nun im ganzen fertig; jedenfalls die wichtigsten. Freude und Wunder.«

Lebensthema. Es gleicht einem gleichschenkligen Dreieck, dessen Linien heißen könnten: Liebe – Einsamkeit – Gottverlorenheit. Die drei Punkte, die diese drei Linien halten, dürfte man dann Welt nennen; denn das Hymnische ist bei Rilke ganz fest gepflanzt in das Irdische. Wenn die allererste Zeile hoch anfängt »Wer, wenn ich schriee, hörte mich denn aus der Engel / Ordnungen?«, dann heißt es schon drei Zeilen weiter »Denn das Schöne ist nichts als des Schrecklichen Anfang«. Das ist durchaus weltlich zu lesen, da Rilke das Schwinden des Sichtbaren, der Dinge in der modernen Welt beklagt; es klingt wie heute formuliert – gleichsam eine Lesehilfe –, was wir in einer Selbstinterpretation lesen können: »Und diese Tätigkeit wird eigentümlich gestützt und gedrängt durch das immer raschere Hinschwinden von so vielem Sichtbaren, das nicht mehr ersetzt werden wird. Noch für unsere Großeltern war ein ›Haus‹, ein ›Brunnen‹, ein ihnen vertraut gewordener Turm, ja ihr eigenes Kleid, ihr Mantel: unendlich mehr, unendlich vertraulicher; fast jedes Ding ein Gefäß, in dem sie Menschliches vorfanden und Menschliches hinzusparten. Nun drängen, von Amerika her, leere, gleichgültige Dinge herüber, Schein-Dinge, *Lebens*-Attrappen ... [...]«

Mir liegt daran, Rilke herauszulösen aus dem Klischee des unverständlich sich verpuppenden Weihepriesters, die Einfachheit deutlich zu machen, die im Seminardeutsch »Dingästhetik« heißt; sie ist das Staunen eines Kindes, das einen Kiesel betastet – so vermag er Landschaftsdetails zu verformen zur Ahnung einer menschlichen Figur, eine Wolke zu einem Gesicht, wie es beispielsweise Caspar David Friedrich tat. Es wäre allerdings eine Banausie, sich in diesem biographischen Essay nun einzugliedern in die kaum mehr überschaubare Reihe der ›Elegien‹-Interpreten. Hier kann nicht mehr als ein Angebot gemacht werden, Rilke zu lesen mit möglichst kühlem Verstand. Keineswegs ist er nur Pathetiker, dessen Gesänge wir unbedingt auf den Knien unseres Herzens hinnehmen sollen. Rilke reicht keine unbegreiflich geweihte Hostie. Man kann ihn verstehen. Der dunkle Rest mag bleiben, den Walter Benjamin wohl mit seiner Warnung meinte, wer je behaupte, er habe ein Gedicht verstanden, der habe es nicht verstanden.

Die dritte Elegie etwa – deren erhobenes »Gotthaupt« durchaus die Phallus-Gedichte assoziiert – ist metrisch gefaßte Paraphrase des bekannten Frauenbildes und Liebesbegriffs, den er in den ersten beiden Zeilen zum Akkord zusammenfaßt:

Eines ist, die Geliebte zu singen. Ein anderes, wehe,
jenen verborgenen schuldigen Fluß-Gott des Bluts.

Einer Wellenbewegung gleich, deren Flut bedroht und deren Ebbe hinauszieht, setzt er noch einmal das Paar Liebende – Geliebte gegeneinander; identifiziert die Frau mit Trieb und Sexualität, reserviert dem – daran leidenden – Mann die stärker ausdifferenzierte

Persönlichkeit, ans Geistige gefesselt, die eigene Leiblichkeit so gut Lust wie Qual. Der *Brief des jungen Arbeiters* scheint durch. Das liegt, wie ein Palimpsest, unter jedem Bild, jeder Allegorie. Die behutsam aufschlüsselnden Herausgeber der Kommentierten Ausgabe kommentieren die auf das »Gotthaupt« folgende Zeile »O des Blutes Neptun, o sein furchtbarer Dreizack« mit dem Verweis auf den Gewässer-Gott Neptun (bzw. Poseidon): »dessen traditionelle Attribute sind Dreizack und Muschel (mit der er Stürme – hier: Stürme der Leidenschaft – erregen kann). Die Verbindung von Sexualität/ Trieb – Leben – Wasser/Meer/Blut gehört zu den Basismetaphern von Lebensphilosophie und literarischer Jahrhundertwende.«

Die fünfte Elegie ist ein geradezu klassisches Beispiel für Rilkes Verfahren, direktes Erleben umzuschmelzen ins Gedicht. Daß er noch während der Arbeit imstande ist, sich nach einem Stempelschneider und Graveur zu erkundigen, dem er zwei Jahre zuvor den Auftrag für einen Wappenstempel erteilt hatte (»nach einer von ihm entworfenen Zeichnung; und zwar der ›steigende Windhund‹«), der seine Initialen tragen sollte, das mag possierliches Detail sein. Die Rückkoppelung vom literarischen Bild zu Details aus dem Leben Rilkes ist entscheidender. Das Verständnis der ersten drei Zeilen –

> *Wer aber* sind *sie, sag mir, die Fahrenden, diese ein wenig Flüchtigern noch als wir selbst, die dringend von früh an wringt ein* wem,
> wem *zu Liebe*

– wird erleichtert durch die Widmung »Frau Hertha Koenig zugeeignet«. Wie wir wissen, hatte Rilke bei dieser Kunstsammlerin von Juni bis Oktober 1915 in ihrer Münchner Wohnung Widenmayerstraße 32 gewohnt – und Picassos Bild »Saltimbanques« gehütet (neben den zwei anderen, »Der sterbende Pierrot« und »Der Blinde«); das 1905 entstandene Bild, heute in der National Gallery of Art in Washington zu besichtigen, stellt eine Artistengruppe dar, die »Fahrenden«. Die fünfte Elegie ist aber kein ›Gedicht auf ein Bild‹, vielmehr hat Rilke viel früher, im Sommer 1907 in Paris, eine Artistengruppe beobachtet, deren einstmals berühmter Gewichtheber Père Rollin nur noch auf der Trommel die Künste der Truppe begleitete. Diesen Eindruck hat Rilke brieflich und in seinem Gedicht *Vor dem Luxembourg* festgehalten, kannte außerdem Baudelaires Gedicht *Le vieux saltimbanque*. Der reale Anblick, Picassos Bild, Baudelaires Gedicht – das alles faltete sich bei Rilke auf zum großen Motiv: Kunst als Spiel um die Balance des Lebens, und das Leben als Spiel zum Tode hin; denn zum Ende der Elegie ist es eine Modistin namens Madame Lamort – La Mort –, die auf dem ruhelosen Weg der Erde ihre Schleifen, Rüschen, Blumen, Kokarden windet, »künstliche Früchte –, alle unwahr gefärbt, – für die billigen Winterhüte des Schicksals«. Ein hallendes Adieu. Die Welt bietet Flitter und Tand. Trost bietet sie nicht. Sie ist nicht nur ›unwahr‹, sie ist auch unwirklich. »Nirgends, Geliebte, wird Welt sein, als innen«, wird es in der siebenten Elegie heißen, ebenfalls Anfang Februar 1922 auf Muzot entstanden. Sie ist radikaler noch, schraffiert grausame Entselbstung, das aus aller Hoffnung gefallene Ich, auf dessen Ruf niemand antwortet: auch nicht jener taube Gott, der uns alle vergaß. Aus dem Bodenlosen herauf spricht der Mensch zu sich, wissend, daß er ohne Antwort bleibt – und immerdar hoffend auf Echo, Lösung, Erlösung. Das ist Rilkes existentieller Riß. Diese Urwunde reißt er sich immer wieder auf, er weckt den schlafenden Schmerz, und der gebiert seine Kunst. Er versagt sich jeglichen Glauben, an den er zugleich glaubt:

Glaub nicht, *daß ich werbe.*
Engel, und würb ich dich auch! Du kommst nicht.
Denn mein
Anruf ist immer voll Hinweg; wider so starke
Strömung kannst du nicht schreiten. Wie ein gestreckter

Arm ist mein Rufen. Und seine zum Greifen
oben offene Hand bleibt vor dir
offen, wie Abwehr und Warnung,
Unfaßlicher, weitauf.

Hoffnung aus Abwehr und Warnung. Und die Boten, denen er seinen Schrei ans Gefieder heftet, sind seine Engel, die man seiner Lyrik so gerne verargt. Doch wenn er auch einmal die Elegien seine »großen Engels-Gedichte« nannte, so weiß er doch zugleich, daß die Gefiederten nicht mehr traute Begleiter sind:

Jeder Engel ist schrecklich. Und dennoch, weh mir,
ansing ich euch, fast tödliche Vögel der Seele,
wissend um euch.

Man muß schon genau lesen – dann wird bis zum Gräßlichen hin deutlich: Rilke verflucht seine Engel. Sie bringen den Menschen keine Botschaft, und sie versagen auch als Boten der Menschenschreie: »Schmeckt denn der Weltraum, in den wir uns lösen, nach uns?« Rilkes Engel, nicht Gottes Diener noch der Menschen Kinder, sind Kobolde – Wesenlose, Seelenlose; eigentlich Vampire:

Fangen die Engel
wirklich nur Ihriges auf, ihnen Entströmtes,
oder ist manchmal, wie aus Versehen, ein wenig
unseres Wesens dabei? Sind wir in ihre
Züge soviel nur gemischt wie das Vage in die Gesichter
schwangerer Frauen? Sie merken es nicht in dem Wirbel
ihrer Rückkehr zu sich.

Keineswegs sind die Elegien nur rhythmisierte ›O schnöde Welt‹-Schluchzer; sie sind Lebenssumme, in der Stolz und Demut sich die Balance halten. Die zehnte Elegie, schon in Duino begonnen und am »Samstag, den elften Februar um 6« [1922] beendet, ist ein unser Dasein überwölbendes Gleichnis – es verwirft das »behübschte Glück«, es läßt uns schaudern vor dem »Geschlechtsteil des Geldes«, es verweigert noch einmal die Annahme der Tröstungen und Beschönigungen moderner Religionen:

> O, *wie spurlos zerträte ein Engel ihnen den Trostmarkt,*
> *den die Kirche begrenzt, ihre fertig gekaufte:*
> *reinlich und zu und enttäuscht wie ein Postamt am*
> *Sonntag.*

Ein opaker Bildhintergrund schimmert hindurch: Ägypten. Im Winter 1910–1911 war Rilke durch Nordafrika gereist – Algier, El Kantara, Karthago, Tunis und über Neapel und Sizilien nach Kairo; von dort per Schiff nilaufwärts über Bedraschén (das antike Memphis mit der Ramses-Statue, der Sphinx und der Cheops-Pyramide) bis Assuan und zurück nach Kairo. Die näheren Umstände der Reise, über die er später Klage führen wird, liegen im Dunkel. Eingeladen ist er von Jenny Oltersdorf, einer reichen Pelzhändlergemahlin, in deren Begleitung er reist; »wenig angepaßte Verhältnisse« nennt er das bereits im Dezember 1911. Doch wie immer bei Rilke haben sich Bilder der Landschaft und mit ihr verwurzelter Mythos tief eingeprägt. Man kann sich nicht deutlich genug vergegenwärtigen, mit welcher Empfängnisbereitschaft Rilke Natur aufnimmt, um seine Eindrücke wie einen Stempel in das Wachs zu prägen, aus dem er sein Werk formt; es ist das Cire-perdue-Verfahren des Bronze-Gießers eines Bildhauers. Natur indes ist nicht nur Landschaft. Auch der menschliche Körper ist Natur. Es gibt viele Zeugnisse von der Ergriffenheit, mit der Rilke Rodins *Höllentor*, die stürzenden Leiber wie ein Naturereignis empfand und beschrieb. Harry Graf Kessler nannte »die Kunst eine Unterart der Wollust« und dekretiert beim Nachdenken über Aktmalerei so unerbittlich, als wolle er Rilkes Auffassung des magischen Bezugs zwischen Landschaft, Eros und Kunst in ein Gesetz fassen: »Die Wichtigkeit des Akts für die Kunst wird immer falsch begründet, aus Prüderie. Ihr wirklicher Grund ist die Wollust, die Wollust die der schöne nackte Körper im Beschauer erregt. Wenn die Kunst die Bändigung des Chaos von Empfindungen und Gefühlen ist, dann gehört das mächtigste Gefühl in die Kunst hinein. Daher der nackte menschliche Körper und das schöne menschliche Antlitz das A und Ω grosser Kunst ist. Nichts ist in der modernen Kunst mehr zu bedauern als das Schwinden der grossen Wollust seit der Renaissance, das Aufkommen der reinen Landschaft, der Zote, des blos ›Sentimentalen‹ und des blos ›Hübschen‹. Dann die lächerliche Verwechslung des Kellnerinnen Nachhausenehmens mit wirklicher, warmblütiger Wollust. Die Künstler sollen ihre Wollust in ihren Bildern nicht in den Nachtcafés von sich geben.«

Rilkes Hingabe an Landschaft, die er oft mit Worten malt, gleicht der Erregung eines Mannes, den das Bildnis einer Frau tiefer aufwühlt als die Gegenwart einer lebendigen Frau. Diese Bild-Infektion liegt wohl zugrunde der Anekdote, der zufolge der oft schnoddrige Max Liebermann beim Betrachten eines Bildes gesagt haben soll »Dat is so schön, dat is zum Onanieren schön«. Wir kennen eine solche Schilderung von Duino: »[…] und dass dieses, das Ganze, so rein und ehrfürchtig zugegeben sei in aller seiner Weite und Unerfaßlichkeit. / Wermuth –, die Hänge des Schloß-Gartens in Duino mit ihrem karstigen Boden standen voll von einer Wermouth-Art, aus der, versicherte man mir, der Absinth gewonnen wird –, Stauden mit gefiedertem Blattwerk von einem blassesten, grauen Grün; zwischen den Fingern gerieben, oder auch nur unter der Wirkung der Sonne, ergaben sie einen wunderbar bitteren Duft, bis ans Citronengeruch-ähnliche heran, aber leichter, flüchtiger und blässer, die genaue

Übersetzung ihres Grüns. Wie sehr sind die Elegieen verbunden mit dieser Erinnerung!« So auch hier. Das Wortmaterial der zehnten Elegie ist eigenständig, aber die Bilder sind doppelt belichtet. Die Wörter haben einen Hof, wie der Mond einen Hof hat. Zwar wehrt sich Rilke dagegen, das »Klageland« Ägypten gleichzusetzen, er mag in den Versen nicht mehr sehen als »eine Spiegelung des Nillandes in die Wüstenklarheit des Toten-Bewußtseins«; aber Spiegelung ist es eben doch: wie die gleißende Sonne über dem Wüstensand etwas spiegelt, das dann nicht Oase, sondern Fata Morgana ist.

So ist die zehnte Elegie ein dunkles Märchen zum Tode hin, in dem »Tränenbäume« wachsen, sich »Felder blühender Wehmut« dehnen und der vereinsamte Schrei »zu den Gräbern der Alten aus dem Klage-Geschlecht« hinüberhallt. Das Wort ›Klage‹ kommt in den knapp fünf Seiten acht Mal vor, umspült von Toten, Urleid, Totengehör, Frühtod oder Leidland und vereinsamtem Schrei. Es ist nicht die Begrifflichkeit, die den Sinn eines Gedichts ausmacht. Es ist die Tonfolge; die nur ihm eigene Musik.

Rainer Maria Rilke ist 47 Jahre alt, als er die *Duineser Elegien* vollendet hat. Er ist also ein verhältnismäßig junger Mann. Die vielen Kränklichkeiten – schon während der Ägyptenreise mußte er sich im Haus des deutschen Barons Johannes Knoop in Heluan erholen – sind schwer zu verifizieren. Ganz früh schon, spätestens seit 1903, hören wir eine wahre Litanei über »Erschöpftsein, Vertrocknetsein«, »Zahnschmerz, Augenweh, Rachenkatarrh mit trübem Fiebergefühl«, »verschiedene schmerzhafte Zustände«, mal eine »Bircher-Benner-Kur«, mal »Fichtennadel-Luftbäder« oder »ein nervenstärkendes Mittel: Phytinum liquidum«. Mitunter sogar kleine selbstironische Sottisen, er sei »wie der arme französische Franc, bin gefallen und falle weiter«, oder die Qual, der schwankenden Gesundheit die Arbeit abzutrotzen, erinnere ihn an die Dame aus einem Baudelaire-Gedicht: »Que c'est un dur métier que d'être belle femme.« Unsicheres Terrain. Man mag es sich pflastern mit Thomas Manns hochmütigem Verweis: »Es kommt nur darauf an, WER krank ist: ein Durchschnittsdummkopf, bei welchem die Krankheit des geistigen und kulturellen Aspektes freilich entbehrt, oder ein Nietzsche, ein Dostojewski.«

Besser hält man sich vielleicht an die Erinnerungen der Lou Andreas-Salomé, immerhin eine ausgewiesene Psychiatrie-Kennerin, die jene so heikle Wechselwirkung zwischen Psyche-Nerven-Physis und Produktionsnöten nur allzu gut verstand. »[...] seine körperliche Anfälligkeit: der Umstand, dass sein *Leib* von solchem Warten nicht etwa nur aufgerieben wurde, sondern es hysterisch beantwortete. D. h. dass anstelle der zögernden künstlerischen Bereitschaft zur Aktion allerhand leibliche Überempfindlichkeiten, Aufgeregtheiten aktiv wurden, Schmerzen, ja Anfälle veranlassend, den gesamten Körper in Mitleidenschaft ziehend. Rainer nannte es, manchmal scherzend, aber meistens in verzweifeltem Gram darüber, seine ›Produktivität am falschen Platz‹, oder den Leib einen ›Affen des Geistes‹.«

Vielleicht ist es gar irrelevant, wieweit Rilkes diverse Malaisen herbeiphantasierte Gespenster waren, die sein angstvolles In-sich-Hineinhorchen nach der schöpferischen Kraft aufstörten; auch eingebildete Krankheiten sind Krankheiten. Relevant ist ein anderes: Rilkes Entwurf vom Leben schloß immer ein das Denken an den anderen Pol, den Tod. Wer ihn nicht einbezieht in alles, was er fühlt und tut, die Gültigkeit von Welt nicht der Endgültigkeit gegenüberstellt – der beschreibt nichts, außer bestenfalls Papier. Nicht zufällig benutzt er dieses Bild zweimal fast wörtlich gleichlautend, wenn er über spätere Arbeiten einst Respektierter urteilt. Thomas Manns *Tod in Venedig* läuft wie ein Tintenfleck auf dem Löschpapier auseinander, und Richard Dehmels »Hervorbringung« wird schwach, unwahr, überflüssig und lächerlich, weil er »das Leben überhaupt nicht mehr gewahrt, sondern nur das Papier und den Tintenfleck am Federfinger«.

Das ist insofern bedeutungsvoll, als der junge Rilke Richard Dehmel ja verehrt hatte – wie viele von dessen Zeitgenossen. Der heute weitgehend unbekannte Dehmel war um die Jahrhundertwende von nicht zu überschätzendem Einfluß, Arnold Schönberg vertonte mehrere seiner Gedichte, *Verklärte Nacht* sogar in zwei Versionen (*La nuit transfigurée* pour six instruments à cordes, op. 4); das aber war Teil des lyrischen Zyklus *Weib und Welt* des Jahres 1896, und bereits wenige Zeilen zeigen uns, daß Rilke zumindest von dieser Predigt über besitzlose Liebe, Verzicht und Toleranz berührt gewesen sein muß; es geht ja um ein Liebespaar, dessen männlicher Part verzeiht, daß das Kind der Frau nicht von ihm gezeugt wurde – »Ich trag ein Kind, und nit von Dir« -; Schönberg hat auf ergreifende Weise rasendes Aufeinanderprallen und die Weisheit eines quasi überirdischen Glücksverzichts in Töne gesetzt. Und der Ausklang – »Ihr Atem küßt sich in den Lüften« – ist gänzlich kongruent Rilkes Glückbegriff; wes' Küsse sich in den Lüften treffen, der küßt ja nicht. Rilkes Dehmel-Verdikt aus der Elegien-Zeit ist Abwehr; er erwehrt sich einstiger Nähe. Denn er schreibt nicht ›über‹ etwas, er schreibt sich. Er verfaßt nicht Literatur. Sie ist Ausdruck seiner Existenz. »Sei, im Reiche der Neige, sei ein klingendes Glas, das sich im Klang schon zerschlug.« So steht es in einem der *Sonette an Orpheus*, das mit der Zeile beginnt »Sei allem Abschied voran«.

Was für eine Eruption. Rilke nennt es »Überschuß«. Am 11. Februar 1922 der Jubelruf, die Elegien seien beendet. Am 23. Februar die erste Nachricht an Katharina Kippenberg, sein Bleistift habe Mühe gehabt, mit dem ›Auftreten‹ der Sonette Schritt zu halten; »ich konnte nichts tun, als das Diktat dieses inneren Andrangs rein und gehorsam hinzunehmen«, schreibt er drei Wochen später der Gräfin Sizzo. Die *Sonette an Orpheus* – »oft mehrere Sonette an einem Tag« – entstanden zwischen dem 2. und 23. Februar 1922 in Muzot, also noch während der Arbeit an den Elegien (deren 1.–10. Tausend im Oktober 1923 erschienen; keine weitere Ausgabe zu Rilkes Lebzeiten). Ein

Zwillings-Geschwister ist geboren. Gewidmet übrigens einer Toten. »Geschrieben als ein Grab-Mal für Wera Ouckama Knoop« steht auf dem Titelblatt. Der frühe Tod dieser nur 19jährigen Tänzerin muß Rilke tief berührt haben, das Austaumeln einer sterbenden Libelle: »Dieses schöne Kind, das erst zu tanzen anfing und, bei allen, die sie damals sahen, Aufsehen erregte, durch die ihrem Körper und Gemüt eingeborene Kunst der Bewegung und Wandlung [...]«

Die Todesschwingen, die ihn in den Elegien streiften, sind das Leitmotiv der Sonette. Geburt und Tod sind Klammer unserer Existenz. Rilke beschwört beides; und wenn er bereits im Sonett II das »einzige Lächeln der Mädchen« im Spiegel aufscheinen läßt – dann ist es mitgemeint: das Weiblich-Schöpferische; denn der Vers, aus dem wir das »klingende Glas« zitierten, beginnt mit der Zeile »Sei immer tot in Eurydike«. Der Dichter ist der Sänger, ist der Versucher, ist der im Weiblichen Geborgene, ist der Sterbende. Es sind ja Sonette an Orpheus, also den Sänger der griechischen Mythologie, der mit seiner Stimme und seinem Saitenspiel Tiere und Pflanzen verzaubern kann, dem es gelingt, seine Gattin Eurydike aus dem Hades zu befreien und der schließlich von Mänaden zerrissen wird. Gesang zum Tode hin. Die Sage ist der Hintergrund. Auf ihn projiziert Rilke einen Schatten. Den seinen. Er läßt ihn sprechen.

Nun war Rilke ein höchst penibler Arbeiter. Stets hat er bei von ihm verehrten Künstlern handwerkliche Präzision bewundert – ob Rodins Umgang mit Gips und Marmor, ob die Peinture eines Cézanne oder El Greco, die durch ihre Kompositionen Sujet und Farbgebung einander in der Schwebe hielten. So korrigierte er sich, auf einen botanischen Fehler in der zehnten Elegie aufmerksam gemacht, und änderte das Wort »Weide« – »es gibt also keine ›hängenden Weidenkätzchen‹« – in »Hasel«, weil er unbedingt das Fallende der senkrecht abhängenden Kätzchen des Haselnußstrauches für ein sprachliches Bild erhalten wollte. Deswegen ist es ratsam, die

Sonette an Orpheus nicht nur als schwer zu enträtselndes Memento mori zu lesen, als Poem aus dem Schattenreich, sondern die genaue Tonsetzung zu beachten. Dabei war Rilke sich stärker als bei jedem anderen Werk der schwierigen »Auffaßlichkeit« bewußt, sprach von dem ihm selber »geheimsten, rätselhaftesten Diktat«, das er je ausgehalten habe; er stellt auch beide Arbeiten durchaus nebeneinander, »das kleine rostfarbene Segel der Sonette und der Elegien riesiges weißes Segel-Tuch«. Zugleich wehrte er sich gegen eine Art der ›philosophischen Überfrachtung‹ und bestand darauf, daß keines der Sonette etwas anderes meint, als die Worte, Sätze, Bilder sagen. Den Vers seines späteren Gedichts *Der Magier* könnte man als Motto setzen über die Sonette:

Glücklich, die wissen, daß hinter allen
Sprachen das Unsägliche steht;
daß, von dort her, ins Wohlgefallen
Größe zu uns übergeht!

Rilke will dem Unsagbaren Ausdruck geben. Das liegt dem viel zitierten Satz aus dem dritten Sonett zugrunde, *Gesang ist Dasein.* Der in nur wenigen Tagen entstandene Zyklus ist ein an- und abschwellender Hymnus, der die Frage nach dem irdischen Dasein choreographiert. Der Dichter tanzt über den vergifteten Paradiesen, als welche die Welt sich darstellt, zertanzt sie, zertanzt das Gift: um ein neues Paradies entstehen zu lassen, das Paradies einer gereinigten Welt; an die er nicht glaubt, die er erhofft. Das ist ein von Nietzsche übernommenes Ideal der – unchristlichen – Schönheit; Leben als Kunstwerk. Der Mensch rechtfertigt seine Existenz nicht durch Nützlichkeit, sondern ausschließlich in einer Metaphysik des Artistischen. Rose, nicht Kohlkopf. Rilke schreibt. »Zu dem raschen Wasser sprich: Ich bin« – mit dieser Zeile enden die Sonette. Dasein als Utopie. Denn der Mensch kann nur zum Menschen werden, indem er sich widersetzt. Ein jeder muß sich sein eigenes Gesetz geben, um das Gitterwerk schnöder Gesetzlichkeiten zu zerbrechen; wir lesen da durchaus säkularen Appell:

In den Geschäften entlang ist das Geld wie zuhause
und verkleidet sich scheinbar in Seide, Nelken und Pelz.
Er, der Schweigende, steht in der Atempause
alles des wach oder schlafend atmenden Gelds.

Mit einigermaßen fahrlässiger Übertreibung darf man sagen: das wohnt zwischen Heine und Brecht; Trotz und Forderung nach Glückseligkeit hinieden. Rilke ruft nicht nach Zuckererbsen für jedermann, doch nach »Apfel, Birne und Banane«, preist »Blume, Weinblatt, Frucht«. Der Hohe Ton Rilkes ist zugleich hochtönende Abfuhr für die Predigt von der Erde als Jammertal, und wenn er es nur in die Frage nach der Würde des Menschen kleidet:

Sind wir wirklich so ängstlich Zerbrechliche,
wie das Schicksal uns wahr machen will?

Ein müde gewordener Falter – die Himmel von Akt und Zeugung werden fahl

Durchaus möglich, daß Hugo von Hofmannsthals Lobpreis von »Weisheit und rhythmischem Ornament« der Kunst dieser Sonette galt. Der Brief stammt vom Mai 1923; das ist das Jahr, das Rilke mit dem Einbekennen seiner »Unstetheit« einläutet. Das abgelaufene Jahr hatte viel Anerkennung gebracht, Übersetzungen ins Polnische, ins Russische, eigene Übersetzungen von Petrarca oder Verlaine, das *Stunden-Buch* hält im 49. Tausend, der *Cornet* im 251. Tausend, *Das Marienleben* im 60. Tausend. Der Insel Verlag stellt die erste Gesamtausgabe zusammen, »natürlich mit Fortlassung des durchaus Entbehrlichen und Unreifen der Frühzeit«, was alles der Inflation wegen keine Reichtümer beschert, 1000,– Schweizer Franken im Mai von Verleger Kippenberg sind hoch willkommen. Im November 1923 – 1 Dollar ist jetzt 4,2 Billionen Papiermark wert – wird die neue Rentenmark-Währung eingeführt.

Eine düstere Innen-Erregtheit folgt der mächtigen Anspannung. Rilke hat ja stets den Tod als »Ergänzung zur Vollkommenheit«, als Teil des Seins gesehen. Nun nehmen die Klagen über Beschwerden des Sympathicus, über fatale Zustände, über Weihnachtstage bei Hafersuppe, über Magenbeschwerden – »trotz brav eingenommenen Charbon-Fraudin« – zu. Es ist ziemlich schrecklich, das zu lesen, da man ja weiß, Rilke wird nur mehr wenige Jahre leben. Es ist gleichzeitig auch aufregend, an seiner unruhigen Neugier teilzunehmen – eine Valéry-Übersetzung oder die gespannte Erwartung der *Nouvelle Revue Française*-Sondernummer über Proust; das Beobachten der französischen Besetzung des Ruhrgebiets mit dem abschließenden Kommentar »je dois convenir que ce n'est l'Allemagne qui m'a formé« oder zweifelndes Begrüßen der jungen Sowjetunion (eine Woche vor Lenins Tod) mit dem Zusatz »Erst müßten die Tage der profiteurs vorüber sein«; erster Briefkontakt nach dreijährigem Schweigen mit Claire Goll voller Klagen über die Briefberge auf dem Schreibtisch – »Eine Schweiz von Korrespondenzen« – und die Nachricht über die Uraufführung von Paul Hindemiths Vertonung seiner *Marienleben*-Gedichte in Donaueschingen; Unwillen über störenden Besuch oder über Rilke-Porträtskizzen von Madame Klossowska (»Ni l'un ni l'autre aperçu ne me convient tout à fait«) und begeisterte Lektüre von Roger Martin du Gard oder André Maurois. Inzwischen schreibt Rilke Gedichte auf französisch, auch Teile seiner Korrespondenz.

Ende August trifft er zu einer Kur im Sanatorium Schöneck bei Beckenried am Vierwaldstätter See ein. Er wiegt 49 Kilo. Man kennt das aus der Tier- und Pflanzenwelt, das schauderschöne Phänomen des Todes-Prunks. Die Agave stirbt, wenn sie ein Mal ihre mächtige Phallusblüte gen Himmel gereckt hat. Der Spinnenmann wird nach dem Zeugungsakt von der Spinnenfrau gefressen. Der Bienenmann fällt nach dem fliegend vollzogenen Akt tot vom Himmel.

Rilke stirbt noch nicht. Doch die Himmel von Akt und Zeugung werden fahl. Er irrt umher. Ein müde gewordener Falter. Massagen im Sanatorium Schöneck beim Hofrat persönlich – »so tritt der groteske Fall ein, dass ein alter Herr jeden Morgen auf den Händen nachdenklich über meinen Leib spaziert« – und sieben Mal täglich Bäderkuren; ein paar französischsprachige Gedichte; die Flucht aus Schöneck wie stets standesgemäß im Auto des Direktors zum Luzerner Grand Hotel National, aber ohne Elan für eine geplante Italienreise; im Dezember 1923 bereits in der nächsten »Clinique Val-Mont« über dem Genfer See, wo man aber »die Wurzel des Übels« seiner Darmbeschwerden trotz Röntgenaufnahmen nicht findet, die er selber inzwischen für »incurable« hält, wenn er sich auch, zurück in Muzot, an strengste Diät hält. Die Widmungszeilen »Auch noch Verlieren ist unser; und selbst das Vergessen …«, die er Hans Carossa in den *Elegien*-Band schreibt, zeigen deutlicher noch als viele Briefe seine Verfassung – wie ohnehin sich Widmungen für den verehrten Paul Valéry (dessen *Charmes* Rilke übersetzt hat) oder für Hugo von Hofmannsthal wie Rufe aus absinkenden Hoffnungshorizonten lesen. Gedichtentwürfe, Dankesbriefe, verworfene Pläne, das sehr zögernde Zusammenstellen des *Vergers*-Bandes, selbst seine Lektüren (etwa die überschwengliche Begeisterung über den Bericht vom Tod Bergottes im Band V von Prousts *Recherche*) oder die umständliche Erklärung für die notwendige Distanz in seiner Beziehung zu Madame Klossowska (in einem Brief an Frau Wunderly vom Februar 1924) wirken wie paraphrasierende Umschreibungen der Eigendiagnose »Diesmal schien das Grundgeweb angegriffen«. Die Gedichte dieser Zeit fangen ein Zittern ein, »Vergänglichkeit. Flugsand der Stunden. Leise fortwährende Schwindung …« oder »Ach, wie ihr heimlich vergeht«. Sie sind Schattensignale, und sogar der Besuch Valérys auf Muzot am 8. April 1924 gibt mit dem gemeinsamen Einpflanzen einer jungen Trauerweide nicht frühlingsfröhlichen Ton. Wir haben uns dabei durchaus nicht einen schmachtenden Jämmerling vorzustellen, der sich durch die Gemäuer von Muzot schleppt. Gewiß, die leicht gockelhaften Zeiten waren vorbei, die uns Walter Mehring fast photographisch genau festgehalten hat, wenn er sich an den gemeinsamen Besuch einer Berliner Chagall-Ausstellung von 1917 erinnert, Rilke »erschien an meiner Wohnung, schmächtig und preziös, mit crémefarbenen Wickelgamaschen und einem goldenen Lorgnon«. Jetzt ist Rainer Maria Rilke ein Mann; Haltung hat die Allüren abgelöst. Ein Gast – der 22jährige Student Hans von Salis – gibt uns das eindrucksvolle Bild von der weltmännischen Ungezwungenheit des Schloßherrn im Turm zu Muzot, seiner prächtig gewölbten hohen Stirn, der breiten Nase »und der Mund übermäßig groß«: »R. hatte noch ein anderes Gesicht: seine Hand. Es war eine der ausdrucksvollsten, die ich je gesehen habe. Sie war schmal und braun und konnte greifen: Werkzeug und Physiognomie in einem. Mit mehr Kraft begabt, und es wäre die Hand eines Malers oder eines Bildhauers gewesen.«

An das Erlebnis, Rilke bei Kerzenschein seinen Valéry-Übertragungen gelauscht zu haben, schließt der junge Schweizer Adlige den Befund: »Hier las nicht nur ein Dichter, hier stand auch ein Mann … ein Mann mit seiner Härte.«

Mannhaft erträgt Rilke gesundheitliche Rückschläge – »körperlich ist der Querdarm die angegriffene Stelle geworden« – wie Abschiede der unterschiedlichsten Art: der Tod der Duse, von der er einst in Venedig fasziniert war, ausgerechnet in Pittsburgh/USA, oder, Rilke ist nun bereits Großvater, nach kurzem Besuch die Abreise seiner Frau Clara im Mai 1924, er hatte sie seit 1918 nicht mehr gesehen und wird sie nie wiedersehen. Es wird stiller um ihn. Zum ersten Mal klagt der sonst nach Einsamkeit so Süchtige »Aber genaugenommen ist mir gar nicht nach Schreiben zumuth, nicht einmal nach Lesen […] Ich glaube, ich habe es schwer jetzt allein zu sein«. Und, was getrost aufregend genannt werden darf, Rilke träumt sich zurück in eine Wunschheimat: Rußland. Er nennt es »imaginäre Heimat« – was immerhin zeigt, daß er sich seines Rußland-Erlebnisses als irreale Schimäre durchaus bewußt ist. Eine sehr genaue Studie bezeichnet »jenes Rußland, dem zwischen 1899 und 1901 Rilkes ganzes Dichten und Trachten galt, in hohem Maße ein Phantasieprodukt des Dichters«. In fast frevelhafter, jedenfalls sentimentaler Literarisierung hatte Rilke sich eine Welt des demütigen, gottesfürchtig sein Los tragenden Muschiks zurechtgebogen, »in jedem Muschik wollte er einen uralten ›dunklen‹ Gott sehen« – eine ästhetische Konstruktion, genährt aus der Lektüre von Tolstoi und Dostojewski. Dieses durchaus kitschig ausgepinselte Panorama, vor dem der rätselhafte russische Mensch mit seiner unergründlichen slawischen Seele agiert, hatte rein gar nichts mit der vorrevolutionären sozialen Situation in Rußland zu tun. Wenn Rilke durch seine Erfahrungen während der beiden Rußlandreisen 1899 und 1900 allzu bereit war, dort seine ›geistige Heimat‹ zu sehen, gar überlegte, russisch zu schreiben und in Moskau oder St. Petersburg zu leben, dann war das eher eine Operetten-Vorstellung mit Ikonen als Bühnendekoration und frommen Bauern mit zotteligen Pferdchen, die ihr gottergebenes Leben zwischen Weihrauch, Balalaika und einem Gläs'chen Wodka verbrachten. Ein Kind bastelt sich eine heimelige Puppenstube. Daß sie ausgepreßte Leibeigene einer in ihrem prunksüchtigen Reichtum wahnwitzig gewordenen Aristokratie waren, übersah der Dichter.

Es ist lyrische Wehmut, wenn Rilke zu Alfred Wolfenstein sagte »Was verdanke ich Rußland! Es hat mich zu dem gemacht, was ich bin … alle Heimat meines Instinkts ist dort.« Selbst Lou Andreas-Salomés kleines Büchlein *Rußland mit Rainer – Tagebuch der Reise mit Rainer Maria Rilke im Jahre 1900* liest sich passagenweise arg läppisch; ob das Paar nun jedem ihm begegnenden Bäuerlein erwartungsvoll entgegenblickt oder ein riesenhafter Arbeiter »mit Händen die ein Hufeisen zerbrechen können« bewundert wird. Überraschend an dem Report ist allenfalls, daß der Reisebegleiter nur einmal mit der Abkürzung R. erwähnt wird. Wir hören eher von der »Ähnlichkeit zwischen Fürst und Bauer«; von dem 30jährigen Lenin, in ebendiesem Jahr 1900 aus der sibirischen Verbannung entlassen und gen Westen ausgereist, hören wir nichts.

Wenig erstaunlich, daß die Begegnung mit einem, der die russische Wirklichkeit wohl besser kannte, schiefging. Als Rilke am 12. April 1907 Maxim Gorki in dessen Haus auf Capri besucht hatte, war es, genau genommen, zu gar nichts gekommen. Gorki war u. a. mit seinen 1898 erschienenen *Skizzen und Erzählungen* ein in Rußland bekannter Autor, die Aufmerksamkeit galt seinem sozialkritischen Realismus. Rilke nahm ihn bezeichnenderweise ›als Bild‹ wahr: er hatte im Petersburger Atelier von Ilja Repin 1899 dessen soeben vollendetes Porträt von Gorki gesehen. Doch der Mensch hinter dem Bild blieb ihm ein Schemen. Schon 1905 hatte er nach der Premiere von Gorkis *Nachtasyl* in einem Brief an seine Frau die Kunstlosigkeit bemängelt. Am 3. Mai 1907, also wenige Tage nach dem Treffen auf Capri, referiert er in einem Brief an Karl von der Heydt so malerisch wie verständnislos: »Vielleicht amüsiert es Sie, daß ich inzwischen Gorki gesehen habe. Eines Abends hab ich oben bei ihm gesessen um einen runden Tisch herum. Die traurige Lampe beschien ganz gleichmäßig, ohne irgend jemanden hervorzuheben: ihn, seine jetzige Frau und ein paar verstimmte russische Männer, die von mir keine Notiz nahmen. [...] Sie kennen meine Meinung, daß der Revolutionär dem Russen direkt entgegengesetzt ist: d.h. der Russe eignet sich vorzüglich dazu, es zu sein, etwa wie ein Batisttaschentuch sehr nett ist zum Tinteaufwischen, allerdings unter vollkommenem Mißbrauch und rücksichtsloser Verkennung seiner eigentlichen Eigenschaften.«

Gorki seinerseits war verstimmt, er fand, Rilke nehme seine Umwelt überhaupt nicht wahr; auf eine Erkundigung nach Peter Altenberg habe der Dichter vage geantwortet: »Mir scheint, ich habe einmal im Prater mit ihm gefrühstückt.«

»Wer älter wird, der träumt«, heißt es in Hugo von Hofmannsthals *Elektra*. Zwar ist Rilke 1924 nicht alt. Eher wohl erschöpft. Doch sein Sehnen ist deutlich zwiefältig, wie das Wort ›einst‹ es meint: es spannt seine Begrifflichkeit vom Künftigen zurück ins Ehemalige. Die Briefe aus Muzot sind zu gewichtigen Teilen ›Es war einmal‹-Briefe. Und sie sind neuerdings diktiert, seine Feder sei müde geworden, gesteht der unersättliche Korrespondent sich ein. Allein die überaus zahlreichen dankenden Zueignungen in verschickten Büchern oder Gedichtblättern gedenken zurückliegender Begegnungen und Erfahrungen. Sie gelten den unterschiedlichsten Adressaten, doch sie schreiben in großem Variantenreichtum sein Ich. Es ist der Vorgang, den man aus der bildenden Kunst kennt; bei alternden

Malern nimmt die Zahl der Selbstporträts zu. Der Zirkelschlag wird enger, umfängt weniger Welt. Der schmale Band seiner französischsprachigen Gedichte *Vergers*, in Paris im Juni 1926, wenige Monate vor Rilkes Tod erschienen, endet mit dem Vers

Tous mes adieux sont faits. Tant de départs
m'ont lentement formé dès mon enfance.

Alle meine Abschiede sind getan. So manche Abreisen
haben mich allmählich geformt seit meiner Kindheit.

Selbst kleinere Aufmerksamkeiten sind Wegweiser in die Vergangenheit; so schickt er dem Zürcher Zoologie-Professor Jean Strobl für dessen geplante Prag-Reise eine genaue Stadtbeschreibung, fügt sogar die deutschen Straßennamen den tschechischen Bezeichnungen hinzu – und Rilke, der seit 1911 nicht mehr in Prag gewesen ist, spricht von den »lointains souvenirs«. Ein anderer Gedichtzyklus – *Les Roses* – entsteht jetzt; er wird erst nach Rilkes Tod in Holland publiziert. Und wir wissen inzwischen, welch Rosen-Theologie Rilke sein Leben lang zelebriert hat. So dürfen wir den ersten und letzten Vers als den Flügelschlag anhören, mit dem Rilke seine Existenz umkreist, leise rauschend –

Si ta fraîcheur parfois nous étonne tant,
heureuse rose,
c'est qu'en toi-même, en dedans,
pétale contre pétale, tu te reposes.

Wenn deine Frische uns manchmal so sehr erstaunt,
glückliche Rose,
so deshalb, weil in dir selbst, innen,
Blütenblatt gegen Blütenblatt, du dich ausruhst.

Weihnachten 1924 feiert Rilke gemeinsam mit der Freundin Wunderly im Sanatorium Valmont, das er im November aufgesucht hat; das Jahr, das einige Zeitschriftenpublikationen, Übersetzungen und Neuauflagen als Ernte eingebracht hat, endet bedrückt: »En ce moment ma plume est rouillée et ne vaut pas le sou. Et la main même qui la conduirait n'est pas heureuse ...«

Manche halten ihn gar für vergessen. Carl Sternheim notiert: »Il y a peut-être encore des jeunes filles pour le lire. Mais il n'est pas, voyez-vous, de notre époque.«

Doch sein Einst erobert Rilke sich neu. Noch einmal reist er – direkt von Valmont – nach Paris, wo er vom Januar bis August 1925 bleibt; Quartier nimmt er in seinem geliebten Hotel Foyot, der erste Besuch gilt Notre-Dame – »mon Paris«. Aber zugleich ist ihm, dem »Landmann von Muzot«, die Stadt fremd geworden, hektisch, laut, nervös. Dennoch stürzt er sich in den Trubel, besucht »tout le monde«, verabredet sich mit Valéry, arbeitet mit Maurice Betz an dessen *Malte*-Übertragung, déjeuniert mit Mme. de Noailles, diniert mit der Duchesse de Clermont, trifft den Marquis de Castellane: »Diesmal (als Kontrast zu der langen Abgeschiedenheit im Wallis) lag mir daran, Menschen zu sehen und Beziehungen fortzusetzen –, und schon bin ich in der Lage des Zauberlehrlings ...« – schreibt er bereits im Februar an Kippenberg.

Rilke lebt in vollen Zügen den Rilke-Widerspruch aus. Es ist auch ein sehr deutscher Widerspruch des »Himmelhoch jauchzend, zu Tode betrübt«. Lateinisch-barocke Lebenslust finden wir bei Rilke nicht. Viele Augenzeugenberichte geben uns das Bild eines in den pariserisch-verplapperten Salons versunken Abseitsstehenden, ein im Trubel Verlorener. Dann wieder bockt er gegen »diese oberflächliche Strömung«, vermeint das Paris Villons, Baudelaires und Gérard de Nervals wiederzuentdecken, kurz darauf ist er in Begleitung von Hofmannsthals Tochter Christiane Ehrengast beim Diner der Fürstin Marguerite Bassiano in Versailles, gemeinsam mit

Valéry und Paul Claudel. In der Stille seines Hotelzimmers nahe dem Luxembourg-Garten liest er Georg Büchners Fragment *Lenz*. Roger Martin du Gard entsinnt sich nach einem langen Gespräch mit dem deutschen Dichter an dessen Gestus von Glück, Unglück und Einsamkeit, als schlürfe da jemand ein berauschendes Getränk, das er in vollen Zügen genießt, wissend, daß es giftig ist. Rilke selber, der zwischendurch immer wieder Fluchtpläne schmiedet – eine Villa in Italien ist ihm angeboten, der verwunschene Turm von Muzot lockt, auch »die blutsverwandte Liebe zu Rußland« taucht als Schemen auf –, berichtet: »Ich lebe recht als Jonas im Bauche des Wal's Paris, – aber so oft der immense Fisch mich ins Freie speit, einen Augenblick, staune ich die herrlichen Wasser an und die Räume über ihnen und das Große und Mächtige dieser Welt, in der das Unthier mich, recht eigenmächtig, als ein winziges Gewicht seines Eingeweids, hinbewegt! Eindrücke mehr als man faßt. Alle übertreffend, beinah alle …«

Grippekrank verbarrikadiert sich der »Salonlöwe«, wie Harry Graf Kessler ihn tauft, im Hotel, entwirft für Ernst Krenek einen kleinen Zyklus von drei Gedichten (die *Für eine hohe Stimme mit Klavierbegleitung* als Opus 48 ein Jahr später erscheinen) und amüsiert sich alsbald in einem kleinen Cabaret am Boulevard Raspail. Des ihm so herzlich zugetanen Paul Valéry Anregung, ihn für den Orden der Ehrenlegion vorzuschlagen, lehnt Rilke ab, wie er den Verleger Kippenberg – viele Anordnungsdetails der Edition barsch verwerfend – dringlich bittet, die geplante Gesamtausgabe nicht zu seinem 50. Geburtstag am 4. Dezember 1925 zu publizieren, er sähe diesen Tag lieber übersehen und übergangen.

In Paris begeht er ihn ohnehin nicht. Sein Übersetzer Maurice Betz empfand die grußlos überstürzte Abreise am 18. August wie einen Krankheitsanfall. Rilke, nun schon wieder in der Schweiz, zieht in einem Brief an Kippenberg die Bilanz: »Ich werde dieses Jahr,

1925, zu den schlimmsten rechnen, die ich seit den Heimsuchungen der Kindheit erinnern kann, wie jene hat es mich bis in meine physischen Grundlagen erschüttert und, wer weiß, verändert, und hat mit den Kindheitsnöten irgend eine innerste Unentrinnbarkeit gemein, die dadurch noch fühlbarer wird, daß man das Leben nicht mehr vor sich hat.«

Er sieht Paris nicht wieder. Und er sieht Baladine Klossowska, mit der er die Monate dort verbrachte und in Richtung Burgund floh, nicht wieder. Die letzten Wochen waren ihm noch vergällt worden durch einen bezeichnenden, ihn aufwühlenden Presse-Eklat. Die von Stefan Großmann und Leopold Schwarzschild herausgegebene Wochenzeitschrift *Das Tagebuch* hatte Rilke gegen Zeitungsberichte in Schutz genommen, der Dichter des *Cornet*, des *Malte*, der *Elegien* habe einem französischen Journalisten gesagt »Ich bin kein Deutscher«. Die Zeitschrift erinnert an »die deutsche Wirklichkeit«, mit der Rilke während der Münchener Räterepublik zusammengestoßen war, damals, als »das Hausknechtsgesicht« des bayerischen Ministerpräsidenten Gustav Ritter von Kahr »über München zu strahlen begann«. Rilke, gefeierter deutscher Dichter in Paris, ist aber dieses Schutzangebot nicht ganz recht; er mag die tatsächlichen Drangsalierungen jener Zeit – Haussuchung, Unterstellung, er habe mit einem Maschinengewehr die Räte-Aufständischen verteidigt – nicht wahrhaben. Auch nicht, daß er ja tatsächlich – wenn auch nicht zu einem französischen Journalisten – des öfteren betont hat, er sei kein Deutscher, das Deutsch der ihm widerwärtigen Hohenzollern sei nicht seine Sprache. Von Frankreich aus, Heinrich Heine läßt grüßen, ruft er vernehmlich zurück, wie sehr seine ganze Existenz deutsche Wurzeln hat. Des öfteren hatte er in Paris Walter Mehring gesehen. Den bittet er für eine »Gegendarstellung« um Hilfe, die Mehring unter der Überschrift »Der Fall R.« ebenfalls im *Tagebuch* veröffentlicht: »Denn der Dichter hat mich um Veröffentlichung folgender mündlicher Aeußerung gebeten: ›Welch eine Unsinnigkeit, mir zu insinuieren, ich hätte je behauptet, kein deutscher Dichter zu sein. Die deutsche Sprache wurde mir nicht als Fremdes gegeben; sie wirkt aus mir, sie spricht aus meinem Wesen. Konnte ich an ihr arbeiten, konnte ich sie zu bereichern suchen, wenn ich sie nicht als ureigenstes Material empfand?‹«

So gewiß eine derart läppische Querele ihn nicht Paris fliehen ließ – so gewiß darf man annehmen, daß Rilkes Empörung ihm die Ruhe raubte: weder Flanieren am Medici-Brunnen im Jardin du Luxembourg noch mondäne Diners, noch die Arbeit an – horribile dictu – französischen Versen entsprachen seiner Seelenlage. Die »Kränke« heißt im Jiddischen Fremde und Elend. Rilke war gekränkt. Und er war krank.

Daß es der Tod ist, der in ihm bereits nistet, weiß weder Rilke noch erkennen es seine Ärzte. Er ist nun, 1925, zwar zum dritten Mal seit 1923 im Sanatorium Valmont oberhalb von Montreux – aber er flüchtet nach Zürich, wo er andere Ärzte konsultiert, die seine steigende Angst vor einer Krebserkrankung – »unfähig zu sprechen, Knöt'chen innen an der Lippe« – für eine Phobie halten. Der junge Hans von Salis besucht Rilke (im Hotel Bellevue zu Bern) ein letztes Mal und berichtet: »R. saß, klein und schütter, in einem tiefdunklen Anzug in die Polster eines mächtigen Sessels versunken; sein maskenhaft verschlossenes Gesicht erzeugte den Eindruck völliger, leidender Abgeschiedenheit. Das Lächeln wurde ihm offenbar schwer, er schien sehr müde.«

Zurück in Muzot, verfaßt Rilke sein Testament, bestimmt unter anderem, daß Teile seiner Korrespondenz »für den Fall einer mich mehr oder weniger enteignenden Krankheit« veröffentlicht werden dürfen, und wünscht sich jenen Grabspruch, dessen Zeilen jeder als Essenz seiner Lyrik im Gedächtnis hat. Die Krankenberichte werden häufiger und düsterer, verbunden mit wachsender Skepsis gegen das zu freundliche Urteil der Ärzte. Wir lesen von seinem verschatteten Gemüt, von der Unmöglichkeit zu lesen und zu schreiben, eine »Noth-Banknote« nennt er seine »Klagensprache«, mit der er Ende Oktober 1925 Lou Andreas-Salomé fragend daran erinnert, daß sie einst, nach der Trennung, Hilfe in der Not versprochen habe: »Untergraben wie meine treue Natur jetzt ist [...], genügt diese alles überwiegende Angst, um mich mir nun ständig zu enteignen.«

Doch ergäbe es ein in fälschendes Schummerlicht getauchtes Bild, wollten wir uns den Rilke der Jahre 1925–26 vorstellen als einen kränkelnd der Welt Abhandengekommenen. Er führte nicht nur seine weitverzweigte Korrespondenz weiter und besorgt sich um minimste Details – den fehlenden Akzent ´ bei seiner Valéry-Übersetzung für Harry Graf Kesslers Cranachpressen-Ausgabe, deren ersten Band er »Werner Reinhart / dem gastlichen Freunde« widmet; Rilke liest auch aufmerksam Zeitungen, die *Neue Zürcher Zeitung* und *Le Figaro*. Ein Ausbruch über eine dort gefundene Notiz in der Ausgabe Nr. 68 vom 10. März 1926 zeigt einen hellwachen Geist. Joachim W. Storck hat in einer kleinen Festschrift zum 60. Geburtstag von Bernhard Zeller den gesamten Vorgang dokumentiert. Die Pariser Tageszeitung hatte unter der Überschrift »La Rose de Locarno« (eine Anspielung auf den Locarno-Pakt vom Dezember 1926) eine polemische Glosse publiziert, die energisch anmahnte, das Deutsche Reich habe die moralische Pflicht, durch eine Spende die berühmte Große Rosette in der Hauptfassade der Kathedrale von Reims zu restaurieren, die im Ersten Weltkrieg von deutscher Artillerie zerstört worden war:

> *Le pacte est ratifié. Il n'est bruit que d'oubli. Travaillons à faire disparaître tout ce qui pourrait réveiller de cruels antagonismes et signalons aux Allemands que la cathédrale de Reims n'est pas encore restaurée. [...]*
> *L'Allemagne, jusqu' à présent, a bien peu et bien mal réparé. Ne*

pourrait-elle, au moins, en cette occasion, avoir un geste plusconciliant?
La rose magnifique qui, au-dessus du grand portail, semblait être le visage du monument illustre, n'est plus qu'une plaie béante.
Cette affreuse, abominable blessure, le gouvernement du Reich ne devrait-il pas prendre à de l'effacer?

Rilke machte sich diesen Appell sofort zu eigen, bereits zwei Tage nach Erscheinen schrieb er aus dem Sanatorium Valmont an den ihm befreundeten österreichischen Diplomaten und Schriftsteller Paul Graf Thun-Hohenstein, der in Wien Mitarbeiter der von ihm mitgegründeten *Europäischen Revue* war. Es entwickelte sich eine dringliche Korrespondenz, auch mit Wilhelm Hausenstein, dessen Paul-Klee-Studie Rilke schätzte; er drang in seine beiden – eher zögernden – Briefpartner, den französischen Entwurf unterstützend zu publizieren, europäische Intellektuelle zu alarmieren, ein Zeichen zu setzen. »Meine Stimme ist nach innen geschlagen [...] ich kann sie nicht aufrufend gebrauchen« – aber Rilke, erregt formulierend, forderte dies Sühnezeichen für den Frevel des Krieges, war auch bereit, eine Interpellation zu unterschreiben. Es ist jener Rilke, der sich sehr wohl darüber klar ist, daß auch ein Dichter Menschen schwer erreichen kann: »Die Lage eines Menschen ändern, bessern wollen, heißt, ihm für Schwierigkeiten, in denen er geübt und erfahren ist, andere Schwierigkeiten anbieten, die ihn vielleicht noch rathloser finden.« Es ist jener Rilke, der trotz zerrütteter Gesundheit wie ein Ritter mit der eingelegten Lanze zum Kampf um Gerechtigkeit hervorbricht aus seinem Zauberberg, von dem er sich nicht sänftigen lassen mag, weil er eine »Lebenspause« nicht will: »Gegenwärtig bin ich leider nicht in meinen festen Burgmauern, sondern, für Monate, in einer Art Kuranstalt oder Clinique, wo aus den entlegensten Ländern der Erde Leute zusammenkommen, die es zu dem Vorurtheil gebracht haben, nur in Val-Mont gesund werden zu können. Die Ärzte sind in der That ausgezeichnet und arbeiten den ganzen Tag und die halbe Nacht, die Gegend ist die langweilige der ›berühmten‹ Berg- und Seeschweiz und, wo sich sonst das vollzieht, was höchst allgemein ›Leben‹ heißt, herrscht eine außerordentliche Pause, über die jeder auf seine Weise, unter Mitwirkung unzähliger ›traitements‹ wegzukommen hat.«

Es ist jener Rilke, der – er hat nur noch wenige Monate zu leben – die große Liebe gefunden hat: sie ist perfekt, weil ein Seelen-Schemen, ein Lasso ins Nirgendwo, hochfliegend ohne Fang, Beute nur einer Idee – die Frau ist Russin, Dichterin, und er hat sie nie gesehen. Heilige Dreifaltigkeit im Liebesgebot des Rainer Maria Rilke. Sie hat sich gewiß nicht getäuscht, wenn sie sich als seine letzte Freude, »sein letztes Rußland« sah. Körperlos bleibt die Beziehung zu Marina Zwetajewa; so heißt die Mouche seiner Matratzengruft, eine der bedeutenden Lyrikerinnen des 20. Jahrhunderts, »Dichterin von Geburt« nennt Pasternak die im Pariser Exil Lebende – er ist es, der Rilke den Falter zu-käschert, und die Widmung in den *Duineser Elegien*, die im Mai 1926 aus Valmont ins 19. Pariser Arrondissement gesandt werden, ist ein Notenschlüssel in Worten, der gibt den Ton ersehnter Ferne an, der diese einzigartige Symphonie d'Adieu durchklingt:

Wir rühren uns. Womit? Mit Flügelschlägen,
mit Fernen selber rühren wir uns an.
Ein Dichter einzig lebt, und dann und wann
kommt, der ihn trägt, dem, der ihn trug, entgegen.

Rainer Maria Rilke

Es war, als habe jemand extra für Rilke einen Menschen gezeugt, nein: erfunden. Die 24jährige Russin, hochgebildet, bewandert in der deutschen Klassik und Romantik, konnte nur in »Nicht-Liebe leben«, sie fabulierte sich in eine Irrealität der wahren Liebe hinein, die durch die Verschmelzung der Seelen, nicht der Körper entsteht.

Ein Interpret ihrer Vorstellungswelt klingt wie ein Rilke-Ausdeuter: »Ihr war der Mensch, dem ihre Gefühle zu dem einen oder anderen Zeitpunkt entgegenstrebten, weniger wichtig als der heftige Erguß dieser Empfindungen aufs Papier [...] Die Menschen, mit denen Zwetajewa eine tiefere Beziehung unterhielt, ›erfand sie‹, sie erzeugte sie kraft ihrer Phantasie, erschuf sie mit ihrer Laune, und schenkte ihrer wirklichen Natur kaum Beachtung.«

Denn »Trennung« – Rilkes Glaubensbekenntnis – war auch das Schlüsselwort für den Empfindungshaushalt der Zwetajewa; Leben war niederer Wahn, Traum war die Wirklichkeit, und er wurde manifest nur in der Kunst. Das ist, wie wir wissen, die Nietzsche-Predigt. Es ist herzzerreißend, wie eng verschlungen hier zwei Menschen sind, die einander nicht verschlingen, aber in der Kunst verbunden sind. Ohne weiteres könnten von Rilke stammen die zwei Zeilen der jungen Russin –

Ergreift die Scheinhand fest
Den Schein einer andern Hand.

Das hat seine fast wörtliche Entsprechung in einem der ersten Briefe Rilkes, in dem er beseligt annimmt, daß es ihr nicht ginge »um den Mensch-Rilke: auch ich bin zerworfen mit ihm, mit seinem Körper«, und eben jene Scheinbegegnung der Hände betont; Nicht-Nähe als die wahre Innigkeit: »Du hast mir die Hände, gebend abwechselnd und wieder gefaltet, hast mir Deine Hände, Marina, ins Herz gehalten, wie ins Becken eines fließenden Brunnens: nun geht zu Dir, solang Du sie drinnen hältst, die verdrängte Strömung über ... Laß Dir's gefallen.«

Ein Chagall-Paar reitet auf dem unirdischen Regenbogen hoch über Dorf, Kirche und Pferdchen – also: der Welt –; es hat die zerlaufenden Farben der Illusion. Beide Briefpartner bedienen sich wechselnder Farben von derselben Palette, doch das Bild fügt sich immer und immer wieder, in trauerloser Hoffnungslosigkeit, dem leitmotivischen Grundton zusammen: »Ich liebe den Dichter, nicht den Menschen [...] *Vorsicht* – Verzicht!« Und als wolle Rilke das Bild zurückspiegeln, spricht er von seiner »zum Letzten und Äußersten hingerissenen Einsamkeit«. Rilke war ja auch ein Lebens-Zitierer, will sagen: er sammelte seine Lesefrüchte zu einer Ernte, die ihn ernähren sollte. So war er ein großer Anhänger der Bettina von Arnim, die mit dem Stolz einer unabhängigen Frau wiederholt betont hatte, ihre Liebe zu Goethe bedurfte keiner Erwiderung, sie habe Lockruf und Antwort in sich, sie erhöre sich selber. Wie eine Vorwegnahme von Rilkes Idee der intransitiven Liebe liest sich ein Brief Bettinas: »Und noch leg ich dir hier einen Brief bei aus meinem siebzehnten Jahre an jemand, der aus Eitelkeit sich weisgemacht hatte, ich sei in ihn verliebt, welches keineswegs wahr gewesen, da ich nie in meinem Leben verliebt war, aber meine große Anlage ist Lieben, das ist was anders.«

Rainer Maria Rilke und Marina Zwetajewa. Zwei Irrlichter tanzen in rasender Manie aufeinander zu. Und zerstieben. Ihre Himmel sind hoch – und leer. In dieses Firmament zeichnete Marina Zwetajewa in einem der letzten Briefe ihre Flammenschrift von der »großen Niedertracht der Liebe«, undankbar und selbstvernichtend. Die Wolke war tiefschwarz und weit, weit weg, aus der Rilkes Abschiedsworte grollen: »Aufgelehnt gegen jede Ausschließung / die aus der Liebeswurzel wächst und verholzt.«

Der Brief kam aus Ragaz.

Doch dieses mondäne Kurbad war nicht mehr als ein Treffpunkt eleganter Unpäßlichkeits-Flaneure; dort traf Rilke zum letzten Mal die Fürstin Thurn und Taxis. Ein Ort weder des Heils noch der Heilung. In Wahrheit verbrachte der Dichter die letzten zwei Jahre am häufigsten in der Klinik Valmont, in der er sich, trotz aller Skepsis gegen dessen Behandlungsmethoden, dem Dr. med. Theodor Haemmerli-Schindler anvertraute; die Skepsis war angebracht, denn allzu lange erkannte der Arzt Rilkes Krankheit nicht. Die zunehmenden Schmerzen lagen wie ein Bann über ihm. Fast möchte man die Worte Paul Valérys zum Leitmotiv der Jahre 1925 und 1926 nehmen, die aus einem Gespräch mit Max Rychner überliefert sind. Rilke hatte den von ihm so hoch verehrten französischen Dichter, an dessen Werk er all seine Übersetzerkunst verwandte, im September 1926 in Authy bei Thonon besucht, wo der Bildhauer Henri Vallette eine Valéry-Büste schuf. Die beiden Freunde gingen in dem schönen Park am See spazieren, sprachen über Rilkes Fassung des *Narziss* von Valéry, der sich an den Abschied erinnert: »Man sah, wie sein Lächeln sich verlor; ein wenig Rauch und – Adieu!«

Rilkes Purgatorium hat begonnen. Keine Engel. Kein Himmel. Kein Gott. Kein Menschensohn. Er macht noch Ausflüge in die Welt, wenn es gelingt, den überhandnehmenden Schmerzen zu entrinnen, die er als böse Magie empfindet: »Es ist ein entsetzlicher Cirkel, ein Kreis böser Magie, der mich einschließt wie in ein Breughel'sches Höllenbild. [...] Ich weiß nicht, wie ich so weiterleben soll.«

Diese Ausflüge – immer in die engere Umgebung von Muzot oder Valmont, mal Vercy, mal Lausanne, mal ein Hotel nahebei und mal ein Besuch bei Carl Jacob Burckhardt in Rientcourt – gleichen den kleinen Schlucken eines nach der Welt Dürstenden. Allein, Pläne für Mailand oder Prag müssen verworfen werden. Doch gerade das Schlucken wird für Rilke, der bald nur mehr etwas Pampelmusensaft zu sich nimmt, immer beschwerlicher: »Die Schwellungen im Munde, die so störend und quälend sind, sind noch ausgebreiteter als ich selber dachte [...]«

Er hört das Pochen des beinernen Fingers an jeglicher Tür. Die Türen zur Monde réel schließen sich.

Und nun geschieht das ganz und gar Erstaunliche. Rilke schafft sich noch einmal seine ihm ganz eigene Welt. Er lebt in der Literatur.

Er bestellt Bücher, etwa *Entretiens avec Paul Valéry* von Frédéric Lefèvre aus Paris oder die holländische Version der Louise-Labé-Sonette von P.C. Boutens aus Den Haag; er liest – inzwischen von dessen Dichtung enttäuscht – Tagore oder – eher abschätzig – eigene Jugendgedichte: »Heute ... käme kaum ein junger Mensch in die Lage, so Minderwertiges zur Geltung bringen zu wollen: man dichtet, banal gesprochen, ob man will oder nicht, auf einem anderen niveau ...«

Er verschickt Bücher und Zeitschriften mit Empfehlungen, verschenkt gar die Handschrift des *Cornet* an Stefan Zweig. Er läßt sich Turgenjew vorlesen oder die Memoiren vom ehemaligen Direktor des kaiserlichen Theaters, Sergej Wolkonski. Er klagt »Ich weiß nicht weiter« – aber er vollendet mehrere Valéry-Übersetzungen, schickt penibelste Korrekturen an Verleger Kippenberg, der ihm mitteilt, sein Konto sei mit 6000 Mark überzogen. Baladine Klossowska sendet Fahnenabzüge von *Vergers* und der französischen Fassung des *Malte*, die er sorgfältig durchsieht, seufzend »Je suis en peine, l'état de ma bouche me rend toujours encore méfiant«. Herzzerreißend wie verblüffend: ein langsam und peinvoll Verlöschender verjagt immer noch und immer wieder die im Nebel huschenden Alraunen – einzig mit der Helligkeit seines Geistes. Sogar Politik läßt er ein, den Besuch seiner Frau Clara indes läßt er nicht zu. Während er das Italien Mussolinis mit wohlwollendem Interesse wahrnimmt – »En tout cas cette Italie de 1926 fait admirablement acte de vie et de bonne volonté« –, gilt sein verdammendes »Wehe« noch einmal Wilhelm II., »la figure la plus hideuse à mon avis dans l'histoire contemporaine«.

Und mehr noch. Das Großartige geschieht. Ein sterbender Dichter illuminiert sein Universum: Kunst. Für Rilke ist das Wesen der Dinge, das Magma seiner Existenz nur ergründbar in der Kunst. Sie überwölbt das Sein. Er schreibt Gedichte. Von den beiden letzten, die er noch für den Druck bestimmte – »Vollmacht« und »Ankunft« –, beginnt das eine als Verkündigung des Endgültigen: »Ach entzögen wir uns Zählern und Stundenschlägern.«

Es ist gleichsam die lyrische Version seiner mündlichen Bitte an Frau Wunderly-Volkart, »Helfen Sie mir zu meinem Tod, ich will nicht den Tod der Ärzte, ich will meine Freiheit haben«.

Endlich wissen die Ärzte: es ist Leukämie, eine besonders seltene und aggressive Form von Blutkrebs, unheilbar. Die Diagnose wird dem Kranken nicht mitgeteilt, der inzwischen kaum mehr schreiben kann. Frau Wunderly-Volkart verschickt über 100 gedruckte Karten, Rilke sei »gravement malade«. Auch die von Kippenberg und Reinhart geschickten Spezialisten können nicht helfen. Rilkes letzte Sekretärin Génia Tschernosvitow hat in ergreifender Naivität seine letzten Monate geschildert, der Satz von Nanny Wunderly-Volkart, die am 9. Dezember in Valmont eintraf, ist überliefert: »Dann sah ich ihn – und das war furchtbar.«

Als sei Sterben und Tod nicht ohnehin eine nie begreifliche Absurdität, soll dem zeit seines Lebens in Rosen Verliebten eine Qual-Farce nicht erspart werden. Rilke, der Besuch und Blumen untersagt, weil sein Zimmer von Dämonen bewohnt sei, hat sich Anfang Oktober an einem Rosendorn geritzt, die Wunde entzündet sich, eitert, er trägt schließlich Verbände an beiden Händen – als hätten seine Pfleglinge ihn gebissen. Frühzeitig verbittet er sich Besuche jeglicher Art, auch der Mutter – mit Ausnahme von Nanny Wunderly-Volkart; priesterlichen Beistand lehnt er ab mit den Worten »der Bewegung meiner Seele, aufs Offene zu, wäre jeder geistliche Zwischenhändler kränkend und zuwider«. Sprechen mochte er nur mit sich, und das gelang nur im Werk, aus dem er 1924 in Muzot einer anderen Mitarbeiterin, Marga Wertheimer, vorlas:

Der Tod ist groß.
Wir sind die Seinen
lachenden Munds.
Wenn wir uns mitten im Leben meinen,
wagt er zu weinen
mitten in uns.

Sterben hat keine Logik. Kurz bevor Rilke am 19. Dezember in sein Taschenbuch den letzten Gedanken einträgt »Komm du, du letzter, den ich anerkenne, / heilloser Schmerz im leiblichen Geweb«, äußert er den Wunsch, das Meer zu sehen, in den sonnigen Süden Frankreichs zu reisen. Doch die Sterne der Hoffnung haben nur mehr schneidende Zacken, ihr gleißendes Schimmern gerinnt zum Grinsen.

Nicht lange bevor Rainer Maria Rilke in den Morgenstunden des 29. Dezember 1926, um 3 Uhr 30, in Valmont stirbt, hatte er sein Testament gemacht. Er, der sich zeit seines Aufenthaltes auf Muzot vergebens bemühte, das rätselhafte Hakenkreuz zu deuten, das über der Tür zur kleinen Kapelle des Schloßturms angebracht war, gab uns nun ein letztes Geheimnis auf mit jenem unauflöslichen, unauslöschlichen Gedicht, das er in die Pforte zur Unendlichkeit meißelte; er wollte, daß es auf seinem Grabstein im kleinen Friedhof von Raron stünde:

Rose, oh reiner Widerspruch, Lust,
Niemandes Schlaf zu sein unter soviel
Lidern.

Epilog

»[...] fragte mich einer, ich müßte zugeben, daß ich nicht lebe [...]«
Rainer Maria Rilke an Hertha Koenig, 4. Januar 1915

Wer da nun heute steht, an der Tafel, in die der Zauberspruch eingelassen ist, davor ein verwittertes kleines Holzkreuz, das die Buchstaben RMR trägt, hoch über dem Rhône-Tal, das Grab ›angelehnt‹ an das schmucklos-schlichte Felsenkirchlein: der versucht im Abschied noch einmal zu verstehen und zu danken. In der Kirche Reste gotischer Fresken, als habe der Engel-Dichter es so gewollt: der Erzengel Gabriel mit dem Schwert, der per Karren und Prügel die Heillosen ins Fegefeuer schickt. Aber da draußen die lockende Welt, das stumpf-schimmernde Parkett verblichener Schindeldächer, alte Holzhäuser von Küfern, Schäfern, Tischlern, halb eingesunken in Plusterkissen aus rosa Phlox, dunkellila Geranien, hellblauen Winden, lachenden Sonnenblumen. Weit, weit weg ist Deutschland, die Luft schmeckt hier anders, jeder leiseste Ton klingt anders. Aber DIESER hat doch Luft und Schmecken und Ton der Deutschen eingefangen wie kaum einer? Und da liegt er nun, fern, so fern, als habe er sich weg-gedichtet.

Anhang

Zitatnachweis

Zitate werden im allgemeinen nur ausgewiesen, wenn es sich um vollständige Sätze handelt; einzelne Wörter oder Begriffe werden nicht nachgewiesen. Die Nachweise sind nach Buchseiten mit den jeweils letzten Wörtern des Zitats angeordnet.
Die Schreibweise der Zitate richtet sich nach der jeweiligen Quelle. Orthographische Besonderheiten in den Zitaten wurden nicht korrigiert. Bei auszugsweise zitierten Gedichten wurden Auslassungspunkte nur zwischen den Versen eingefügt, nicht jedoch am Anfang oder Ende eines Teilzitats. Die im Zitatnachweis verwendeten Siglen für die Primärliteratur sind unter Benutzte Literatur, Abteilung A erklärt.

Der Titel dieser Biographie *Überzähliges Dasein* ist entnommen der neunten Duineser Elegie, RMR/KA 2, S. 229

Motto I

9 *aus dem tonlosen Los:* RMR, Duineser Elegien, Die zehnte Elegie, KA 2, S. 234

Motto II (Epilog)

159 *daß ich nicht lebe:* Rainer Maria Rilke an Hertha Koenig, Berlin, 4.1.1915. Zitiert nach dem handschriftlichen Original des Rilke-Archivs im Schiller-Nationalmuseum Marbach

Das Genie schlummert noch

11, 1 *Kunstglasbläser und Zierathämmerer:* KA 3, S. 889

11, 3 *Dinge machen aus Angst:* RMR an Lou Andreas-Salomé, 18.7.1903, RMR/LAS, S. 75

11, 4 *überschminktes Frauenzimmer:* zit. nach Joachim Kaiser, »Von der Schwierigkeit, Rilke zu lieben«, in: Süddeutsche Zeitung, 19./20.11.1975

11, 5 *ein bißchen dumm:* Gottfried Benn, Briefe. Zweiter Band/Zweiter Teil: Briefe an F. W. Oelze 1950–1956. Hrsg. von Harald Steinhagen und Jürgen Schröder. Klett-Cotta Verlag, Stuttgart 1980, S. 174

11, 12 *Formeln herausrauschen:* vgl. Thomas Steinfeld, »Die Liebe zum Toben der Alten«, in: Süddeutsche Zeitung, 4./5. August 2001

11, 21 *erlauchter Goldschmiedekunst:* Stefan Zweig, Die Welt von Gestern. Erinnerungen eines Europäers. S. Fischer Verlag, Frankfurt am Main, 3. Aufl. 1944, S. 166

11, 22 *Rauten:* »*Rauten ist, für mein Gefühl, eine, dem so bezeichneten Blütenstand nachgeformte, etwa so gestellte*  *Anordnung von Steinen (gewöhnlich Brillanten oder Perlen), die einen grösseren Stein umgeben (etwa einen Rubin). Ich weiß nicht, ob meine Empfindung dem Sprachgebrauch nach richtig ist, doch war meine gefühlte Vorstellung von ›Rauten‹ diese, dass es kleine blasse Brillanten sind, die in obiger Form um andere Steine angeordnet stehen.*« RMR an Ellen Key, 2.4.1904, RMR/EK, S. 72

12, 3 *Nerven gegangen ist:* Willy Haas, Die Literarische Welt. Erinnerungen. Paul List Verlag München, 1957, S. 165

12, 7 *der modernen Literatur:* Hans Egon Holthusen, Rainer Maria Rilke in Selbstzeugnissen und Bilddokumenten. Rowohlt Verlag, Reinbek 1958, S. 149

12, 12 *alles ist reizend:* Marie Taxis an RMR, 14.7.1926, RMR/MTT II, S. 874

12, 14 *hält darüber Wache:* Marie von Thurn und Taxis an RMR, 18.8.1922, RMR/MTT II, S. 728

12, 25 *ein Kreuz hing:* Hedwig Fischer, Hrsg., in ihrer Vorbemerkung zu: RMR/SF, S. 5

12, 30 *in Paris zu erleichtern:* RMR an SF, ebd., S. 25

13, 2 *nachstellen würde:* RMR an SF, ebd., S. 83

13, 8 *Ankündigung schon Beschwerung:* – Stefan Zweig, a.a.O., S. 168 f.

13, 24 *zusammenfassen konnte:* Gottfried Benn an Hans Paeschke, 13.8.1950. In: Gottfried Benn, Hans Paeschke, Joachim Moras, Briefwechsel 1948–1956. Gottfried Benn Briefe, Siebter Band. Klett-Cotta, Stuttgart 2004, S. 56

13, 30 *manierierten Konditorei:* Thomas Kling, »Das Gemäldegedicht«, in: Frankfurter Allgemeine Zeitung, 1.9.2003, S. 31

14, 11 *doch aa net Mizzi:* vgl. Lou Albert-Lasard, Wege mit Rilke. S. Fischer Verlag, Frankfurt am Main 1952, S. 128

14, 31 *noch beim Erzählen:* Hertha Koenig, Erinnerungen an Rainer Maria Rilke. Insel Verlag, Frankfurt am Main und Leipzig 2000, S. 74

15, 7 *muß sich erholen:* ebd., S. 89

15, 24 *günstig zu sein vermochte:* RMR an Sidonie Nádherný von Borutin, 31.10.1913, RMR/SNB, S. 190

16, 3 *unschönen jungen Mädchen:* Harry Graf Kessler, Tagebucheintrag zum 21.12.1907. In: Ders., Das Tagebuch 1880–1937. Hier: Vierter Band 1906–1914. Hrsg. von Jörg Schuster unter Mitarbeit von Janna Brechmacher,

Christoph Hilse, Angela Reinthal und Günter Riederer. Klett-Cotta Verlag, Stuttgart 2005, S. 42

16, 14 Schoß *ist Alles:* Zitate aus der sechsten, der siebenten und der achten Elegie. In: Duineser Elegien, KA 2, S. 219, S. 221, S. 225

16, 28 *in einem warmen Moor:* Gottfried Benn, »Gesänge«, in: Ders., Sämtliche Werke in sieben Bänden. Erster Band: Gedichte 1. Klett-Cotta Verlag, Stuttgart 1986, S. 23

16, 31 *schlief und war da:* Bertolt Brecht, »Ballade von den Abenteurern«, in: Brecht, Gedichte Band I: 1918–1929. Suhrkamp Verlag, Frankfurt am Main 1960, S. 79

17, 1 *oder lieber nicht:* Chanson von Friedrich Holländer (Text und Musik), »Wenn ich mir was wünschen dürfte«

17, 10 *gespenstisch und schrecklich:* RMR an Lou Andreas-Salomé, 15. 4. 1904, RMR/LAS, S. 146

17, 18 *genoß wie Bilder:* Carl Sieber über Phia Rilke, zit. nach Günther Schiwy, Rilke und die Religion. Insel Verlag, Frankfurt am Main und Leipzig 2006, S. 6 f.

18, 6 *Namen bleibt, zusammenzufassen:* RMR an Nanny Wunderly-Volkart, in: RMR/NWV II, S. 949 f.

18, 13 *aus meinem Leben:* RMR Gedichte 1895 bis 1910, KA 1, S. 67

Der Erstdruck des Gedichtbandes *Mir zur Feier* (1899) mit dem Titelblatt von Heinrich Vogeler faßte Arbeiten zusammen, die zwischen 1897 und 1898 in Berlin, Arco, Florenz und Viareggio entstanden waren.

18, 20 *und stand schon wie ein kleines Haus:* Zeile aus dem nachfolgenden Gedicht von Rainer Maria Rilke. Zit. nach Lou Albert-Lasard, a. a. O., S. 82

Ach, wehe, meine Mutter reißt mich ein.
Da hab ich Stein um Steinzu mir gelegt

und stand schon wie ein kleines Haus,
um das sich groß der Tag bewegt,
sogar allein – da kommt die Mutter,
kommt und reißt mich ein.

Sie reißt mich ein, indem sie kommt und schaut,
sie sieht es nicht, daß einer baut –
sie geht mir mitten durch die Wand von Stein.
Ach wehe, meine Mutter reißt mich ein.

Die Vögel fliegen leichter um mich her,
die fremden Hunde wissen: das ist d e r –
nur einzig meine Mutter kennt es nicht,
mein langsam mehr gewordenes Gesicht.
Von ihr zu mir war nie ein warmer Wind.
Sie lebt nicht dorten, wo die Lüfte sind,
sie liegt in einem hohen Herzverschlag
und Christus kommt und wäscht sie jeden Tag.

18, 31 *Feststehendes im Augenbogenbau:* RMR, Selbstbildnis, KA 1, S. 483

19, 15 *meines geliebten Vaters:* RMR an Auguste Rodin, Prag, 15.3.1906, RMR/AR, S. 166

19, 21 *entschlafen ist:* ebd.

20, 14 *Zwecke des Staates:* Thomas Bernhard, Alte Meister. Suhrkamp Verlag, Frankfurt am Main 1985, S. 53 ff.

21, 4 *wetteifern wird:* RMR an Marie Taxis, 18. und 25.8.1917, RMR/MTT II, S. 511 ff.

22, 1 *eigenthümlich macht:* RMR an Oskar Kokoschka, 29.4.1916. Ohne Ortsangabe. Zitiert nach dem handschriftlichen Original des Rilke-Archivs im Schillernationalmuseum Marbach

22, 17 *à vous infiniment R. M.:* RMR an Adelmina Romanelli, »Dimanche Matin« aus dem November 1907. Ohne Ortsangabe. Zitiert nach dem handschriftlichen Original des Rilke-Archivs im Schiller-Nationalmuseum Marbach

23, 9 *Nichtigkeiten:* RMR an Hermann Pongs, 17.8.1924, zit. nach Hans Egon Holthusen, a. a. O. S. 27

23, 15 *begrüsst Sie: Rainer Maria Rilke:* RMR an Walter Seifert. 2.8.1904, Borgeby gård, Flädie, in Schweden. Zitiert nach dem handschriftlichen (hier: getippten) Original des Rilke-Archivs im Schiller-Nationalmuseum Marbach

24, 18 *mit Jutta, seinem Ehgemahl:* RMR, zit. nach Hans Egon Holthusen, a. a. O., S. 20 f.

24, 28 *kommt der* Cornet *nicht vor:* RMR an Auguste Rodin, 1.8.1902, RMR/AR, S. 34–37

25, 4 *im Nachtwind wehenden Kerzen:* RMR an Margot Gräfin Sizzo, 28.11.1921, KA 1, S. 709

Liebesfähigkeit heißt Alleinsein: Lou Andreas-Salomé

27, 7 *immer das gleiche Bild:* RMR, Die Weise von Liebe und Tod des Cornets Christoph Rilke, KA 1, S. 141

28, 1 *eine fremde Frau:* ebd., S. 144

29, 5 *weiße, bewußtlose Frau:* ebd., S. 151

29, 28 *des Wortes zu betätigen:* RMR an Theodor Fontane, Frühjahr 1896, zit. nach Ingeborg Schnack, Rainer Maria Rilke. Chronik seines Lebens und seines Werkes. Band I. Insel Verlag, Frankfurt am Main 1975, S. 42

31, 10 *ich kann dich hören:* RMR, Das Stunden-Buch. Zweites Buch: Das Buch von der Pilgerschaft, KA 1, S. 207

31,16 *nur Dich, Dich, Dich:* RMR an Lou Andreas-Salomé, 8.6.1897, RMR/LAS, S. 17

32,7 *in dem tiefen Buche:* RMR, »An Stefan George«, zit. nach Thomas Karlauf, Stefan George. Die Entdeckung des Charisma. Karl Blessing Verlag, München 2007, S. 247. Daselbst zit. n. d. Erstdruck in: Corona, 6,6 (1936), 706

32,12 *jeder machen könne:* ebd., S. 247 (Fußnote bei Karlauf: Breysig, 10 [November 1899]. Die neueren Gedichte Rilkes, die, versehen mit Illustrationen Ludwig von Hofmanns, 1898 im *Pan* erschienen waren, seien besser, meinte George, solche Gedichte könne er sich durchaus in den *Blättern* vorstellen; die Initiative müsse allerdings von Rilke ausgehen.)

33,11 *Fleisch und Blut:* Harry Graf Kessler, Tagebucheintrag zum 14.5.1904. In: Ders., Das Tagebuch 1880–1937. Dritter Band 1897–1905. Hrsg. von Carina Schäfer und Gabriele Biedermann unter Mitarbeit von Elea Rüstig und Tina Schumacher. Klett-Cotta Verlag, Stuttgart 2004, S. 672

33,18 *ein Buch Gebete:* RMR über *Das Stunden-Buch*, KA 1, S. 726 (Kommentar)

34,1 *die Samtsandale, die ich bin:* RMR, Das Stunden-Buch. Erstes Buch: Das Buch vom Mönchischen Leben, KA 1, S. 176

34,16 *der dich erfand:* RMR, Das Stunden-Buch. Zweites Buch: Das Buch von der Pilgerschaft, KA 1, S. 203

34,21 *Gott, – das Leben:* RMR, Das Stunden-Buch, ebd., KA 1, S. 211

35,7 *wie sie verkümmern:* RMR, Das Stunden-Buch, ebd., S. 214

35,15 *mit der Tat erfaßt:* RMR, Das Stunden-Buch. Erstes Buch: Das Buch vom Mönchischen Leben, KA 1, S. 186

35, 18 *dich Vater nennen:* RMR, Das Stunden-Buch. Zweites Buch: Das Buch von der Pilgerschaft, KA 1, S. 207

36, 1 *und bewege ihn:* RMR, Das Stunden-Buch. Drittes Buch: Das Buch von der Armut und vom Tode, KA 1, S. 250

Gott – und meine Seele ist ein Weib vor Dir

37, 19 *in die Tiefe zieht:* RMR, Das Stunden-Buch. Zweites Buch: Das Buch von der Pilgerschaft, KA 1, S. 228

37, 30 *seiner Fristung zuschreiben:* RMR an Nanny Wunderly-Volkart, 2. 6. 1921, RMR/NWV I, S. 466 f.

38, 8 *ausgekrochen ist:* RMR an Lou Andreas-Salomé, 31. 3. 1904, RMR/LAS, S. 143

38, 17 *Münchner Wohnung geschildert:* Oskar Maria Graf in seinem Aufsatz »Über Rainer Maria Rilke«: »In seine Atelierwohnung in die Ainmillerstraße kamen aktive Revolutionäre wie Toller oder der Kommunist Kurella mit seinem jungen Kreis, kamen Schriftsteller und bürgerliche Männer, die es aufrichtig mit der Revolution meinten. Sie wußten, daß Rilke über den Krieg, den er tief verabscheute, der ihn schöpferisch völlig lahmgelegt und fast zermalmt hatte, nie ein Wort in der Öffentlichkeit hatte verlauten lassen. […] Denk' ich an die Besuche der münchner Revolutionäre bei ihm, so rückt jedesmal etwas gleichzeitig Frappierendes und Komisches in meine Erinnerung. Schlicht und mit einer fast zärtlichen Interessiertheit bot er sich jedem. Diese scheinbar so rauh-realistischen Männer aber verwandelten sich in seiner Gegenwart im Nu.« In: Frankfurter Hefte, 6. Jg., Heft 12, 1951, S. 898, zit. nach RMR/BrPol, S. 574 (Erläuterungen)

38, 18 *Beifall begriffen wurden:* RMR an Clara Rilke-Westhoff, 7.11.1918, ebd., S. 229

39, 10 *ein Weib vor Dir:* RMR, Das Stunden-Buch. Zweites Buch: Das Buch von der Pilgerschaft, KA 1, S. 208

39, 22 *in die Knie gehen:* zit. nach Günther Schiwy, a.a.O., S. 79/90 (vgl. dazu Ingeborg Schnack, Chronik I, S. 60)

39, 28 *warst Du ein Kind:* RMR an Lou Andreas-Salomé, o.D. (vermutl. Febr. 1901), RMR/LAS, S. 53

40, 14 *dich an das Buch:* Franz Kafka, »Tagebücher 1910–1923«, Einträge 4.–6. Juli 1916, in: Ders., Gesammelte Werke. Hrsg. von Max Brod. Taschenbuchausgabe in 7 Bänden. S. Fischer Verlag, Frankfurt am Main 1976, S. 366 f.

40, 26 *rekonstruiert werden kann:* Erläuterungen zu dem nicht erhalten gebliebenen Brief, RMR/LAS, S. 502

41, 3 *die schlechteste Stunde:* Lou Andreas-Salomé an RMR, 26.2.1901, RMR/LAS, S. 54 f.

42, 13 *dunkle süße Onanie:* Gottfried Benn, »Synthese«, in: Ders., Sämtliche Werke in sieben Bänden, Stuttgarter Ausgabe. In Verbindung mit Ilse Benn hrsg. von Gerhard Schuster. Band I: Gedichte 1. Klett-Cotta Verlag, Stuttgart 1986, S. 50

42, 21 *Es ist anders:* Gottfried Benn, »Mann« (Strand am Meer), a.a.O., Band II, Gedichte 2, S. 14

43, 11 *kann nur der Penis sein:* Gottfried Benn zu Ernst Jünger, in: Gottfried Benn, Ernst Jünger: Briefwechsel 1949–1956. Hrsg., kommentiert und mit einem Nachwort von Holger Hof. Klett-Cotta Verlag, Stuttgart 2006, S. 69

45, 10 *für Knaben und Knechte:* Gottfried Benn, »Leben – niederer Wahn«, in: Ders., a.a.O., Band I, Gedichte 1, S. 129

45, 14 *getröstetes Leben:* RMR, Das Testament, KA 4, S. 715–734

45, 24 *Ad-mi-rable:* RMR an Nanny Wunderly-Volkart, 26.5.1921, RMR/NWV I, S. 448

45, 29 *auf Turgenjeff zuschreibe:* Jens Peter Jacobsen an Hermann Pongs, 17.8.1924. Zitiert nach dem 6seitigen handschriftlichen Original des Rilke-Archivs im Schiller-Nationalmuseum Marbach

46, 19 *atmendes Glück ist:* Jens Peter Jacobsen, Niels Lyhne. Aus dem Dänischen übersetzt von Marie von Borch. Mit Dokumenten zur Entstehungsgeschichte und Rezeption des Romans in Deutschland. Hrsg. von Klaus Bohnen. Philipp Reclam jun. Stuttgart, 1984, S. 51

46, 30 *und hinabrollten:* ebd., S. 111

74, 13 *meint sie Nerven:* Hermann Bahr in »Die Überwindung des Naturalismus. Als zweite Reihe von ›Zur Kritik der Moderne‹«. Zit. nach ebd., S. 264 (Nachwort)

47, 19 *Generation gewesen:* Stefan Zweig, »Jens Peter Jacobsens *Niels Lyhne*«, in: Europäisches Erbe. Hrsg. von Richard Friedenthal, Frankfurt am Main 1960, S. 137. Zit. nach ebd., S. 258, Nachwort

47, 26 *nicht zu erringen war:* Jens Peter Jacobsen, Niels Lyhne, a. a. O., S. 80

48, 32 *einen Eisblock gevögelt:* Jean-Paul Sartre, Baudelaire. Ein Essay. Rowohlt Verlag, Reinbek 1978, S. 79 f.

50, 2 *an den Himmel zu verkaufen:* RMR, Der Brief des jungen Arbeiters. Alle Zitate KA 4, S. 735–747

50, 22 *gebärendes Erleben:* RMR an Emmy Hirschberg, 20.11.1904. Zit. nach Günther Schiwy, a. a. O., S. 17

50, 29 *und Litteraten zu sein:* Heinrich Detering, Juden, Frauen und Litteraten. Zu einer Denkfigur beim jungen Thomas Mann. S. Fischer Verlag, Frankfurt am Main 2005, S. 95

51, 11 *mit Kunst verwandt:* Johann Wolfgang von Goethe, Faust. Der Tragödie Zweiter Teil. Zit. nach Heinrich Detering, a. a. O., S. 62–63

51, 16 *als das Weibliche:* Heinrich Detering, a. a. O., S. 37

›Malte‹ – Splitter vom Lebensbaum

53, 6 *unbedingt notieren müssen:* RMR, »Thomas Mann's *Buddenbrooks*«, KA 4, S. 255

53, 21 *modern aufgefaßt hat:* RMR, ebd., S. 256

55, 3 *nicht identisch sei:* RMR an Ellen Key, 17.12.1911, RMR/EK, S. 221–226

55, 9 *wegreißt und hinübertreibt:* RMR an Lou Andreas-Salomé, 28.12.1911. RMR/LAS, S. 238

55, 19 *Selbstunterscheidung davon:* Lou Andreas-Salomé, Lebensrückblick. Grundriß einiger Lebenserinnerungen. Aus dem Nachlaß hrsg. von Ernst Pfeiffer. Neu durchgesehene Ausgabe mit einem Nachwort des Herausgebers. Insel Verlag, 1. Aufl., Frankfurt am Main und Leipzig 1974, S. 131

55, 28 *mit einer kalten Lampe:* RMR, Die Aufzeichnungen des Malte Laurids Brigge, KA 3, S. 604

56, 2 *in seiner eigenen Wirklichkeit:* RMR an Fürstin Marie von Thurn und Taxis, 27.10.1910, KA 3, S. 868 (Kommentar)

56, 12 *Völker von Toten:* RMR an Clara Rilke, 31.8.1902, zit. nach Ingeborg Schnack, Chronik I, S. 148 f.

56, 21 *dann hat es seine Not:* RMR, Die Aufzeichnungen des Malte Laurids Brigge, KA 3, S. 458 f.

57, 9 *für seine Kinder erhalten:* Carl Busse, »Neues vom Büchertisch«, in: Velhagen und Klasings Monatshefte 25, 1910, Bd. I, S. 136–137. Zit. nach KA 3, Kommentar zu *Malte Laurids Brigge*, S. 889

57, 23 *Eigenart gewann:* RMR an Manon zu Solms-Laubach, 11.4.1910, zit. nach *Malte Laurids Brigge*, Kommentar: Selbstaussagen, KA 3, S. 879

58, 5 *Das bedeutet gar nichts:* Kurt Tucholsky, »In der Strafkolonie« (Rezension über Franz Kafka), in: Literaturkritik. Mit einer Vorbemerkung von Fritz J. Raddatz. Rowohlt Taschenbuch, Reinbek 1972, S. 15–17

58, 8 *schläfert das Gehirn ein:* »Erstes Manifest des Surrealismus (1924)«, in: André Breton, Die Manifeste des Surrealismus, Rowohlt Verlag, Reinbek 1986, S. 14 f.

58, 17 *mit einer erschrockenen Stimme:* RMR, Die Aufzeichnungen des Malte Laurids Brigge, KA 3, S. 465

58, 19 *ein rotes Band trage:* Louis Aragon, zit. nach André Breton, a. a. O., S. 29

58, 25 *gehen über mich hin:* RMR, Die Aufzeichnungen des Malte Laurids Brigge, KA 3, S. 455

59, 1 *müde gewordener Kutschen:* RMR an Lou Andreas-Salomé, 18.7.1903, zit. nach KA 3, S. 911 f. (Kommentar)

59, 4 *nicht mehr seine Fähigkeiten:* André Breton, »Erstes Manifest des Surrealismus (1924)«, in: Die Manifeste des Surrealismus, a. a. O., S. 35

59, 19 *sie wechseln es nicht:* RMR, Die Aufzeichnungen des Malte Laurids Brigge, KA 3, S. 457

59, 23 *mit allen und verlangte:* RMR, ebd., KA 3, S. 462

59, 31 *Rand des Unbekannten:* vgl. André Breton, a. a. O., S. 39

60, 17 *ganz unerträglich:* Thomas Mann über RMR in: Jörg Drews & Co., Dichter beschimpfen Dichter, Ein Alphabet harter Urteile. Die endgültige Sammlung literarischer Kollegenschelten. Hrsg. und mit einem Nachwort von Jörg Drews. Haffmans Verlag, Zürich, und Zweitausendeins, Frankfurt am Main, 1. Aufl. 2006, S. 189

60, 22 *weniger an seine Armen:* E. M. Cioran über RMR, ebd., S. 188

61, 21 *hätte erwarten müssen:* RMR, Die Aufzeichnungen des Malte Laurids Brigge, KA 3, S. 481 f.

63, 7 *wenn man sie früh schreibt:* RMR, ebd., KA 3, S. 466

63, 10 *A peu près:* RMR, ebd., KA 3, S. 920 (Kommentar zu S. 466)

64, 5 *es ist möglich:* RMR, ebd., KA 3, S. 469

64, 28 *mannbarer Knaben:* RMR, ebd., KA 3, S. 486

65, 24 *Zeit gewesen sein:* RMR, Aus den Aufzeichnungen des Malte Laurids Brigge. Fragment. Signiert RMR, Paris 1909, S. 1. Zit. nach dem handschriftlichen Original im Rilke-Archiv Marbach

65, 28 *sah sich selber zu:* RMR, Die Aufzeichnungen des Malte Laurids Brigge, KA 3, S. 527

65, 31 *hinauszusehen aus mir:* RMR, ebd., KA 3, S. 521 f.

67, 13 *am Boden liegt:* Karl Kraus an Sidonie Nádherný von Borutin, 20.7.1915, zit. nach RMR/SNB, Nachwort von Joachim W. Storck, S. 610 f.

67, 25 *als ein wenig Schmutz:* RMR, Ewald Tragy. Zit. nach Ilse Blumenthal-Weiss, »Rainer Maria Rilke und das Judentum«, in: Deutsche Rundschau, 84. Jhrg. 1958, S. 274 f.

68, 1 *des Organismus ist:* RMR an Marie von Thurn und Taxis, 21.10.1913, RMR/MTT I, S. 321 ff.

68, 28 *und zu erschüttern:* RMR an Otto Modersohn, 31.12.1902. Zit. nach KA 1, S. 777 (Deutungsaspekte zu Das Stunden-Buch. Drittes Buch)

69, 10 *wie Schildkröten lebten:* RMR an Lou Andreas-Salomé, 18.7.1903, RMR/LAS, S. 66 f.

69, 27 *hingehört:* RMR an Mathilde Vollmoeller, 3.4.1910, RMR/MV, S. 75

69, 28 *Überschuß ergeben:* RMR an Francine Brüstlein, 27.12.1920, RMR/SchwFr, S. 180

70, 19 *will ja arbeiten:* RMR an Clara Rilke-Westhoff, 3.9.1908, RMR/AR, S. 239

70, 24 *für möglich hält:* RMR an Clara Rilke-Westhoff, 3.9.1908, ebd.

Rilke und Rodin – eine homoerotische Ehe

71, 2 *ein Greis und groß:* RMR an Arthur Holitscher, 17.10.1902, RMR/AR, S. 61

71, 18 *Geschichte der Menschen:* RMR an Clara Rilke-Westhoff, 2.9.1902, RMR/AR, S. 43 f.

72, 19 *wie vor dem Kerker:* RMR an Ellen Key, 3.4.1903, RMR/EK, S. 27

73, 14 *in Nüancen vergehend:* RMR an Lou Andreas-Salomé, 3.7.1904, RMR/LAS, S. 178

73, 24 *gymnastische Übungen:* RMR an Axel Juncker, 14.9.1904, zit. nach Ingeborg Schnack, Chronik I, S. 194

74, 11 *nämlich der Menschen:* Anton Kippenberg an RMR, 8.7.1911, RMR/AK I, S. 265

75, 4 *Trennung gestellt war:* RMR an Anton Kippenberg, 31.10.1919, RMR/AK 2, S. 140 f.

76, 20 *südlichen Wohnens:* RMR an Elviere Bachrach, 7.11.1919. Zitiert nach dem handschriftlichen Original des Rilke-Archivs im Schiller-Nationalmuseum Marbach

76, 30 *Chronologie unseres Berichts:* RMR an Anton Kippenberg (diverse kleine Zitate), RMR/AK II, S. 181, 142, 110, 152

77, 16 *hartnäckige Legende:* RMR an Alfred Schaer, 26.2.1924, RMR/AR, S. 383

78, 16 *mir unbekannten Sprache:* vgl. Thomas Karlauf, Stefan George, a.a.O., S. 83

78, 17 *eine Art Privat-Sekretär:* RMR an Karl von der Heydt, 19.10.1905, RMR/AR, S. 114

78, 23 *de tout compte:* Quittung von RMR an Auguste Rodin, 12.5.1906, vgl. RMR/AR, S. 181

79, 1 *noch zu haben war:* RMR an Clara Rilke-Westhoff, 3.9.1908, RMR/AR, S. 237

79, 20 *was mir fehlt:* RMR an Lou Andreas-Salomé, 14.11.1905, RMR/LAS, S. 209

79, 29 *im Tingel-Tangel:* Rilke an Clara Rilke-Westhoff, 3.11.1909, RMR/AR, S. 286 f.

80, 3 *in Erinnerung bringen:* RMR an Auguste Rodin, 26.9.1909, RMR/AR, S. 282

81, 23 *nicht mehr Mode:* Harry Graf Kessler, Tagebucheintrag zum 20.5.1926. In: Ders., Das Tagebuch, Achter Band (noch nicht ersch.), zit. nach RMR/AR, S. 390

82, 9 *daß ich litt:* RMR an Clara Rilke-Westhoff, 10.5.1906, RMR/AR, S. 180

82, 21 *aufs tiefste verletzt dadurch:* RMR an Auguste Rodin. 12.5.1906, RMR/AR, S. 182 f.

84, 16 *eines Augenarztes:* RMR an Axel Juncker, 10.8.1906, zit. nach Ingeborg Schnack, Chronik I, S. 248

85, 24 *sehr reines Gift:* vgl. Lou Albert-Lasard, a. a. O., S. 131

85, 25 *in Verehrung grüße:* vgl. Ingeborg Schnack, Chronik I, S. 236

85, 28 *si mauvais goût:* Marie von Thurn und Taxis an RMR, 28.7.1926, RMR/MTT II, S. 875

86, 11 *hinauszusehen aus mir:* RMR, Die Aufzeichnungen des Malte Laurids Brigge, KA 3, S. 521 f.

»Wie hasse ich dieses Volk« – der politische Rilke

87, 3 *in Duino verbergen wollen:* RMR an Marie von Thurn und Taxis, RMR/MTT I, S. 64

87, 10 *daß man dazu gehört:* RMR an Lou Andreas-Salomé, 19.12.1912, RMR/LAS, S. 273

88, 32 *seltenen Vornehmheit:* Comtesse de Noailles über RMR, zit. nach Monika Czernin, Duino. Rilke und die Duineser Elegien. Deutscher Taschenbuch Verlag, München, 2. Aufl. 2004, S. 44 f.

89, 15 *weiß von Niemandem:* Marie Taxis an RMR, 6.3.1915, RMR/MTT I, S. 404

90, 9 *Elegie niedergeschrieben:* Marie von Thurn und Taxis in ihren Erinnerungen, zit. nach Monika Czernin, a. a. O., S. 78

90, 20 *Geschäftsbrief:* Ulrich von Bülow, »Rilkes Duineser Briefmappe«, in: Jahrbuch der Deutschen Schillergesellschaft, Marbach am Neckar, 51. Jg., Dezember 2007, S. 24–48

92, 8 *Propheten gehen könnten:* RMR an Sidonie Nádherný, 26.11.1912, zit. nach ebd., S. 415

92, 19 *muß es vorkommen:* Quelle: Undatierter Zeitschriftenausriß (Bericht über Rilkes verschollenen Brief aus dem Dezember 1912 <?> von Helene von Nostitz in *Rilke und die Städte*, vermutl. aus ›Die neue Linie‹) im Deutschen Literaturarchiv Marbach

95, 12 *zwei Abende:* RMR an Stefan Zweig, RMR/StZw, S. 16

95, 14 *führen soll:* RMR an Hans Bodmer, 7.8.1919, MRM/SchwFr, S. 23

95, 20 *mich sammeln kann:* RMR an Ellen Key, 25.7.1903, RMR/EK, S. 33

95, 24 *nur 150 Mark gebracht:* RMR an Ellen Key, 3.4.1903, RMR/EK, S. 25

96, 19 *Mai 1906 aussetzte:* vgl. RMR/EK, S. XIV

96, 21 *je 2000 Mark:* Anton Kippenberg an RMR, 16.8.1913, RMR/AK I, S. 431

96, 24 *der Insel eingetroffen:* RMR an Lou Andreas-Salomé, 21.2.1919, RMR/LAS, S. 394

96, 28 *aber wenn nicht:* RMR an Nanny Wunderly-Volkart, 24.12.1919, RMR/NWV I, S. 56

97, 19 *also: ich glaube:* RMR an Anton Kippenberg, 6.10.1914, RMR/AK II, S. 12

97, 27 *ungefähr gleich betrifft:* RMR an Anton Kippenberg, 2.11.1915, RMR/AK II, S. 38

98, 22 *der Geruch von Kaserne:* Karin Michaëlis, »Der kleine Kobold«, Wien 1946. Zit. nach Ingeborg Schnack, Chronik I, S. 525

99, 11 *aus den Dingen losgelöst:* Harry Graf Kessler, Tagebucheintrag zum 12.11.1917. In: Ders., Das Tagebuch, Achter Band (noch nicht ersch.), zit. nach Ingeborg Schnack, Chronik I, S. 577

101, 8 *Ehrlichkeit verlassen dürfte:* RMR an Sidonie Nádherný von Borutin, 9.9.1919, RMR/BrPol, S. 281

101, 14 *weiß es nicht besser:* RMR an Dorothea Freifrau von Ledebur, 5.10.1917, ebd., S. 185

101, 21 *abgethanen Formen wäre:* RMR an Nanny Wunderly-Volkart, 12.8.1920, RMR/NWV I oder II, S. 300

101, 30 *Kriege eröffnet:* RMR an Nanny Wunderly-Volkart, 30.1.1923, RMR/NWV II, S. 862

102, 1 *Großthuerei gefiel:* RMR an Nanny Wunderly-Volkart, 28.6.1922, RMR/NWV II, S. 771

102, 6 *als dieses Reich:* RMR an Nanny Wunderly-Volkart, 16.1.1923, RMR/NWV II, S. 850

102, 11 *Deutschlands herübergesehen:* RMR an Erich Katzenstein, 15.11.1918. Zitiert nach Schreibmaschinenabschrift des Originals im Rilke-Archiv im Schiller-Nationalmuseum Marbach

102, 25 *schwärzer wird davon:* RMR an Nanny Wunderly-Volkart, 16.1.1923, RMR/NWV II, S. 855

103, 21 *Raupe im Cocon:* RMR an Marie von Thurn und Taxis, 15.12.1920, RMR/MTT II, S. 627

103, 22 *greifender Gebärde:* RMR an Clara Rilke-Westhoff, 15.9.1905, RMR/AR, S. 108

103, 25 *mit stillem Licht:* RMR an Lou Andreas-Salomé, 10.8.1903, RMR/LAS, S. 102

103, 28 *Bett der Empfindung:* RMR an Nanny Wunderly-Volkart, 22.3.1920, RMR/NWV I, S. 193

104, 10 *schweren Augenlider:* Harry Graf Kessler, Tagebucheintrag zum 16.11.1908. In: Ders., Das Tagebuch, Vierter Band 1906–1914. Hrsg. von Jörg Schuster unter Mitarbeit von Janna Brechmacher, Christoph Hilse, Angela Reinthal und Günter Riederer. Klett-Cotta Verlag, Stuttgart 2005, S. 513

104, 15 *Hände sehr zart:* Stefan Zweig, Tagebucheintrag vom 17.3.1913, RMR/StZw, S. 53

104, 18 *etwas Krankes, Totes:* Rudolf Kassner, Buch der Erinnerung, 2. Aufl. Zürich 1954, S. 256. Zit. nach Hans Egon Holthusen, a. a. O., S. 65

104, 26 *in Andeutung:* Franz Blei, »Zu Rainer Maria Rilke«, in: Die Literarische Welt, Berlin, 3. Jg., Nr. 1, 7.1.1927, S. 1

106, 30 *die Kindheit war:* RMR an Jenny Oltersdorf, 28.7.1911. Zitiert nach dem handschriftlichen Original des Rilke-Archivs im Schiller-Nationalmuseum Marbach

107, 1 *aushalten durfte:* RMR an Paul Adler, 3.6.1921. Zitiert nach dem handschriftlichen Original des Rilke-Archivs im Schiller-Nationalmuseum Marbach

107, 29 *Antheil haben mag:* RMR an Anton Kippenberg, 26.5.1925, RMR/AK II, S. 376 u. S. 379 f. (s. a. S. 539)

Denn das Schöne ist nichts als des Schrecklichen Anfang – die ›Duineser Elegien‹

109, 12 *weggeschrieben ist:* RMR an Nanny Wunderly-Volkart, 18.11.1920, RMR/NWV I, S. 339

109, 20 *ich nicht aufkomme:* RMR an Nanny Wunderly-Volkart, 27.11.1920, RMR/NWV I, S. 347

110, 12 *legitimieren kann:* RMR an Nanny Wunderly-Volkart, 12.11.1925, RMR/NWV II, S. 1074

112, 1 *wie vom Verführer:* Claire Goll 1917 über RMR. In: »Ich sehne mich sehr nach Deinen blauen Briefen«. Rainer Maria Rilke, Claire Goll. Briefwechsel. RMR/CG, hier: Nachwort von Barbara Glauert-Hesse, S. 194 f.

112, 25 *meine große Erschütterung:* Claire Goll über ihre erste Begegnung mit Rilke, in: Les Nouvelles Littéraires, 7. Februar 1927, zit. nach ebd., Nachwort von Barbara Glauert-Hesse, S. 193

113, 26 *fête d'un fruit perdu:* Lou Andreas-Salomé, Lebensrückblick, a. a. O., S. 149

113, 32 *gespeisten Flamme:* RMR an Margot Gräfin Sizzo, 15.7.1922, RMR/AR, S. 377

114, 10 *Lebt wohl:* RMR, Die Weise von Liebe und Tod des Cornets Christoph Rilke, KA 1, S. 144

114, 18 *einmal blüht:* RMR, Das Stunden-Buch. Zweites Buch: Das Buch von der Pilgerschaft, KA 1, S. 222

114, 21 *uns nicht mühn:* RMR, Die Sonette an Orpheus. Erster Teil, V, KA 2, S. 243

114, 30 *in Ehrfurcht:* Gottfried Benn an RMR, zit. nach Frank Schirrmacher, Die Stunde der Welt. Fünf Dichter. Ein Jahrhundert. Verlag Nicolai, Berlin 1996, S. 143

115, 1 *der Kiesel, Titan:* Gottfried Benn, »Mittelmeerisch«, BSW 1, S. 212

115, 9 *entwerf ich mir Tod:* Paul Celan, Eintrag in einem Notizbuch aus dem Jahre 1943. Zit. nach Denkbilder und Schaustücke. Das Literaturmuseum der Moderne. marbacherkatalog. Hrsg. vom Deutschen Literaturarchiv Marbach am Neckar 2006, S. 223

115, 14 *das Tor zu öffnen:* Marga Naville-Wertheimer, Arbeitsstunden mit Rainer Maria Rilke. Europa Verlag Zürich, Verlag Oprecht, Zürich, S. 12

117, 28 *Elegien-Winter (und vorherige sowie spätere ›kleine‹ Zitate):* RMR/NWV I (S. 194, 520) u. II (S. 686, 778, 823, 842, 911, 1076, 1171)

117, 29 *Tiefen des Himmels:* RMR an Marie von Thurn und Taxis, 25.7.1921, RMR/MTT II, S. 675

119, 24 *Decken des Tisches:* RMR an Fräulein Ida Walthert, 19.9.1925, RMR/BrSchw, S. 461 f.

120, 21 *geht von ihnen aus:* RMR an Nanny Wunderly-Volkart, 5.3.1926, RMR/NWV II, S. 1115

121, 14 *nahe an M 100 000,-:* Anton Kippenberg an RMR, 8.12.1921, RMR/AK II, S. 241

121, 17 *Fischerhude. Bez. Bremen:* vgl. Ingeborg Schnack, Chronik II, S. 759

122, 4 *nicht mehr zu zerstören:* RMR an Magda von Hattingberg, Paris, 1.2.1914. Zitiert nach dem handschriftlichen Original des Rilke-Archivs im Schiller-Nationalmuseum Marbach

122, 13 *genügenden Anlässen:* RMR an Anton Kippenberg, 28.3.1926, RMR/AK II, S. 414

122, 27 *bei der Gruben-Lampe:* RMR an Anton Kippenberg, 19.12.1921, RMR/AK II, S. 249

123, 14 *das zerstörte Duino:* RMR an Anton Kippenberg, 9.2.1922, RMR/AK II, S. 256

124, 3 *Ist. Ist. Amen:* RMR an Marie von Thurn und Taxis, 11.2.1922, RMR/MTT II, S. 698

125, 10 *die phallischen Hymnen:* Lou Andreas-Salomé, Tagebucheinträge vom 24.3.1919 und 15.5.1919, zit. nach RMR/LAS, S. 408

125, 14 *nicht da-waren:* RMR an Lou Andreas-Salomé, 11.2.1922, RMR/LAS, S. 445

125, 16 *Freude und Wunder:* RMR an Nanny Wunderly-Volkart, 9.2.1922, RMR/NWV I, S. 668

125, 24 *des Schrecklichen Anfang:* RMR, Duineser Elegien, Die erste Elegie, KA 2, S. 201

125, 28 *Lebens-Attrappen:* RMR, Gesammelte Briefe in sechs Bänden. Hrsg. von Ruth Sieber-Rilke und Carl Sieber, Insel Verlag Leipzig 1938, S. 374. Zit. nach RMR/BrPol, S. 674 [vgl. die briefliche Selbstauslegung im bekannten »Elegienbrief« an Witold Hulewicz vom 13.11.1925]

126, 26 *Fluß-Gott des Bluts:* RMR, Duineser Elegien, Die dritte Elegie, KA 2, S. 208

127, 5 *furchtbarer Dreizack:* RMR, Duineser Elegien, Die dritte Elegie, KA 2, S. 208

127, 7 *literarischer Jahrhundertwende:* KA 2, S. 639 (Kommentar zu S. 208)

127, 17 *der steigende Windhund:* RMR an Dory von der Mühll, RMR/SchwFr, S. 277

127, 23 *wem zu Liebe:* RMR, Duineser Elegien, Die fünfte Elegie, KA 2, S. 214

128, 13 *Winterhüte des Schicksals:* RMR, Duineser Elegien, Die fünfte Elegie, KA 2, S. 217

128, 28 *Unfaßlicher, weitauf:* RMR, Duineser Elegien, Die siebente Elegie, KA 2, S. 223

129, 12 *wissend um euch:* RMR, Duineser Elegien, Die zweite Elegie, KA 2, S. 205

129, 19 *lösen, nach uns:* RMR, Duineser Elegien, Die zweite Elegie, KA 2, S. 206

129, 23 *Rückkehr zu sich:* ebd.

130, 10 *Postamt am Sonntag:* RMR, Duineser Elegien, Die zehnte Elegie, KA 2, S. 230

131, 1 *Unterart der Wollust:* Harry Graf Kessler, Tagebucheintrag zum 27.12.1905, in: Ders., Das Tagebuch, Dritter Band, S. 826

131, 5 *Nachtcafés von sich geben:* Harry Graf Kessler, Tagebucheintrag zum 11.10.1902, ebd., S. 517

131, 24 *mit dieser Erinnerung:* RMR an Nanny Wunderly-Volkart, 18.1.1920, RMR/NWV I, S. 118

132, 6 *des Toten-Bewußtseins:* RMR an Witold Hulewicz, 13.11.1925, zit. nach KA 2, S. 686 (Selbstaussagen zur zehnten Duineser Elegie)

132, 31 *ein Dostojewski:* Thomas Mann: »Nietzsches Philosophie im Lichte unserer Erfahrung.« Vortrag am XIV. Kongress des PEN-Clubs in Zürich am 3. Juni 1947, hrsg. von David Marc Hoffmann. Schwabe Verlag Basel (Abdruck aus Gesammelte Werke in 13 Bänden, Band IX. Reden und Aufsätze 1, S. Fischer Verlag, Frankfurt M. 1960–1974, S. 675–712. Im Basel-Abdruck S. 13–14)

133, 9 *Affen des Geistes:* Lou Andreas-Salomé, »Mit Rainer«, in: Lebensrückblick, Insel Taschenbuch Frankfurt am Main und Leipzig, 1. Aufl. 1974, S. 134

133, 30 *Tintenfleck am Federfinger:* RMR an Margot Gräfin Sizzo-Noris-Crouy, 17.3.1922, RMR/BrPol, S. 375

134, 22 *allem Abschied voran:* RMR, Die Sonette an Orpheus, Zweiter Teil, Nr. XIII, KA 2, S. 263

134, 26 *gehorsam hinzunehmen:* RMR an Gräfin Margot Sizzo-Noris, 12.4.1923, zit. nach KA 2, S. 708 (Selbstaussagen zu Die Sonette an Orpheus)

135, 5 *Bewegung und Wandlung:* ebd.

136, 7 *weißes Segel-Tuch:* RMR an Witold Hulewicz, 13.11.1925, zit. nach KA 2, ebd., S. 711

136, 14 *zu uns übergeht:* RMR, »Der Magier«, in: Die Gedichte 1922 bis 1926, KA 2, S. 306 [Laut KA (Kommentar) entstanden am 12.2. 1924 in Muzot. Erstdruck im »Insel-Almanach auf das Jahr 1925«. Das Gedicht gilt als die deutlichste Darstellung des neuen Programms sprachmächtigen Dichtens unter der Einwirkung Valérys.]

137, 5 *schlafend atmenden Gelds:* RMR, Die Sonette an Orpheus, Zweiter Teil, Nr. XIX, KA 2, S. 267

137, 13 *und Banane:* RMR, Die Sonette an Orpheus, Erster Teil, Nr. XIII, KA 2, S. 247

137, 13 *Weinblatt, Frucht:* RMR, Die Sonette an Orpheus, Erster Teil, Nr. XIV, KA 2, S. 247

137, 18 *uns wahr machen will:* RMR, Die Sonette an Orpheus, Zweiter Teil, Nr. XXVII, KA 2, S. 271

Ein müde gewordener Falter – die Himmel von Akt und Zeugung werden fahl

139, 4 *Unstetheit:* RMR an Margot Gräfin Sizzo, 6.1.1923, zit. nach Ingeborg Schnack, Chronik II, S. 829

139, 10 *Unreifen der Frühzeit:* RMR an Marie von Thurn und Taxis, 7.1.1923, RMR/MRR II, S. 741

140, 24 *über meinen Leib spaziert:* RMR an Nanny Wunderly-Volkart, 23.8.1923, RMR/NWV II, S. 907

141, 2 *selbst das Vergessen:* RMR, Widmung in den Duineser Elegien für Hans Carossa, zit. nach Ingeborg Schnack, Chronik II, S. 894

141, 15 *das Grundgeweb angegriffen:* RMR an Clara Rilke-Westhoff, 26. 2. 1924, zit. nach ebd., S. 903

141, 17 *ihr heimlich vergeht:* RMR, »Vergänglichkeit«, in: Die Gedichte 1922 bis 1926, KA 2, S. 316

141, 26 *goldenen Lorgnon:* Walter Mehring, Verrufene Malerei. Berlin DADA. Erinnerungen eines Zeitgenossen, Claassen Verlag, Düsseldorf 1983, S. 49

142, 8 *mit seiner Härte:* Hans von Salis über RMR, ca. 12.–15. 4. 1924, zit. nach Ingeborg Schnack, Chronik II, S. 913

142, 10 *Stelle geworden:* RMR an Lou Andreas-Salomé, 22. 4. 1924, RMR/LAS, S. 466

142, 17 *jetzt allein zu sein:* RMR an Nanny Wunderly-Volkart, 7. 7. 1924, RMR/NWV II, S. 1008

142, 25 *Phantasieprodukt des Dichters:* K. M. Azadovskij und L. N. Đertkov, Rainer Maria Rilke und Maxim Gorkij, in: Blätter der Rilke-Gesellschaft Nr. 9/1982, S. 8

142, 28 *Gott sehen:* ebd., S. 8

143, 13 *meines Instinkts ist dort:* Alfred Wolfenstein, »Erinnerungen an Rilke«, in: Sonntagsbeilage der National-Zeitung. Basel, den 15. Februar 1942, 23. Jahrgang, Nummer 75, S. 1

143, 18 *Hufeisen zerbrechen können:* Lou Andreas-Salomé, Rußland mit Rainer. Tagebuch der Reise mit Rainer Maria Rilke im Jahre 1900. Hrsg. von Stéphane Michaud in Verbindung mit Dorothee Pfeiffer. Mit einem Vorwort von Brigitte Kronauer. Marbacher Bibliothek 3, Deutsche Schillergesellschaft Marbach, 2. Aufl. 2000, S. 16 und S. 37

143, 21 *Fürst und Bauer:* ebd., S. 28
144, 6 *eigentlichen Eigenschaften:* RMR an Karl von der Heydt, 3.5.1907, zit. nach ebd., S. 11
144, 19 *mit ihm gefrühstückt:* ebd., S. 13
145, 6 *seit meiner Kindheit:* RMR, »Vergers«/Obstgärten, KA Supplementband, Gedichte in französischer Sprache, mit Prosaübersetzungen, S. 76/77
145, 24 *du dich ausruhst:* RMR, »Les Roses«/Die Rosen, in: KA Supplementband, ebd., S. 112/113
146, 4 *n'est pas heureuse:* RMR an Baladine Klossowska, zit. nach Ingeborg Schnack, Chronik II, S. 958
146, 8 *de notre époque:* Carl Sternheim über Rilke im Gespräch mit Maurice Betz in Paris, ca. 5.1.1925, zit. nach Ingeborg Schnack, Chronik II, S. 960 (Sternheim auf deutsch: »Vielleicht lesen ihn doch ein paar junge Mädchen. Aber er ist kein Heutiger.«)
146, 18 *des Zauberlehrlings:* RMR an Kippenberg, 3.2.1925, RMR/AK II, S. 363
147, 10 *übertreffend, beinah alle:* RMR an Frau Weininger, 20.2.1925, zit. nach Ingeborg Schnack, Chronik II, S. 971
147, 32 *nicht mehr vor sich hat:* RMR an Anton Kippenberg, 12.9.1925, RMR/AK II, S. 390
148, 32 *Material empfand:* Walter Mehring am 15.8.1925 in: Tagebuch (Jg. 6, Heft 33), zit. nach Ingeborg Schnack, Chronik II, S. 990
149, 21 *er schien sehr müde:* Hans von Salis über seinen letzten Besuch bei Rilke im September 1925, zit. nach Ingeborg Schnack, Chronik II, S. 994
149, 27 *enteignenden Krankheit:* RMR in seinem Testament, 27.10.1925, zit. nach Ingeborg Schnack, Chronik II, S. 999

150, 5 *ständig zu enteignen:* RMR an Lou Andreas-Salomé, 31.10.1925, RMR/LAS, S. 476

150, 20 *La Rose de Locarno:* Joachim W. Storck, »Die Rose von Locarno«. Ein Kapitel aus dem Briefwechsel Rainer Maria Rilkes mit Wilhelm Hausenstein. In: Jahrbuch der Deutschen Schiller-Gesellschaft, Band XXIII, 1979, S. 94–116

150, 28 *de l'effacer:* zit. nach Joachim W. Storck, ebd., S. 95

151, 17 *nicht aufrufend gebrauchen:* zit. nach Joachim W. Storck, ebd., S. 98

151, 22 *noch rathloser finden:* RMR an Hermann Pongs, 21.10.1924, RMR/BrPol, S. 437

151, 28 *wegzukommen hat:* RMR an Wilhelm Hausenstein, 19.3.1926, zit. nach Joachim W. Storck, Die Rose von Locarno, a. a. O., S. 104

152, 22 *der ihn trug, entgegen:* Widmung Rilkes für Marina Zwetajewa in den Duineser Elegien. Zit. nach RMR/MarZw, S. 21

153, 2 *kaum Beachtung:* Alexander Bachrach über Marina Zwetajewa, zit. nach ebd., S. 25

153, 17 *einer andern Hand:* Verse von Marina Zwetajewa, zit. nach »Orpheus und Psyche«, Vorwort von Konstantin M. Asadowski, MRM/MarZw, S. 25

153, 21 *mit seinem Körper:* RMR an Marina Zwetajewa, 10.5.1926, RMR/MarZw, S. 53

153, 24 *Laß Dir's gefallen:* RMR an Marina Zwetajewa, 10.5.1926, RMR/MarZw, S. 52

154, 2 *Vorsicht – Verzicht:* Marina Zwetajewa an RMR, 13.5.1926, RMR/MarZw, S. 60

154, 4 *Einsamkeit:* RMR an Marina Zwetajewa, 17.5.1926, RMR/MarZw, S. 63

154, 11 *das ist was anders:* Bettina von Arnim, »Ilius Pamphilius und die Ambrosia«, in: Werke und Briefe. Hrsg. von Gustav Konrad. Wissenschaftliche Buchgesellschaft Darmstadt 1959, Bd. 2, S. 678, zit. nach RMR/MarZw, S. 275 (Anmerkungen zu »Einige Briefe von Rainer Maria Rilke«)

154, 23 *wächst und verholzt:* RMR an Marina Zwetajewa, 19.8.1926, RMR/MarZw, S. 88

155, 10 *Rauch und – Adieu:* Paul Valéry mündlich zu Max Rychner, der das Gespräch in der NZZ vom 16.1.1927 referierte.

115, 15 *weiterleben soll:* RMR an Lou Andreas-Salomé, RMR/LAS, S. 476

155, 24 *ich selber dachte:* RMR an Nanny Wunderly-Volkart, 21.12.1925, über das Ergebnis einer Untersuchung durch Dr. Haemmerli, RMR/NWV II, S. 1091

156, 5 *auf einem anderen niveau:* RMR mündlich über eigene Jugendgedichte, 5.7.1926, zit. nach Ingeborg Schnack, Chronik II, S. 1057

156, 24 *de bonne volonté:* RMR an Aurelia Gallarati-Scotti, 17.1.1926, zit. nach Ingeborg Schnack, Chronik II, S. 1028

156, 26 *contemporaine:* RMR an Aurelia Gallarati-Scotti, 14.2.1926, zit. nach Ingeborg Schnack, Chronik II, S. 1031

157, 2 *Stundenschlägern:* RMR, »Vollmacht«, KA 2, Die Gedichte 1922 bis 1926, S. 404

157, 6 *meine Freiheit haben:* RMR mündlich zu Nanny Wunderly-Volkart, 23.12.1926, zit. nach Ingeborg Schnack, Chronik II, S. 1092

157, 16 *und das war furchtbar:* Nanny Wunderly-Volkart über Rilke an Frau Nölke, 27.2.1927, zit. nach Ingeborg Schnack, Chronik II, S. 1089

157, 27 *kränkend und zuwider:* RMR an NWV, 29.10.1925, zit. nach Günther Schiwy, a.a.O., S. 15

158, 1 *mitten in uns:* RMR, »Schluszstück«, in: Ders., Das Buch der Bilder, Des zweiten Buches zweiter Teil, KA 1, S. 347. Marga Wertheimer hieß nach ihrer Heirat Dr. Marga Naville-Wertheimer.

158, 9 *leiblichen Geweb:* RMR, letzter Eintrag in sein Taschenbuch, Mitte Dezember 1926, zit. nach Ingeborg Schnack, Chronik II, S. 1091

158, 25 *unter soviel Lidern:* RMR, Die Gedichte 1922 bis 1926, KA 2, S. 394

Benutzte Literatur

Die hier vorgestellte Liste erhebt keinen Anspruch auf Vollständigkeit, sondern erfaßt nur Titel, die zum Erarbeiten dieser Biographie tatsächlich benutzt wurden. Das gilt auch für Bücher, die während der Arbeit an dieser Biographie – oder kurz nach Beendigung des Manuskripts – erschienen sind, zum Beispiel: Rainer Maria Rilke, Briefe an die Mutter. Hrsg. und mit einem Kommentar versehen von Hella Sieber-Rilke. Zwei Bände. Insel Verlag Frankfurt am Main, 2009. Die Bibliographie ist gegliedert in Abteilung A: Primärliteratur und Abteilung B: Sekundärliteratur.
In den Zitatnachweisen werden für die Primärliteratur die in dieser Liste angegebenen Siglen verwendet. Der Name Rainer Maria Rilke wird immer RMR abgekürzt.

Abteilung A: Primärliteratur

RMR/GesBr	Rainer Maria Rilke, Gesammelte Briefe in sechs Bänden. Hrsg. von Ruth Sieber-Rilke und Carl Sieber. Insel Verlag Leipzig 1938
RMR/SF	Rainer Maria Rilke, Briefe an das Ehepaar S. Fischer. Hrsg. von Hedwig Fischer. Werner Classen Verlag, Zürich 1952
RMR/ LesLETTRES	Rainer Maria Rilke et André Gide, Hugo von

Hofmannsthal, Romain Rolland, Jules Supervielle, avec un Hors-Texte et des Études et Notes. Librairie LES LETTRES, Paris 1952

Rainer Maria Rilke und Arthur Schnitzler, Ihr Briefwechsel. Mit Anmerkungen versehen und veröffentlicht von Heinrich Schnitzler, in: Wort und Wahrheit. 13. Jg., Heft 4, 1958, S. 287

RMR/DaTe — Rainer Maria Rilke, Das Testament. Insel Verlag, Frankfurt am Main 1976
Rilke, Rainer Maria, Das Testament. Edition und Nachwort von Ernst Zinn. Suhrkamp Verlag, Frankfurt am Main 1976

RMR/NWV I — Rainer Maria Rilke, Briefe an Nanny Wunderly-Volkart. Band I (mit einem Vorwort von Jean Rudolf von Salis). Im Auftrag der Schweizerischen Landesbibliothek und unter Mitarbeit von Niklaus Bigler besorgt durch Rätus Luck. Insel Verlag, Frankfurt am Main, 1. Aufl. 1977

RMR/NWV II — Rainer Maria Rilke, Briefe an Nanny Wunderly-Volkart. Band II. Im Auftrag der Schweizerischen Landesbibliothek und unter Mitarbeit von Niklaus Bigler besorgt durch Rätus Luck. Insel Verlag, Frankfurt am Main, 1. Aufl. 1977

Hofmannsthal, Hugo von / Rainer Maria Rilke, Briefwechsel 1899–1925. Hrsg. von Rudolf Hirsch und Ingeborg Schnack. Suhrkamp Verlag, Frankfurt am Main 1978

RMR/PC — Rainer Maria Rilke, Briefe über Cézanne. Hrsg. von Clara Rilke, besorgt und mit einem Nachwort versehen von Heinrich Wiegand Petzet. Insel Verlag, Frankfurt am Main und Leipzig, 1. Aufl. 1983

RMR/MTT I — Rainer Maria Rilke und Marie von Thurn und Taxis, Briefwechsel. Erster Band. Neuausgabe der 1951 im Max Niehans Verlag, Zürich, und im Insel Verlag, Wiesbaden, erschienenen Ausgabe, besorgt durch Ernst Zinn, mit einem Geleitwort von Rudolf Kassner. Insel Verlag, Frankfurt am Main, 1. Aufl. 1986

RMR/MTT II — Rainer Maria Rilke und Marie von Thurn und Taxis, Briefwechsel. Zweiter Band (Sommer 1916 bis Sommer 1919). Neuausgabe der 1951 im Max Niehans Verlag, Zürich, und im Insel Verlag, Wiesbaden, erschienenen Ausgabe, besorgt durch Ernst Zinn, mit einem Geleitwort von Rudolf Kassner. Insel Verlag, Frankfurt am Main, 1. Aufl. 1986

RMR/StZw — Rainer Maria Rilke und Stefan Zweig in Briefen und Dokumenten. Hrsg. von Donald A. Prater. Insel Verlag, Frankfurt am Main, 1. Aufl. 1987

RMR/BrReinh — Rainer Maria Rilke, Briefwechsel mit den Brüdern Reinhart 1919–1926. Hrsg. von Rätus Luck unter Mitwirkung von Hugo Sarbach. Insel Verlag, Frankfurt am Main, 1. Aufl. 1988

RMR/LAS — Rainer Maria Rilke, Lou Andreas-Salomé, Briefwechsel. Hrsg. von Ernst Pfeiffer. Insel Taschenbuch, Frankfurt am Main und Leipzig, 1. Aufl. 1989

RMR/BrPol	Rainer Maria Rilke, Briefe zur Politik. Hrsg. von Joachim W. Storck. Insel Verlag, Frankfurt am Main und Leipzig, 1. Aufl. 1992
RMR/MarZw	Rainer Maria Rilke und Marina Zwetajewa, Ein Gespräch in Briefen. Hrsg. von Konstantin M. Asadowski. Aus dem Russischen übersetzt von Angela Martini-Wonde sowie von Felix Philipp Ingold der *Neujahrsbrief*. Insel Verlag, Frankfurt am Main und Leipzig, 1. Aufl. 1992
RMR/EK	Rainer Maria Rilke, Ellen Key, Briefwechsel. Mit Briefen von und an Clara Rilke-Westhoff. Hrsg. von Theodore Fiedler. Insel Verlag, Frankfurt am Main und Leipzig, 1. Aufl. 1993
RMR/SchwFr	Rainer Maria Rilke, Briefe an Schweizer Freunde. Erweiterte und kommentierte Ausgabe. Hrsg. von Rätus Luck unter Mitwirkung von Hugo Sarbach. Insel Verlag, Frankfurt am Main und Leipzig, 1. Aufl. 1994
RMR/AK I	Rainer Maria Rilke, Briefwechsel mit Anton Kippenberg 1906 bis 1926. Erster Band. Hrsg. von Ingeborg Schnack und Renate Scharffenberg. Insel Verlag, Frankfurt am Main 1995
RMR/AK II	Rainer Maria Rilke, Briefwechsel mit Anton Kippenberg 1906 bis 1926. Zweiter Band. Hrsg. von Ingeborg Schnack und Renate Scharffenberg. Insel Verlag, Frankfurt am Main 1995
RMR/KA	Rainer Maria Rilke, Werke. Kommentierte Ausgabe in vier Bänden und einem Supplementband. Hrsg. von Manfred Engel, Ulrich Fülleborn, Dorothea Lauterbach, Horst Nalewski und August Stahl. Insel Verlag, Frankfurt am Main und Leipzig 1996 u. 2003

RMR/KA 1 Band 1: Gedichte 1895 bis 1910. Hrsg. von Manfred Engel und Ulrich Fülleborn. Insel Verlag, Frankfurt am Main und Leipzig, 1. Aufl. 1996

RMR/KA 2 Band 2: Gedichte 1910 bis 1926. Hrsg. von Manfred Engel und Ulrich Fülleborn. Insel Verlag, Frankfurt am Main und Leipzig, 1. Aufl. 1996

RMR/KA 3 Band 3: Prosa und Dramen. Hrsg. von August Stahl. Insel Verlag, Frankfurt am Main und Leipzig, 1. Aufl. 1996

RMR/KA 4 Band 4: Schriften. Hrsg. von Horst Nalewski. Insel Verlag, Frankfurt am Main und Leipzig, 1. Aufl. 1996

RMR/KA SU Supplementband: Gedichte in französischer Sprache. Mit deutschen Prosafassungen. Hrsg. von Manfred Engel und Dorothea Lauterbach. Übertragungen von Rätus Luck. Insel Verlag, Frankfurt am Main und Leipzig, 1. Aufl. 2003

RMR/Ägypten Rainer Maria Rilke, Reise nach Ägypten. Briefe, Gedichte, Notizen. Hrsg. von Horst Nalewski. Insel Verlag, Frankfurt am Main und Leipzig, 1. Aufl. 2000

RMR/CG Rainer Maria Rilke, Claire Goll, »Ich sehne mich sehr nach Deinen blauen Briefen«. Briefwechsel. Hrsg. von Barbara Glauert-Hesse. Wallstein Verlag, Göttingen 2000

Rilke, Rainer Maria, Briefwechsel mit Magda von Hattingberg. Hrsg. von Ingeborg Schnack und Renate Scharffenberg. Insel Verlag, Frankfurt am Main und Leipzig, 2000

RMR/MV — Rainer Maria Rilke, Mathilde Vollmoeller, »Paris tut not«. Briefwechsel. Hrsg. von Barbara Glauert-Hesse. Wallstein Verlag, Göttingen 2001

RMR/AR — Rainer Maria Rilke, Auguste Rodin, Der Briefwechsel und andere Dokumente zu Rilkes Begegnung mit Rodin. Mit Abbildungen. Hrsg. von Rätus Luck. Insel Verlag, Frankfurt am Main und Leipzig, 1. Aufl. 2001

RMR/RudUSt — Rainer Maria Rilke, Briefwechsel mit Rolf von Ungern-Sternberg und weitere Dokumente zur Übertragung der *Stances* von Jean Moréas. Hrsg. von Konrad Kratzsch unter Mitarbeit von Vera Hauschild. Insel Verlag, Frankfurt am Main und Leipzig, 1. Aufl. 2002

Rilke, Rainer Maria, Silberne Schlangen. Die frühen Erzählungen aus dem Nachlaß. Hrsg. vom Rilke-Archiv in Zusammenarbeit mit Hella Sieber-Rilke, besorgt durch August Stahl. Insel Verlag, Frankfurt am Main und Leipzig 2004

RMR/SNB — Rainer Maria Rilke, Sidonie Nádherný von Borutin, Briefwechsel 1906–1926. Hrsg. von Joachim W. Storck unter Mitarbeit von Waltraud und Friedrich Pfäfflin. Wallstein Verlag, Göttingen, 1. Aufl. 2007

Abteilung B: Sekundärliteratur

Albert-Lasard, Lou: Wege mit Rilke. S. Fischer Verlag, Frankfurt am Main 1952

Andreas-Salomé, Lou: Lebensrückblick. Grundriß einiger Lebenserinnerungen. Aus dem Nachlaß hrsg. von Ernst Pfeiffer. Neu durchgesehene Ausgabe mit einem Nachwort des Herausgebers. Insel Taschenbuch, Frankfurt am Main und Leipzig, 1. Aufl. 1974

Andreas-Salomé, Lou: Rußland mit Rainer. Tagebuch der Reise mit Rainer Maria Rilke im Jahre 1900. Hrsg. von Stéphane Michaud in Verbindung mit Dorothee Pfeiffer. Mit einem Vorwort von Brigitte Kronauer. Marbacher Bibliothek 3, Deutsche Schillergesellschaft Marbach, 2. Aufl. 2000

Azadovskij, K.M., und L.N. Đertkov: »Rainer Maria Rilke und Maxim Gorkij«, in: Blätter der Rilke-Gesellschaft Nr. 9. Insel Verlag, Frankfurt am Main 1982, S. 7–17

Benn, Gottfried: Sämtliche Werke in sieben Bänden. Stuttgarter Ausgabe. In Verbindung mit Ilse Benn hrsg. von Gerhard Schuster. Klett-Cotta Verlag, Stuttgart 1986–2003. Hier: Erster Band: Gedichte 1 (BSW 1), Klett-Cotta Verlag, Stuttgart 1986

Benn, Gottfried: Briefe. Zweiter Band/Zweiter Teil: Briefe an F.W. Oelze 1950–1956. Hrsg. von Harald Steinhagen und Jürgen Schröder. Klett-Cotta Verlag, Stuttgart 1980

Benn, Gottfried: Briefe. Siebter Band: Gottfried Benn, Hans Paeschke, Joachim Moras, Briefwechsel 1948–1956. Klett-Cotta Verlag, Stuttgart 2004

Benn, Gottfried, Ernst Jünger: Briefwechsel 1949–1956. Hrsg., kommentiert und mit einem Nachwort von Holger Hof. Klett-Cotta Verlag, Stuttgart 2006

Bernhard, Thomas: Alte Meister. Suhrkamp Verlag, Frankfurt am Main 1985

Betz, Maurice: Rilke in Frankreich. Herbert Reichner Verlag, Wien Leipzig Zürich, 1938

Blei, Franz: »Zu Rainer Maria Rilke«, in: Die Literarische Welt, Berlin, 3. Jg., Nr. 1, 7.1.1927

Blumenthal-Weiss, Ilse: »Rainer Maria Rilke und das Judentum«, in: Deutsche Rundschau, Heft 3, 84. Jg. 1958, S. 268–279

Brecht, Bertolt: Brecht, Gedichte Band I: 1918–1929. Suhrkamp Verlag, Frankfurt am Main 1960

Breton, André: Die Manifeste des Surrealismus. Deutsch von Ruth Henry. Rowohlt Verlag, Reinbek 1986

Bülow, Ulrich von: »Rilkes Duineser Briefmappe«, in: Jahrbuch der Deutschen Schillergesellschaft, Marbach am Neckar, 51. Jg., Dezember 2007

Czernin, Monika: Duino. Rilke und die *Duineser Elegien*. Deutscher Taschenbuch Verlag, 2. Aufl., München 2004

Denkbilder und Schaustücke. Das Literaturmuseum der Moderne. Hrsg. vom Deutschen Literaturarchiv Marbach am Neckar 2006

Detering, Heinrich: »Juden, Frauen und Litteraten«. Zu einer Denkfigur beim jungen Thomas Mann. S. Fischer Verlag, Frankfurt am Main 2005

Drews, Jörg, & Co.: Dichter beschimpfen Dichter. Ein Alphabet harter Urteile. Die endgültige Sammlung literarischer Kollegenschelten. Hrsg. und mit einem Nachwort von Jörg Drews. Haffmans Verlag, Zürich, und Zweitausendeins, Frankfurt am Main, 1. Aufl. 2006

Goldstücker, Eduard: Rainer Maria Rilke und Franz Werfel. Zur Geschichte ihrer Beziehungen, in: Germanistica Pragensia I, Acta Universitatis Carolinae. Philologica 3 (Universita Karlova, Prag), 1960, S. 37–71

Graf, Oskar Maria: Über Rainer Maria Rilke, in: Frankfurter Hefte, 6. Jg., Heft 12, 1951

Haas, Willy: Die Literarische Welt. Erinnerungen. Paul List Verlag, München 1957

Holthusen, Hans Egon: Rainer Maria Rilke in Selbstzeugnissen und Bilddokumenten. Rowohlt Verlag, Reinbek 1958

Hulewicz, Witold: Zwei Tage beim Autor des *Buchs der Bilder*. Ein Gespräch mit Rainer Maria Rilke. In: *WiadomoĐci Literackie* [Literarische Nachrichten]. No. 46, Warzsawa 1924, S. 3. Deutsche Übersetzung von Käthe Koschmieder.

Jacobsen, Jens Peter: Niels Lyhne. Aus dem Dänischen übersetzt von Marie von Borch. Mit Dokumenten zur Entstehungsgeschichte und Rezeption des Romans in Deutschland. Hrsg. von Klaus Bohnen. Philipp Reclam jun. Verlag, Stuttgart 1984

Kafka, Franz: Tagebücher 1910–1923. Gesammelte Werke. Hrsg. von Max Brod. Taschenbuchausgabe in 7 Bänden. Frankfurt am Main 1976

Karlauf, Thomas: Stefan George. Die Entdeckung des Charisma. Karl Blessing Verlag, München 2007

Kessler, Harry Graf: Das Tagebuch 1880–1937. Hrsg. von Roland S. Kamzelak und Ulrich Ott, unter Beratung von Hans-Ulrich Simon, Werner Volke und Bernhard Zeller. Dritter Band 1897–1905. Hrsg. von Carina Schäfer und Gabriele Biedermann unter Mitarbeit von Elea Rüstig und Tina Schumacher. Klett-Cotta Verlag, Stuttgart 2004

Kessler, Harry Graf: Das Tagebuch 1880–1937. Hrsg. von Roland S. Kamzelak und Ulrich Ott, unter Beratung von Hans-Ulrich Simon, Werner Volke und Bernhard Zeller. Vierter Band 1906–1914. Hrsg. von Jörg Schuster unter Mitarbeit von Janna Brechmacher, Christoph Hilse, Angela Reinthal und Günter Riederer. Klett-Cotta Verlag, Stuttgart 2005

Kling, Thomas: »Das Gemäldegedicht«, in: Frankfurter Allgemeine Zeitung, 1.9.2003

Koenig, Hertha: »Rilke und Picasso«, in: Blätter der Rilke-Gesellschaft, Heft 5/1978, S. 10–19

Koenig, Hertha: Erinnerungen an Rainer Maria Rilke. Rilkes Mutter. Hrsg. und mit einem Nachwort versehen von Joachim W. Storck. Insel Taschenbuch, Frankfurt am Main und Leipzig 2000

Mann, Thomas: Thomas Mann: »Nietzsches Philosophie im Lichte unserer Erfahrung.« Vortrag am XIV. Kongress des PEN-Clubs in Zürich am 3. Juni 1947, hrsg. von David Marc Hoffmann. Schwabe Verlag Basel (Abdruck aus Gesammelte Werke in 13 Bänden, Band IX. Reden und Aufsätze 1, S. Fischer Verlag, Frankfurt M. 1960–1974)

Mehring, Walter: Verrufene Malerei. Berlin DADA. Erinnerungen eines Zeitgenossen und 14 Essais zur Kunst. Claassen Verlag, Düsseldorf 1983

Naville-Wertheimer, Marga: Arbeitsstunden mit Rainer Maria Rilke. Europa Verlag, Zürich 1962

Pettit, Richard: Rainer Maria Rilke in und nach Worpswede. Worpsweder Verlag 1984

Petzet, Heinrich Wiegand: Von Worpswede nach Moskau. Heinrich Vogeler. Ein Künstler zwischen den Zeiten. Verlag DuMont Schauberg, Köln 1972

Raddatz, Fritz J.: Männerängste in der Literatur. Frau oder Kunst. Carlsen Verlag, Hamburg 1993

Schirrmacher, Frank: Die Stunde der Welt. Fünf Dichter – ein Jahrhundert. Nicolai Verlag, Berlin 1996

Schiwy, Günther: Rilke und die Religion. Insel Verlag, Frankfurt am Main und Leipzig 2006

Schlicker, Jupp: Leni. Eine Plauderei, mit Abschweifungen, über Rilkes guten Schloßgeist in Berg am Irchel, in: Blätter der Rilke-Gesellschaft, Nr. 13/1986, S. 93–105

Sartre, Jean-Paul: Baudelaire. Ein Essay. Rowohlt Verlag, Reinbek 1978

Schnack, Ingeborg: Rainer Maria Rilke. Chronik seines Lebens und seines Werkes. Erster und Zweiter Band. Insel Verlag, Frankfurt am Main 1975

Sil-Vara (eigtl. Geza Silberer): Rilke und das Kriegsarchiv. Neue Freie Presse, Wien 1931

Storck, Joachim W.: »Ein unbekannter Brief Rainer Maria Rilkes an Anton Kippenberg«, in: Jahrbuch der Deutschen Schillergesellschaft XVIII/1974, S. 23–36

Storck, Joachim W.: »Die Rose von Locarno«. Ein Kapitel aus dem Briefwechsel Rainer Maria Rilkes mit Wilhelm Hausenstein. In: Jahrbuch der Deutschen Schiller-Gesellschaft, Band XXIII, 1979, S. 94–116

Storck, Joachim W.: »Rilke als Staatsbürger der Tschechoslowakischen Republik«, in: Blätter der Rilke-Gesellschaft, Nr. 13/1986, S. 39–54

Storck, Joachim W.: »Rilkes romantisches Frauenbild«, in: Perspektiven der Romantik. Beiträge des Marburger Kolloquiums zum 80. Geburtstag Erich Ruprechts, hrsg. von Reinhard Görisch, Bonn 1987, S. 87–110

Storck, Joachim W.: »Rilke – Wolfskehl – Gundolf«, in: Blätter der Rilke-Gesellschaft, Heft 14/1987, S. 125–127

Tchernosvitow, Génia: Les derniers mois de Rainer Maria Rilke. Die letzten Monate Rainer Maria Rilkes. Französisch/deutsch. Übersetzt von Ina Szefer, Claudia Möhres-Wünsche, Ralf Neubauer, Jens König. Hrsg. von Michael Strauch. Erschienen im Selbstverlag. Exemplar Nummer -4-/40. Tübingen, April 2005

Tucholsky, Kurt: Literaturkritik. Mit einer Vorbemerkung von Fritz J. Raddatz. Rowohlt Taschenbuch Verlag, Reinbek 1972

Wolfenstein, Alfred: »Erinnerungen an Rilke«. In: Sonntagsbeilage der National-Zeitung. Basel, den 15. Februar 1942, 23. Jahrgang, Nummer 75

Zweig, Stefan: Die Welt von Gestern. Erinnerungen eines Europäers. Gesammelte Werke in Einzelbänden. S. Fischer Verlag, Frankfurt am Main, 3. Aufl. 1990

Zwetajewa, Marina: Der Dichter und die Zeit. Rilke und Majakowski, 1932

Über den Bestand des Rilke-Archivs im Deutschen Literaturarchiv des Schiller Nationalmuseums Marbach informiert detailliert:

Bernhard Zeller: Rilke in Marbach. Zur Geschichte der Rilke-Sammlung des Deutschen Literaturarchivs. Für Rudolf Hirsch zum 70. Geburtstag am 22. Dezember 1975, S. Fischer Verlag, Frankfurt am Main

Zeittafel

1875	4. Dezember – Rilke wird in Prag als zweites Kind seiner Eltern geboren; seine Schwester ist damals bereits gestorben. 19. Dezember – Rilke wird in der Kirche zu St. Heinrich in Prag auf die Namen René Karl Wilhelm Johann Josef Maria katholisch getauft.
1882–1884	Freischüler an der von Piaristen geleiteten Deutschen Volksschule in Prag.
1886–1890	Rilke tritt am 1. September in die Militärunterrealschule St. Pölten ein.
1890	Rilke besteht am 1. September die Aufnahmeprüfung für die Militäroberrealschule in Mährisch-Weißkirchen.
1891	Der seit 1884 getrennt lebende Vater Josef schreibt seiner Frau Phia (die das Sorgerecht hat) »... ebenso lasse ja das Dichten nicht aufkommen«. Mitte September Kursus auf der Handelsakademie in Linz, die Rilke ein Jahr später ohne Abschluß verläßt. Er sei nun »ganz Literat«, schreibt er der Mutter; das erste veröffentlichte Gedicht ist in *Das interessante Blatt*, Wien, erschienen.
1892	Rilke gibt das Berufsziel, Offizier zu werden, auf, die Gedichte des Sommers werden gesammelt für den Band *Leben und Lieder*. Privatunterricht zur Abitur-Vorbereitung am Gymnasium.

1893 Mitarbeit an diversen Zeitschriften wie z. B. *Deutsches Abendblatt*, Prag.

1894 Erste Buchveröffentlichung *Leben und Lieder*, über die Rilke 1906 sagt »ganz ohne Belang«.

1895 Rilke besteht am 9. Juli sein Abitur »mit Auszeichnung« am Graben-Gymnasium in Prag.

Mit dem Wintersemester Beginn des Studiums an der Deutschen Carl-Ferdinands-Universität in Prag; Vorlesungen in Kunstgeschichte, Literaturgeschichte, Philosophie.

Im Dezember erscheint Rilkes zweiter Gedichtband *Larenopfer*.

1896 Im Sommersemester wechselt Rilke in die Rechts- und Staatswissenschaftliche Fakultät. September Abreise aus Prag, Fortsetzung des Studiums als »Studierender der Philosophie« in München mit einem »Monatsgeld« des Vaters und der von ihnen als »lästige Pflicht« empfundenen Unterstützung seiner Kusinen Paula und Irene. Zahlreiche Zeitschriftenveröffentlichungen.

1897 Erste Begegnung mit der 36jährigen (verheirateten) Lou Andreas-Salomé; das erste der etwa 100 Gedichte für die Sammlung *Dir zur Feier* entsteht, die auf Wunsch von Lou Andreas-Salomé nicht erscheint. Am 1. Oktober zieht das Paar gemeinsam nach Berlin, Rilke wohnt in der Nähe des Ehepaars Andreas. Es entstehen verschiedene dramatische Arbeiten. Erstes Zusammentreffen mit Stefan George, an den er im November das Gedicht richtet »Wenn ich, wie du, mich nie den Märkten menge …«

1898 Gedichte für den späteren Band *Mir zur Feier* entstehen. Abschluß der Arbeit an der Erzählung *Die Geschwister*. Reise über Prag, Arco, Florenz, Viareggio, Genua, Wien zurück nach Berlin. Niederschrift der autobiographischen Skizze *Ewald Tragy*. Reise nach Hamburg, Bremen, Worpswede; Beginn der Freundschaft mit Heinrich Vogeler.

1899 25. April – 18. Juni erste Rußlandreise mit dem Ehepaar Andreas. Im Herbst entsteht in Berlin die ursprüngliche Fassung des ersten Teils aus dem späteren *Stunden-Buch* und – »in einer stürmischen Herbstnacht niedergeschrieben« – die erste Fassung des *Cornet*. Im Dezember liegt vor *Mir zur Feier*, verlegt bei Georg Heinrich Meyer in der Ausstattung von Vogeler.

1900 7. Mai – 24. August zweite Rußlandreise (alleine mit Lou Andreas-Salomé). Begegnungen u.a. mit Tolstoi und Boris Pasternaks Vater Leonid (der nach Rilkes Tod das Porträt »Rilke in Moskau« malt) und Boris Pasternak.

27. August – 5. Oktober zu Gast auf Heinrich Vogelers Besitz »Barkenhof« in Worpswede, wo Rilke am 9. September die Bildhauerin Clara Westhoff – seine spätere Frau – kennenlernt. Trotz seines Vorsatzes, »Da entschloß ich mich, in Worpswede zu bleiben«, kehrt Rilke im Oktober nach Berlin zurück, wo er allein mit Lou Andreas-Salomé im Zuschauerraum am 19. Dezember an einer Probe von Gerhart Hauptmanns *Michael Kramer* teilnimmt.

1901 Januar / Februar ist Clara Westhoff in Berlin. Rilke schreibt ihr fast täglich Briefe mit Gedicht-Beilagen. Am 28. April heiraten sie in Bremen. Ab Ende Mai bewohnen sie ein Bauernhaus in Westerwede, dem Nachbardorf; Ende Juni besuchen sie Rilkes Vater in Prag.

Im September entsteht der zweite Teil des *Stunden-Buchs*. Im Oktober vergeblicher Kontakt zu Otto Julius Bierbaum, derzeitiger Leiter des Insel Verlags. Bemühungen um die Stelle eines Vorlesers oder Gesellschafters beim

Landgrafen Alexander Friedrich von Hessen. Am 12. Dezember wird die Tochter Ruth geboren.

1902 In den ersten Monaten mannigfaltige Versuche zur Lösung der finanziellen Krise, da seine Kusinen mit der Heirat seine zuschußbedürftige Studienzeit als beendet ansehen. Rilke bietet sich als Feuilletonredakteur beim Berliner Tageblatt an; fragt nach Möglichkeiten, für »Velhagen & Klasing« zu arbeiten; klagt, daß er »für keines meiner Bücher je ein Honorar« erhalten habe; erklärt sich bereit, für den flämischen Kritiker Pol de Mont »sur qui et sur quoi« zu schreiben; bringt sich beim Axel-Juncker-Verlag vergeblich als »literarische Hilfskraft« in Vorschlag. Am 28. August ist er in Paris, mit dem bezahlten Auftrag für eine Monographie über Rodin, den er am 1. September zum ersten Male sieht. Die Niederschrift beginnt im November, im selben Monat, in dem eines seiner berühmtesten Gedichte, *Der Panther*, entsteht. Am 16. Dezember ist die Rodin-Studie fertig.

1903 Ende März erscheint das Rodin-Buch in Berlin. Kurz zuvor Aufbruch aus Paris zu einer Italienreise, Rückkehr nach Paris im Frühsommer, am 1. Juli Abreise nach Worpswede. wo Rilke – der Hausstand ist verkauft – bei Vogeler wohnt, von wo er im September nach Rom aufbricht.

1904 Am 8. Februar beginnt Rilke in Rom mit den *Aufzeichnungen des Malte Laurids Brigge* (er beendet die Arbeit am 27. Januar 1910). Im Juni Reise über Kopenhagen nach Schweden auf Veranlassung der Pädagogik-Schriftstellerin Ellen Key (bis 1. Dezember). In Furuborg entsteht auf 20 Quartblättern die Reinschrift des (später verworfenen) zweiten Anfangs vom *Malte.*

1905 Januar bis Mai in Worpswede (mit Unterbrechungen u. a. in Dresden und Berlin). Im Juni Wiederbegegnung mit

Lou Andreas-Salomé in Göttingen. Über verschiedene Umwege (u.a. Kassel, Marburg, Darmstadt) am 12. September Eintreffen in Paris, wo er Sekretär von Rodin wird. Weihnachten in Worpswede.

1906 Im Frühjahr Vortragsreise u.a. nach Elberfeld, Berlin, Hamburg (von Rodins Wohnsitz Meudon aus). 14. März Tod des Vaters in Prag. 20. März Rodin-Vortrag in Berlin. 12. Mai Abschiedsbrief an Rodin, der Rilke entlassen hat. Rilke bleibt bis 29. Juli in Paris. Anschließend diverse Reisen durch Belgien und Deutschland nach Capri, wo er am 4. Dezember seinen Geburtstag als Gast von Alice Faehndrich (geb. Freiin von Nordeck zur Rabenau) feiert und einen Pavillon im Park ihrer Villa Discopoli bewohnt (bis 20. Mai 1907).

1907 Reger gesellschaftlicher Verkehr in der Villa Discopoli und umfangreicher Briefwechsel u.a. mit Stefan Zweig, Verhaeren und Hugo von Hofmannsthal, der im März an einen Museumsdirektor schreibt: »Rilke, ja Rilke ist gut. Immerhin: er ist immer sehr in Gefahr. Es fehlt ihm etwas: Kopf, Charakter, Selbstkritik, ich weiß nicht recht.«
Am 12. April Besuch bei Gorki in Capri.
Am 31. Mai trifft Rilke in Paris ein (Aufenthalt bis Oktober). Er verabredet mit Anton Kippenberg für den Insel Verlag den Band *Neue Gedichte*; schon im September schickt er seiner Frau 40 Gedichte für einen zweiten Band. Ab Oktober Vortragsverpflichtungen u.a. in Heilbronn, Prag, Breslau, Wien; anschließend Reise nach Venedig.

1908 Im ersten Halbjahr Reisen (Berlin, München, Rom, Neapel, Capri). Vom 1. Mai in Paris, wo Rilke bis 31. August das Atelier seiner Freundin Mathilde Vollmoeller in der Rue Campagne-Première bewohnt. Besuch bei Rodin in

Meudon. Im November erscheinen *Der Neuen Gedichte anderer Teil*, gewidmet »A mon grand ami Auguste Rodin«. Der Insel Verlag übernimmt im Dezember den bei Axel Juncker vergriffenen *Cornet*, Anton Kippenberg verlängert (im Januar 1909) die vierteljährliche Zahlung von 500,– Mark um ein weiteres Jahr.

1909 Bis August in Paris. Arbeit am *Malte*. Reisen in den Schwarzwald, nach Straßburg, in die Provence (Les Beaux). Dank an Gerhart Hauptmann für dessen Auftrag einer Porträtbüste an Clara Rilke. Im Dezember, wieder in Paris, erste Begegnung mit der Fürstin Thurn und Taxis. Die für den Schluß des *Malte* geplante Tolstoi-Passage wird verworfen.

1910 8. Januar Abreise aus Paris. Vom 12. bis 31. Januar zu Besuch bei Kippenbergs in Leipzig, wo er den *Malte* diktiert. Diverse Reisen (Jena, Weimar, Berlin, Rom). Vom 20. bis 27. April erstmals Gast der Fürstin Thurn und Taxis auf dem Felsenschloß Duino bei Triest. Am 31. Mai erscheinen *Die Aufzeichnungen des Malte Laurids Brigge* im Insel Verlag. Im Juli Gast der Fürstin Thurn und Taxis auf ihrem böhmischen Besitz Lautschin, im August bei Sidonie Nádherný von Borutin auf ihrem Schloß Janowitz in Böhmen. Nach Reisen durch Innsbruck, München, Köln, Paris schifft sich Rilke am 19. November in Marseille in Richtung Nordafrika ein: Algier, Tunis, Ägypten (bis März 1911).

1911 6. April Ankunft in Paris. Besuch (mit Kippenberg) bei Maillol. Kurze Affäre mit der 18jährigen Arbeiterin Marthe Hennebert, die später den Maler Jean Lurçat heiratet. 19. Juli Aufbruch zur letzten Böhmen-Reise. Im September Treffen mit Clara und Beratung über die Zukunft der 10jährigen Tochter Ruth; sie soll nach Jahren bei den

Großeltern in Oberneuland zur Mutter nach München ziehen – was finanziell erleichtert wird durch eine für 1912 in Aussicht gestellte Zahlung aus der Erbschaft von Rilkes Kusine Irene von Kutschera. Rückkehr nach Paris, von dort juristische Verhandlungen über seine Scheidung (die Ehe wird nicht geschieden). Kippenberg bietet von nun an eine monatliche Zahlung von 500,– Mark. Vom 22. Oktober (bis 9. Mai 1912) Gast der Fürstin Thurn und Taxis auf Duino. Die ersten *Duineser Elegien* entstehen.

1912 Mai bis September in Venedig. Vorbereitung der Spanienreise (Toledo). Bei seinem München-Besuch im Oktober sieht er seine Frau und die Tochter, trifft sich mit Annette Kolb, Hugo von Hofmannsthal und Jakob Wassermann. Am 1. November Ankunft in Madrid und Weiterfahrt nach Toledo, wo er einen Monat bleibt. Der *Cornet* ist als Nummer 1 der Insel-Bücherei (1.–10. Tausend) erschienen.

1913 Bis Ende Februar in Spanien (u.a. Cordoba, Sevilla). Am 25. Februar trifft Rilke in Paris (Hotel Lutetia) ein, bleibt dort bis 6. Juni. Er verkehrt mit André Gide, Romain Rolland, Emile Verhaeren, Stefan Zweig, besucht gemeinsam mit Kippenberg Rodin in Meudon. Es folgen unstete Reisen in Deutschland – Bad Rippoldsau im Schwarzwald. Göttingen, Leipzig, Weimar, Berlin, Heiligendamm, Rostock, München, Dresden. Im Oktober Eintreffen in Paris.

1914 Bis 25. Februar in Paris. Abreise nach Berlin, um Magda von Hattingberg zu treffen. Gemeinsame Reisen (u.a. München) und mit ihr zusammen Rückkehr nach Paris am 26. März; die Trennung Ende Mai in Assisi kommentiert Rilke rückblickend: »Was für Monate waren das! Zurückschauen ist arg, vorwärtsschauen nicht heiter.«

Nach der Ermordung des österreichischen Thronfolgers in Sarajewo am 28. Juni verläßt Rilke am 19. Juli Paris und reist über Göttingen und Leipzig nach München, wo er sich mit Lou Albert-Lasard trifft (»Wir haben zusammen der Pension eine Etage abgemietet«). Bis Jahresende in Berlin, anfangs im Hotel Esplanade, dann in wechselnden Wohnungen.

1915 Ab 7. Januar in München, wo Rilke an einer Lesung von Thomas Manns patriotischen »Gedanken im Kriege« teilnimmt, während der Heinrich Mann zu ihm sagt »Mein Bruder hat druckfähigere Gedanken als ich«. Muß seit März die Musterung für das österreichische Heer befürchten. Am 4. September erfährt Rilke, daß sein in Paris zurückgebliebener Besitz (incl. Bücher und Manuskripte) zur Deckung der Mietschuld versteigert wurde.

Am 24. November wird Rilke bei einer erneuten Musterung für tauglich zum Landsturmdienst mit der Waffe befunden und erhält – »das Verhängnis des gestrigen Tages hat mich fast betäubt« – seinen Gestellungsbefehl zum 4. Januar 1916. Im Laufe des Dezember verschiedene Bemühungen – auch in Berlin – um Freistellung.

1916 Am 4. Januar rückt Rilke in die Wiener Kaserne im Baumgarten zum Landwehr-Schützenregiment Nr. 1 ein. Am 27. Januar wird er dem Kriegsarchiv überstellt, zum »Heldenfrisieren«, so wurde das Schreiben kleiner Kriegstaten genannt. Wegen Unfähigkeit dazu beauftragt man Rilke mit dem Entwerfen von Gagenlisten bzw. dem Ausfüllen von Katalogkarten. Am 27. Juni scheidet Rilke aus dem Kriegsarchiv aus und reist noch im Juli nach München. Distanzierte Begegnung mit Sigmund Freud, der notiert, »daß kein ewger Bund mit ihm zu flechten« sei.

Michelangelo-Nachdichtungen, Übertragung von Verlaines *Agnus Dei* und anonym die *Winterlichen Stanzen.*

1917 Das erste Halbjahr in München angefüllt mit Korrespondenz. Ab Mitte Juli in Berlin, dann bis 4. Oktober Gast von Hertha Koenig auf ihrem Gut Böckel in Westfalen, danach – bis 9. Dezember – wieder Berlin. Am 4. November notiert Rilke, »man muß auf viel Zeit, Not und Finsternis gefaßt sein«. Häufiges Zusammentreffen mit Harry Graf Kessler. 17. November Tod Rodins. Ab 10. Dezember (bis 7. Mai 1918) wohnt Rilke im Hotel Continental in München.

1918 Als literarischer Berater des Insel Verlages gibt Rilke nur sehr zurückhaltende Urteile ab (etwa über Hanns Johsts *Der Anfang*) und bekennt, »mein innerster Spiegel ist seit der Militärzeit immer noch zerbrochen«. Zahlreiche literarisch-gesellschaftliche Verabredungen, u. a. mit Gulbransson, Hans Carossa. Am 8. Mai bezieht Rilke seine Wohnung Ainmillerstraße 34/IV in München. Kippenberg schickt statt Brot und Salz 5 Kilo Reis, Weizengrieß, Bohnen und Mehl (und 1000,– Mark). Schilderung seiner Einsamkeit, »die immer mehr mit der Kraft einer Gemüthskrankheit mich abzuschließen und abzuschnüren droht«. Im Herbst, falls ihm die Vollendung versagt bleibe, schickt Rilke die ersten beiden Elegien in Schreibmaschinenkopie an Kippenberg, dazu die handschriftliche Fassung der III., IV. und der unvollendeten VI. und X. Periphere Teilnahme an Versammlungen der Räterepublikaner. Rückgabe des »Offizierskreuzes des Franz-Josephs-Ordens«, den ihm Kaiser Karl I. kurz vor seiner Abdankung am 11. November verliehen hatte.

1919 Weitere Übersetzungen (Verhaeren, Lermontov, Shakespeares Sonett Nr. 3, Baudelaire). Harry Graf Kessler notiert nach einer Rilke-Lesung durch Ludwig Hardt »Rilke war schön und zeitlos«. Kurz bevor Rilke (mit einer Erlaubnis für 10 Tage) Deutschland in Richtung Schweiz verläßt – für immer –, schreibt er an Annette Kolb »München ist so sehr zu Ende für mich, wie ein Buch, das ich zwanzigmal im Gefängnis vom Anfang bis zum Schluß durchgelesen hätte«. Ab 11. Juni geht die Fahrt über Romanshorn, Zürich, Nyon, Genf, Bern, Zürich, Soglio quer durch die Schweiz; manchmal ausgedehnte Vortragsreisen, fast immer beunruhigt von Geld(Valuta)-Sorgen und Problemen mit der Aufenthaltsgenehmigung. Ab 7. Dezember (bis Ende Februar 1920) im Tessin, zunächst im Grand Hotel Locarno. Weihnachten verbringt Rilke allein beim Anhören der »Mitternachtsmette« in Madonna del Sasso. Er beschließt das Jahr mit dem Ausruf »Ordnung und Schutz! Wann wird mir das für meine größeren Aufgaben zuteil werden, und wo?«

1920 Rilke beschließt, die Münchener Wohnung zu kündigen. Aufenthalte bei verschiedenen Gastgebern (u. a. Februar/ März im Baseler Ritterhof der Mutter von Carl Jacob Burckhardt). 11. Juni – 13. Juli Venedig (im Palazzo Valmarana, dem »Mezzanin« der Fürstin Thurn und Taxis). Im »Inselschiff« erscheint seine Übersetzung von Mallarmés berühmtem Fächer-Gedicht *Eventail de Mademoiselle Mallarmé*. Reisen quer durch die Schweiz, die letzte Oktoberwoche Paris, Hotel Foyot. November (bis Mai 1921) bewohnt Rilke das Schloß Berg am Irchel, das dem Schweizer Oberst Richard Ziegler gehört.

1921 Im Januar verabschiedet sich die Geliebte Baladine Klossowska, die bei Rilke – mit kurzen Unterbrechungen – auf Schloß Berg wohnte, mit den Worten »Ich werde Sie, René, nicht weiter stören. Ich weiß sehr genau, daß Sie nicht für die Lebenden gemacht sind.« Zugleich schreibt Rilke der Fürstin Thurn und Taxis von dem nach seiner »Erfahrung unversöhnlichen Konflikt zwischen Leben und Arbeit«. André Gide berichtet im Februar über seine Bemühungen, Reste von Rilkes beschlagnahmter Habe in Paris zu retten. In seiner Antwort erwähnt Rilke seine Bekanntschaft mit Walther Rathenau. Lektüre von Gorkis *Erinnerungen an Tolstoi.* Rilke bittet Baladine Klossowska, auf ihrer Reise mit den beiden Söhnen von Genf nach Berlin nicht in Schloß Berg Station zu machen. 10. Mai – 28. Juni in Le Prieuré zu Etoy. Am 1. Juli besichtigt Rilke zum ersten Mal (mit Baladine Klossowska) Muzot: »Kein elektrisches Licht. Wasser nicht im Hause. Sehr betrüblich primitive Kabinette.« Am 26. Juli Einzug im nun »Château de Muzot« genannten Schloß-Turm, den Werner Reinhart für ihn mietet (und später kauft): Am 17. September erfährt Rilke von der Verlobung seiner Tochter Ruth mit dem Dr. jur. Carl Sieber (sie heiraten 1922). Im Winter intensive Beschäftigung mit der Dichtung Paul Valérys.

1922 Rilke vollendet die *Duineser Elegien* (»Die Elegien sind da«, schreibt er im Februar an Kippenberg) und zur selben Zeit die *Sonette an Orpheus.* Mitte Februar entsteht außerdem *Der Brief des jungen Arbeiters.* Am 24. Juni wird Walther Rathenau ermordet; Rilke schreibt dazu: »Berlin ist mir noch entsetzlicher und odioser geworden, über diesem neuen Verbrechen, der heillosen Ermordung Walther Rathenau's, durch die nun der letzte Verständiger vernichtet ist, der das blind-obstinate Deutschland noch mit der übrigen Welt in Leitung und Spannung hielt.«
18. November Tod von Marcel Proust. Eine Mitwirkung Rilkes am Gedenkheft der *Nouvelle Revue Française* (vor-

geschlagen von André Gide) lehnt Prousts Bruder Robert ab, wie Gide berichtet: »il a déclaré qu'il n'admettrait pas qu'aucun écrivain allemand s'approche de cette tombe.« Im Dezember diverse Valéry-Übertragungen.

1923 Der Januar beginnt mit Krankheit; »nur etwas Hafersuppe, als Strafe für ein zu gewaltiges im-Geiste-gewesen-sein«. Balthasar Klossowski (Balthus) erhält durch Vermittlung André Gides an der Pariser Kunst- und Schauspielschule von Jacques Copeau einen Ausbildungsplatz. Im Verlauf des Winters empfängt Rilke zahlreiche Gäste in Muzot, u.a. Carl Jacob Burckhardt, Nanny Wunderly-Volkart, Regina Ullmann, den ›Hausherrn‹ Werner Reinhart. Im April wird Rilke von der tschechoslowakischen Gesandtschaft in Bern benachrichtigt, daß seine vor Jahren in Paris beschlagnahmten Kisten freigegeben sind. 22. August – 22. September Aufenthalt im Sanatorium Schöneck am Vierwaldstätter See (»allerhand krampfhafte Darmbeschwerden«). Es entstehen Gedichte in französischer Sprache. Im November die Nachricht, für tschechoslowakische Staatsbürger sei der Visa-Zwang für Frankreich aufgehoben. Am 29. Dezember sucht Rilke das Sanatorium Valmont auf, an dessen Chefarzt Dr. Haemmerli ihn Werner Reinhart empfohlen hat.

1924 Rilke gibt das Resultat seiner ersten Röntgenaufnahme – Dr. Haemmerli beschreibt er als »un médécin très consciencient« – wieder: »Le résultat était parfait. Organiquement tout parait absolument normal.« Am 20. Januar kehrt er von Valmont nach Muzot zurück. Im Februar ca. 34 französischsprachige Gedichte, von denen 20 in dem späteren Band *Vergers* Aufnahme finden. In den *Elegien*-Band für Hans Carossa schreibt er das Widmungsgedicht *Auch noch Verlieren ist unser; und selbst das Vergessen.* An Paul

Valéry schickt er die Handschrift seiner *Charmes*-Übertragung. Es entstehen 20 deutsche Gedichte. Seine am 2. Februar geborene Enkelin Christine wird am 22. März getauft. Im April stellt Rilke einen »Rückschlag« seiner Gesundheit fest, »der Querdarm ist die angegriffene Stelle geworden ... Schluck- und Athembeschwerden«. Im Mai berichtet er der Fürstin Thurn und Taxis über einen Besuch seiner Frau in Muzot: »Clara R. ist hier die ich seit 1918 nicht gesehen habe; [...] besonders spricht sie mir von Tochter und Enkelin, und ich empfange eine Art Elementarunterricht in der ›Kunst, Großvater zu sein‹.« Er sieht Clara Rilke danach nicht wieder.
24. November (bis 8. Januar 1925) zum zweiten Mal in Valmont, dieses Mal ist auch Frau Wunderly-Volkart, mit der zusammen er Weihnachten verbringt, dort Patientin.

1925 7. Januar–18. August in Paris, Hotel Foyot; Baladine Klossowska wohnt in unmittelbarer Nähe. Kurz nach Ankunft Besuch der Messe in Notre-Dame. Arbeit mit Maurice Betz an der französischen *Malte*-Fassung. Viel gesellschaftlicher Verkehr – »ich treibe gelegentlich in dieser oberflächlichen Strömung«: André Gide, Paul Valéry, die Tochter Tolstois, Paul Claudel, Hugo von Hofmannsthal, Jean Giraudoux. Es entstehen französische Gedichte, die Trilogie O *Lacrimosa I – III* für eine künftige Komposition von Ernst Krenek, die 1926, noch zu Lebzeiten Rilkes erscheinen. Vorbereitung der sechsbändigen Werkausgabe des Insel Verlages. Am 1. September Rückkehr nach Muzot (Rilke kehrt nie wieder nach Paris zurück, er sieht auch Mme. Klossowska nicht mehr wieder). Kurzer Aufenthalt in Ragaz. Im Oktober neue Krankheitssymptome – »Knötchen innen an der Lippe«

und Befürchtung, an Krebs erkrankt zu sein. Im Testament bestimmt Rilke für den Ernstfall, »priesterlichen Beistand« von ihm fernzuhalten und »auf dem hochgelegenen Kirchhof neben der alten Kirche zu Rarogne zur Erde gebracht« zu werden. Neben der Niederschrift einiger Gedichte und der Ablehnung einer französischen Übersetzung des *Cornet* arbeitet Rilke an der Durchsicht der in Paris wieder aufgefundenen Unterlagen: »Ich widme jetzt ab und zu, angethan wie ein Taucher, einen Tag dem Ordnen der aus Paris, von vor 1914, stammenden Papiere.« Auf die Fragen des polnischen Schriftstellers und Übersetzers Witold Hulewicz nach den Elegien antwortet Rilke: »Und bin ich es, der den Elegien die richtige Erklärung geben darf? Sie reichen unendlich über mich hinaus.« Den 50. Geburtstag am 4. Dezember verlebt er allein auf Muzot. Am 20. Dezember trifft Rilke wieder in Valmont ein und notiert das Ergebnis der Untersuchungen durch Dr. Haemmerli: »Die Schwellungen im Munde, die so störend und quälend sind, sind noch ausgebreiteter als ich selber dachte.« Dem entspricht der um die Jahreswende entstandene Entwurf »Bedenkst du's auch, daß eine blinde Welt / uns rings umgiebt?«

1926 Von Valmont aus bittet Rilke seinen Verleger um luftig gesetzte Exemplare der *Elegien* und *Sonette*, weil er eigene Kommentare den »schwierigen Gedichten beiordnen« möchte. Kurze Ausflüge u. a. nach Vevey und Lausanne. Auf Muzot verfaßt er einige französische Gedichte. Juli/August in Ragaz, wo er die Fürstin Thurn und Taxis trifft. Ende August bis 20. September Gast von Otto Weiningers Bruder Richard im Savoy-Hotel Ouchy-Lausanne. Dort entstehen die letzten französischen Gedichte. Am 27. Oktober schreibt Rilke an Kippenberg: »Trotz aller

Hindernisse hab ich die Übersetzungen der beiden großen Valéry-Dialoge, *Eupalinos* und *L'Ame et la Danse*, in diesen Wochen zum Abschluß gebracht.« Die von Max Liebermann übermittelte Einladung, Mitglied der Berliner Akademie der Künste zu werden, lehnt Rilke ab.
Am 30. November begibt er sich erneut in die Klinik Valmont. Dr. Haemmerli diagnostiziert Leukämie (was er Rilke verschweigt). »Nun gibt es nur ein Zurücktreten vor ihm«, schreibt Lou Andreas-Salomé am 27. Dezember. Am 29. Dezember um 3 Uhr 30 stirbt Rainer Maria Rilke. Der Sarg wird aus der Klinik getragen und mit einem Schlitten zu einer Kapelle zur Aufbahrung gebracht, bis er nach Raron überführt wird. Eine Totenmaske wird nicht abgenommen. Am 2. Januar 1927 wird Rilke in eisiger Kälte auf dem Bergfriedhof von Raron beigesetzt.

Alle Daten, Kommentare und Zusammenhänge wurden aus den verschiedensten Unterlagen zusammengetragen. Die wichtigste Quelle ist die zweibändige Chronik von Ingeborg Schnack: Rainer Maria Rilke. Chronik seines Lebens und seines Werkes. Erster und Zweiter Band. Insel Verlag, Frankfurt am Main, 1975.

Anmerkungen zu den im Buch genannten Summen und Honorarbeträgen

Laut Auskunft des Historischen Instituts der DEUTSCHEN BANK AG, Frankfurt am Main, ist es nicht möglich, für die in diesem Buch erwähnten Summen und Währungen genaue Entsprechungen in Euro anzugeben. Eine exakte Umrechnungsformel für tschechische, französische, Schweizer oder auch deutsche Beträge aus dem in Betracht kommenden Zeitraum zwischen 1890 und Rilkes Todesjahr 1926 gibt es nicht. Selbst bei Währungen von ununterbrochener Kontinuität wie dem US-Dollar variieren die Verfahren der Umrechnung und weichen im Ergebnis erheblich voneinander ab. Bei der Hochrechnung von 100 US-Dollar aus dem Jahre 1900 auf 100 US-Dollar im Jahre 2006 kommt man je nach Methode zu Ergebnissen zwischen 2123,32 US-Dollar und 63 865,92 US-Dollar.
Zur Veranschaulichung der damaligen Lebensumstände gibt es also nur angenommene Werte. Wenn Rilke von seinem Verleger 1925 eine Honorarzahlung von 1000 Schweizer Franken erhielt, so entsprach dies einem Betrag von rund 1234,- Reichsmark. Für die Relation böte sich folgender Vergleich an: Im selben Zeitraum betrug der Tariflohn eines verheirateten Bilanzbuchhalters im Bankgewerbe durchschnittlich 432,75 Reichsmark im Monat, was bereits einen Spitzenlohn für kaufmännische Angestellte darstellte.

Personenregister

Adler, Paul 180
Aischmann, Clara (siehe Goll, Claire) 112
Albert-Lasard, Lou (Lulu oder Loulou) 18, 89, 165 f., 177, 196, 210
Altenberg, Peter 99, 144
Andreas, Friedrich Carl 30, 204 f.
Andreas-Salomé, Lou 17, 27 ff., 39, 55, 58, 69, 73, 79, 94, 96, 105, 113, 125, 133, 143, 150, 164, 166, 168 ff., 173 ff., 180 ff., 183 f., 186, 188 f., 193, 197, 204 f., 207, 217,
Aragon, Louis 58, 70, 174
Arnim, Bettina von 154, 189
Bab, Julius 54
Bach, Johann Sebastian 77, 100
Bachrach, Alexander 188
Bachrach, Elviere 176
Bahr, Hermann 47, 172
Balzac, Honoré de 62
Bang, Herman 53
Barbusse, Henri 100, 112
Bassiano, Fürstin Marguerite 84, 146
Baudelaire, Charles 41, 45, 47 ff., 56, 58f. 68, 85, 128, 132, 146, 172, 200, 211
Bauer, Felice 40
Beauvoir, Simone de 77
Becher, Johannes R. 85
Beer-Hofmann, Richard 41
Benjamin, Walter 126
Benn, Gottfried 11, 13, 16, 41 ff., 45, 85, 114, 164 ff., 171, 181 f., 197
Benn, Ilse 171, 197
Betz, Maurice 146 f., 187, 197, 215
Blei, Franz 104, 180, 197
Blin, Georges 48, 127
Bodmer, Hans 104, 178
Borutin, Sidonie Nádherný von 15, 67, 165, 175, 179, 196, 208
Boutens, Pieter Cornelis 156
Brandes, Georg 47
Brecht, Bertolt 16, 60, 123, 137, 166, 198
Breton, André 59, 174, 198
Broglie, Prinzessin Madeleine de 83
Brüstlein, Francine 175
Büchner, Georg 147

Bülow, Ulrich von 90 f., 178, 19848
Buffon, Georges-Louis Leclerc Comte de 48
Burckhardt, Carl Jacob 155, 212, 214
Busse, Carl 57, 173
Carlo (Hausdiener auf Duino) 88
Carola, Prinzeß 21
Caroline, Prinzessin 21
Carossa, Hans 141, 186, 211, 214
Castellane, Boniface Marquis de 146
Celan, Paul 115, 182
Cézanne, Paul 11, 71, 93, 124, 135, 193
Chartre 100
Chirico, Giorgio de 59
Chlodwig, König 56
Choiseul, Marquise de 80
Cioran, Émile Michel 60, 174
Claudel, Paul 147, 215
Clermont-Tonnerre, Elisabeth Duchesse de 146
Cocteau, Jean 13, 70
Courbet, Gustave 17
Csokor, Franz Theodor 99
Czernin, Monika 178, 198
Dante Alighieri 87
Daubrun, Marie 48
David, Jacques-Louis 63
Dehmel, Richard 30, 133, 134
Delacroix, Eugène 111
Delaunay, Robert 70, 96
Delvaux, Paul 58, 70
Detering, Heinrich 50 f., 172, 198
Dobržensky, Gräfin 96
Döblin, Alfred 70
Dostojewski, Fjodor Michailowitsch 61, 133, 142, 184
Duino, il Principe Charles della Torre e Tasso Duca di Castel 88
Duncan, Isadora 70
Duse, Eleonora 80, 142
Engel, Manfred 195
Ernst, Max 59
Ficker, Ludwig von 96 f.
Fischer, Hedwig 12, 164 f., 191
Fischer, Samuel 12, 191
Flaubert, Gustave 41, 48, 61, 85, 100
Fontane, Theodor 29 f., 168
Fülleborn, Ulrich 194f.
Gabrielle, Prinzessin 21
Gallarati-Scotti, Duchessa Aurelia 189
Genet, Jean 47
George, Stefan 31 f., 77 f., 169, 176, 199, 204
Gibson, James 73
Gibson, Lizzie 73
Gide, André 86, 93 f., 98, 105, 111, 121 f., 191, 209, 213 ff.
Giraudoux, Jean 85 f., 215
Goethe, Johann Wolfgang von 51, 154, 172
Goll, Claire 44, 111, 113, 140, 181, 195
Goll, Yvan 112 f.

Gorki, Maxim 49, 143 f., 186, 197, 207, 213
Graf, Oskar Maria 38, 170, 198
Greenham, Miss (Köchin auf Duino) 88
Großmann, Stefan 148
Grosz, George 100
Gründgens, Gustaf 77
Guicciardini, Graf Carlo 94
Haas, Willy 11, 164, 198
Haemmerli-Schindler, Dr. Theodor 154
Hardenberg, Henriette 112
Hattingberg, Magda von 94, 122, 182, 195, 209
Hauptmann, Carl 12
Hauptmann, Gerhart 205, 208
Hausenstein, Wilhelm 151, 188, 201
Heine, Heinrich 68, 137, 148
Hesse, Hermann 47, 85
Heydt, Karl von der 96, 144, 176, 187
Heym, Georg 11, 85
Hirschberg, Emmy 172
Hofmann, Ludwig von 169
Hofmannsthal, Hugo von 94, 99, 119, 139, 141, 144, 191 f., 207, 209, 215
Hofmannsthal, Christiane von 146
Hohenlohe-Waldenburg-Schillingsfürst, Prinz Egon 88
Hohenlohe-Waldenburg-Schillingsfürst, Teresa 88
Holbrook-Walker, Ella 88
Holitscher, Arthur 176
Holthusen, Hans Egon 12, 24, 165, 168, 180, 198
Horstmann, Lally 21
Huch, Ricarda 51
Hulewicz, Witold 183 ff., 199, 216
Jacobsen, Jens Peter 45, 47, 172, 199
Jacobsohn, Siegfried 54
Jammes, Francis 73
Jones, Burne 33
Joyce, James 12
Jünger, Ernst 43, 171, 197
Juncker, Axel 74, 84, 95, 176 f., 206, 208
Kafka, Franz 40, 58, 85, 124, 171, 174, 199
Kahr, Gustav Ritter von 148
Kainz, Josef 75
Kaiser, Joachim 164
Kassner, Rudolf 104, 180, 193
Katzenstein, Dr. Erich 102, 179
Kessler, Harry Graf 16, 33, 63, 81, 99, 104, 131, 147, 150, 165, 169, 177, 179 f., 184, 199, 211
Key, Ellen 54, 83, 164, 173, 16, 178, 194, 206
Kippenberg, Anton 23, 25, 54, 74 f., 81, 95 ff., 107, 122, 139, 146 f., 156 f., 176, 179 f., 182 f., 187, 194, 201, 207 ff., 211, 213, 216

Kippenberg, Katharina 84, 134
Klee, Paul 151
Kleist, Heinrich von 29, 40 f.
Kling, Thomas 13, 165, 199
Klossowska, Elisabeth Dorothee gen. Baladine 43, 80, 110 f., 117 f., 140 f., 148, 156, 187, 212 f., 215
Klossowski, Balthasar (gen. Balthus) 84, 111, 214
Klossowski, Erich 110
Klossowski, Pierre 111
Knoop, Baron Johannes 132
Knoop, Wera Ouckama 135
Koenig, Hertha 14, 39, 63, 84, 127, 159, 163, 165, 199, 211
Kokoschka, Oskar 21, 99, 167
Kraus, Karl 15, 67, 85, 98 f., 175
Kurella, Alfred 170
Kutschera, Oswald von 85
Kutschera, Irene von 209
Labé, Louise 156
Lasker-Schüler, Else 42, 85
Ledebur, Dorothea Freifrau von 21, 179
Lefèvre, Frédéric 156
Leonardo da Vinci 73
Lepsius, Sabine 32
Liebermann, Max 131, 217
Luck, Rätus 192 ff.
Ludwig Ferdinand von Bayern, Prinz 98
Magritte, René 59
Maeterlinck, Maurice 85, 117
Maillol, Aristide 63, 82, 208
Mallarmé, Stéphane 56, 77 f., 94, 212
Maine, Herzogin du 81
Mann, Heinrich 210
Mann, Thomas 11, 41, 43, 47, 50 f., 53 f., 60, 109, 117, 133, 172 ff., 184, 198, 200, 210
Martin du Gard, Roger 140, 147
Marx, Karl 49
Maurois, André 140
Matisse, Henri 70
Mehring, Walter 141, 148, 186 f., 200
Michaëlis, Karin 98, 179
Michelangelo 124, 211
Modersohn, Otto 175
Modersohn-Becker, Paula 82, 84
Mozart, Wolfgang Amadeus 77
Mühll, Dory von der 183
Mühsam, Erich 38
Munch, Edvard 93
Musil, Robert 19, 63
Mussolini, Benito 156
Naville-Wertheimer, Marga 182, 190, 200
Nerval, Gérard de 146
Nietzsche, Friedrich 30 f., 42, 45, 85, 133, 136, 153, 184, 200
Noailles, Anna de 83, 88, 146, 178
Nostitz, Helene von 92, 178
Oltersdorf, Jenny 106, 130, 180
Ottosen, Carl 73
Paeschke, Hans 13, 165, 197
Pasternak, Boris 152, 205
Pasternak, Leonid 205

Petrarca, Francesco 139
Pfeiffer, Dorothee 186, 197
Pfeiffer, Ernst 173, 193, 197
Pfemfert, Franz 112
Picasso, Pablo 11, 63, 127 f., 199
Polgar, Alfred 99
Pongs, Hermann 23, 45, 168, 172, 188
Proust, Marcel 45, 85 f., 123, 139, 141, 213
Proust, Robert 214
Rathenau, Walther 63, 102, 213
Rée, Paul 30
Reinhart, Georg 118 ff., 193
Reinhart, Hans 118 ff., 193
Reinhart, Oskar 118 ff., 193
Reinhart, Werner 118 ff., 150, 157, 193, 213 f.
Remarque, Erich Maria 100
Renn, Ludwig 100
Repin, Ilja 143
Riemenschneider, Tilman 100
Rilke, Clara geb. Westhoff 15, 19, 44, 66, 72 f., 75, 90, 93 f., 121, 171, 173, 175 ff., 180, 186, 193 f., 205, 208, 215
Rilke, Jaroslaw 19
Rilke, Josef 19
Rilke, Sophie (Phia) geb. Entz 19
Rodin, Auguste 13, 19, 24, 44, 66 f., 71 ff., 93, 95 f., 99, 103, 105, 118, 122, 130, 135, 167 f., 176 f., 196, 206 ff., 211
Rolland, Romain 93, 98, 112, 192, 209
Romanelli, Adelmina 22, 168
Rostand, Edmond 117
Rousseau, Jean-Jacques 50
Rychner, Max 155, 189
Saint-Pol-Roux (eigentl. Paul Roux) 59
Salis, Hans von, Salis, Jean Rudolf, recte: Salis, Jean Rodolphe 141, 149, 186 f., (192 = Jean Rudolf Salis)
Sarbach, Hugo 193 f.
Sartre, Jean-Paul 47 f., 172, 200
Schaer, Alfred 176
Schickele, René 112
Schilling, Max von 75
Schiwy, Günther 30, 166, 171 f., 190, 200
Schönberg, Arnold 99, 134
Schröder, Rudolf Alexander 90
Schwarzschild, Leopold 148
Sedlakowitz, Cäsar von 20
Seifert, Walter 168
Shaw, Charlotte (Charlotte Payne-Townshend) 82
Shaw, George Bernard 82
Sieber, Carl 17, 121, 166, 183, 191, 213
Sieber-Rilke, Hella 196
Sieber-Rilke, Ruth 183, 191, 213
Simmel, Georg 31
Sizzo-Noris-Crouy, Margot Gräfin 113, 134, 168, 181, 184 f.
Solms-Laubach, Manon Gräfin zu 21, 173
Spiro, Eugen 110

Stark, Dr. Josef 90
Sternheim, Carl 112, 146, 187
Storck, Joachim W. 15, 150, 175, 188, 194, 196, 199, 201
Strobl, Jean 145
Studer, Claire 112
Studer, Heinrich 112
Tagore, Rabindranat 156
Theotokopoulos, Domenikos (El Greco) 93, 135
Thun-Hohenstein, Paul Graf 151
Thurn und Taxis, Alexander Prinz von 88, 98
Thurn und Taxis, Marie Fürstin von 12, 55, 67, 85, 87 f., 91, 94, 103, 123, 154, 165, 173, 175, 177 f., 178, 180, 182 f., 185, 193, 208 f., 212 f., 215 f.
Tizian 100
Toller, Ernst 170
Tolstoi, Alexei Nikolajewitsch 60, 96, 142, 205, 208, 213, 215
Turgenjew, Iwan Sergejewitsch 156
Trakl, Georg 97
Valéry, Paul 12, 45, 58, 124, 139, 141 f., 146 f., 150, 155 f., 185, 189, 213 ff., 217
Vallette, Henri 155
Verhaeren, Emile Adolphe Gustave 49, 207, 209, 211
Verlaine, Paul 56, 78, 94, 139, 211
Vogeler, Heinrich 166, 200, 205 f.
Voigt, Dr. Robert 90
Volkart, Georg Gottfried 118 f.
Vollmoeller, Mathilde 70, 91, 175, 196, 207
Wassermann, Jakob 30, 46, 67, 85, 209
Weber, Max 38
Weill, Kurt 122
Weininger, Otto 216
Weininger, Richard 216
Weininger, Marianne 187
Weinmann, Julie 66
Werfel, Franz 67 f., 85, 94, 112, 198
Wildberg, Bodo 29
Wilhelm II. 81, 102, 156
Wittgenstein, Ludwig 97
Wolfenstein, Alfred 112, 143, 186, 201
Wolkonski, Sergej 156
Wolzogen, Ernst Freiherr von 105
Wunderly, Hans 118
Wunderly-Volkart, Nanny 18, 37, 102, 118 ff., 157, 166, 170 f., 179 ff., 189 f., 192, 214 f.
Zeller, Bernhard 150, 199, 202
Ziegler, Oberst Richard 43, 109, 212
Zweig, Arnold 100
Zweig, Stefan 11, 13, 47, 93, 95, 98 f., 104, 112, 156, 164 f., 172, 178, 180, 193, 201, 207, 209
Zwetajewa, Marina 152 ff., 188 f., 194, 201

Weimar Haus. Es war in
üblich alt zu sein, um a
Nichten großzuziehen – u
eines jungen Lebens Le

Männern, die ihr schön
Maaßen Abgeklärte
andererseits den jung
zukünftigen Frauen maaß